佐賀藩と明治維新

木原溥幸　著

九州大学出版会

目次

序　維新期佐賀藩研究の課題

一　幕末期の藩政

幕末・維新期におけるいわゆる「雄藩」の歴史的位置づけは明治維新史における重要な検討課題であるが、一九五一年に発表された遠山茂樹氏の「絶対主義への傾斜」論(1)を契機にして、雄藩をはじめとする幕末期の藩政改革が明治維新を解明する一つの手がかりとして大きく取り上げられ、その研究は深化して多くの成果を生み出し、維新史研究は飛躍的に進展したといえよう。しかしそれから一五年程後には藩政改革の性格は「絶対主義への傾斜」のみられない、復古的、保守的な性格を持つものと規定する見解が中心的となった。また藩政改革の研究対象の時期も外圧にともなう改革が実施された安政期までにとどまり、それ以降の文久・慶応期の研究は長州藩を除いてほとんど深められることはなかった。そして以後幕末期の藩政改革の研究は停滞していった。

王政復古のクーデターを経て、鳥羽・伏見の戦いにおいて徳川幕府軍に勝利した薩摩藩・長州藩を中心とする維新政府は、討幕派に系譜を引く大久保利通や木戸孝允らの維新高官らが主導していた。しかし薩・長以外の有力藩の協力なしには新政府の維持は困難だったのはいうまでもなく、従来の藩の存在を前提として成立した政府であった。つまり財政難等を理由にして返上を願い出て廃藩となった中小の藩は別にして、廃藩置県直前の藩が幕府時代の藩と同じ体制を維持していたというわけではないが、明治四年七月の廃藩置県まで多くの藩は存続していたのであり、とくに有力大藩は大久保らの維新高官と対立しつつも、新政府を支える勢力となっていたことを見落としてはならないであろう。したがってこうした大藩の政治的動きの背景にある明治初年の藩政改革の実態を明らかにすることは重要な課題である。そしてこの課題の解決のためにも安政期で藩政改革の研究を終わらせるのではなく、文久・慶応期にまで時代を延ばし、また廃藩置県までの見通しをもちつつ、幕末・維新期の藩政改革の研究が進められねばならない。

明治維新において薩・長・土・肥として西南雄藩の一つとして挙げられる肥前・佐賀藩の幕末の藩政改革については、小野武夫氏によって小作地の加地子米猶予とこれに続く上支配・分給の研究がいち早く出されたこともあって、いわゆる「均田制度」が注目された。(2) そしてこれは地主制の抑圧による本百姓体制の再編・強化であり、藩権力による反動的な土地政策の典型であるという見解が、藩政改革の保守性が強調される中で主張された。しかし「均田制度」について強固な保守性のみを強調することには批判もあり、また幕末の藩政改革は土地政策のみからではなく、藩財政難の解決、藩政運営機構の再編、農村支配の強化、軍事体制の改編などの視点を入れてその性格を考える必要があり、「均田制度」だけから佐賀藩の藩政改革の性格を規定することは一面的な評価であるといえよう。

このような観点から、一〇年程前に佐賀藩における幕末の藩政改革の実態解明を目指して、拙著『幕末期佐賀藩の藩政史研究』を公表した。(3) 不十分な点を多く残していることはいうまでもないが、まずその内容を紹介して明治初年の藩政において検討しなければならない問題点について整理しておきたい。なお拙著の構成は第一部「天保改革と『均田制度』」、第二部「長崎警備と懸硯方」、第三部「軍事体制と長崎貿易」となっており、時期的にはそれぞれ天保期、嘉永・安政期、文久・慶応期に対応している。

天保六年に始まった佐賀藩の天保改革の中心的課題は悪化した藩財政の再建にあった。財政難の原因であった藩債の整理に取り組み、天保十一年頃には財政危機はある程度克服できた。そして在住代官による領内農村支配を強化するとともに、天保十三年には困窮農民の農業経営安定のために、蔵入地を対象に地主制を否定する加地子米の一〇年間猶予を実施したが、これはあくまでも「農商引分」という基本的農政の一つの方針であった。そして天保八年には分散的な行政機構を、藩政の責任者たる請役のもとに集中的に改編している。また同年に幕府に命じられていた長崎警備の強化のために、洋式大砲の買入に関心を示しているように、軍事力の強化に取り組みはじめた。こうして佐賀藩では天保以降において、藩財政難の克服、農村支配の再編、行政機構の集中化など、藩体制の強化を目指す藩政が、長期間にわたって展開されていくことになった。

佐賀藩は福岡藩と隔年で長崎警備を担当していたこともあり、天保改革の中で対外問題にも関心を持ち始めていたが、嘉永三年に「自力」で長崎湾外の伊王島・神ノ島の台場築造に取り掛かり、我が国で最初に反射炉を築いて鉄製の洋式大砲の鋳造に成功した。この台場築造の費用は藩財政からの支出は勿論であるが、藩財政とは別途会計で軍事・非常金を蓄えている懸硯方からも多く拠出されていた。そのため懸硯方への収納の強化が行われねばならなかった。また嘉永四年には藩庁内に新しく郡方を設置した。これは天保改革でも取り上げられていたが、「大配分」として地方知行地を有する最上級家臣たる私領主が任ぜられていた郡方と、在住代官によるこれまでの二元的なあり方を否定したもので、新郡方と在住代官による農村の統一的支配を実現しようとするものであった。

嘉永二年に国産方が独立してその役割が重視されてくる中で、これまで佐賀藩の特産品であった陶器とともに石炭・蠟が注目されてきた。安政四年には蒸気軍艦の買入の代価として、出島のオランダ人と直接に白蠟の取引を行い始めている。また嘉永末にはこれまでの藩財政と懸硯方という二元的な財政運営から、懸硯方を中心とする新しい財政の運営方針が採用されている。このように佐賀藩の嘉永・安政期という時期は、天保改革における藩財政再建の上に立って長崎警備の増強を行い、軍事力確保のための財源としての国産の開発、奨励に取り組むとともに、私領主の権限縮小による藩体制の再編が進められ、藩内支配の統一化、集権化が進められた重要な時期として注目される。

加地子米猶予は嘉永四年にさらに一〇年間延長されたが、翌五年に皿山代官所管内（有田・伊万里地域を含む）、加地子米猶予が始まってから二〇年後の文久二年には全蔵入地に、加地子田畠の上支配・分給が実施された。これは天保十三年に始まった加地子米猶予をさらに徹底させたものであるとの主張がある。しかし自力開発新田地主などには例外的措置を認めているように、長期にわたって加地子米の収納を断たれてきた地主への加地子米猶予を緩和する側面も見られるのであり、地主へ配慮した結果であるとの見方もできる。

慶応元年の長州征討には佐賀藩は藩兵を出動させたが、その後それまでの藩兵組織の十六大組制を十三大組制に編成し直して、より強化された銃隊中心の藩兵編成に改めた。そして藩財政は文久よりもさらに一層軍事費の支出が多くなり、慶応二年には「軍国備仕組」を実施して、藩財政も軍事財政の色彩をさらに強めていった。天保改革以来の諸役所の統廃合は慶応期に入るとさらに進められ、請役所を頂点として財政は蔵方、農村支配は在住代官を中心とする、集権的行政機構に再編成されていった。またこの時期には軍事力増強の財源確保のために、長崎における貿易品としての石炭・蠟・茶などの生産、統制を積極的に行っている。

こうして佐賀藩は統一的な農村支配の実現、藩財政の一元的な方針による運営、藩行政機構の集権化などによって、支配体制の強化、再編成に成功するとともに、長崎警備の強化に端を発する近代的な軍事力を積極的に採用していった。そして諸藩の中でも卓越した強大な軍事力の保有を実現し、藩「割拠」を維持しながら、来るべき幕府対薩・長の対決に備えた。この強大な軍事力こそが、戊辰内乱における佐賀藩の軍事的活躍を可能にし、維新政府内での地位を高めて佐賀藩を雄藩たらしめる原動力となったのである。

しかしながら、藩主及びその一族に関する運営に当たる御側の行政機構が存続していること、また藩財政と懸硯方という二元的な財政構造そのものが解消されたわけではないこと、銃隊中心になったとはいえこれまでの大組制による家臣団軍事編成が維持されていること、私領主として「大配分」と称する親類四家・親類同格四家・家老六家の最上級家臣の地方知行地が存在していることなど、幕藩制的支配を克服するための藩体制の集権化が不十分である点がまだ依然として残されていた。この意味で佐賀藩の幕末藩政改革は慶応段階で終わるものではなく、明治初年の藩政改革との関連性が検討されなければならないといえる。

そして、幕末期の藩政改革を復古的、保守的な性格をもつものであったと規定するだけでなく、そういう傾向をもちながらも新しい体制のあり方を模索していたのではないかという視点から、幕末期の藩政改革を捉え直すことが必要である。その意味で、「社会の新しい動きに適応せざるをえなかった」(4)ことを指摘した「絶対主義への傾斜」論を、幕末期藩政改革の分析視角として検討すべきであると、前掲拙著において主張したところである。

二　幕末・維新の動き

次に、以上のような幕末佐賀藩の藩政の流れを踏まえ、これまで明らかにされてきた佐賀藩の幕末・維新の政治的動向について概略を述べて、明治維新において佐賀藩の果たした役割は何であったのかについて検討しておきたい。

嘉永五年に佐賀藩は幕領肥後天草の預かりを幕府へ願い出ていたが、井伊直弼が大老となったのちもともと親交のあった藩主鍋島直正は再び願い出、その許可が下りる直前に桜田門外の変で井伊直弼は暗殺された。このとき幕府は将軍徳川家茂の登城するようにとの内意を伝えたが、直正は病気を理由にこれを断り長崎警備に専念することを伝えた。井伊直弼亡き後、幕府は直正へ期待を寄せていたことを窺わせる。[5] 翌文久元年十一月に鍋島直正は藩主を子の直大に譲って隠退し、鍋島閑叟と称した。

隠退して一年後の文久二年十二月に鍋島閑叟は朝廷より「周旋」を命ぜられた。これより以前文久元年十月に長州藩では長井雅楽の「航海遠略策」を藩論として、幕府と朝廷間の調停を行い始めた。また文久二年四月に島津久光は「公武」の周旋に動き出し率兵上京し、京都で薩摩藩の尊攘派を弾圧し、江戸で一橋慶喜の将軍後見職、松平慶永の総裁職の就任、参勤交代制の緩和などの改革を幕府へ強制した。こうした有力藩による朝廷と幕府との間の周旋の動きの中で、鍋島閑叟も公武間の周旋に乗りだしたのであった。

しかしこの文久二年十月に朝廷では、藩論を「尊王攘夷」へ変えた長州藩を中心とする尊攘派が実権を握るところとなっていた。十二月終わりに京都についた鍋島閑叟は薩摩藩・長州藩と対立するような行動をとっているが、朝廷から「攘夷」の実行を幕府へ伝えるよう命ぜられ江戸へ向かった。江戸では前福井藩主松平慶永とともに将軍徳川家茂の「文武修業相談役」となったが、二〇日足らずで江戸を去り佐賀へ帰っている。この閑叟の公武周旋は幕府中心の公武合体論であったと思われるが、具体的な成果を上げるに至らなかった。[6] このときの公武周旋以降、佐賀藩が中央政局で積極的な役割を果たそうとして行動を起こすことはなかった。

文久三年八月十八日のクーデターにより、尊攘派は京都を追われたが、直後の八月末に朝廷より一橋慶喜・松平慶永・山内豊信・伊達宗城らとともに、鍋島閑叟に上京の命が伝えられ、閑叟は上京の準備に取りかかった。この時十月に長州藩では上京途中の下関で閑叟に藩の立場を説明することを桂小五郎（のち木戸孝允）に命じ、藩主毛利敬親の親書を携行させた。しかし閑叟の上京が延びることになったため桂は直接に佐賀藩へ出かけているが、閑叟との会見は実現しなかった。[7]

朝廷からの要請にもかかわらず鍋島閑叟は元治元年正月の参予会議には病のため参加できず、同年九月に上京して公武合体と長州征討反対の建言を朝廷へ行っている。そして慶応二年三月に将軍徳川家茂から大坂城へくることを求める直書を受け取ったが上坂しなかった(8)。翌三年六月に元治元年以来三年ぶりに上京するが、政局の動向に大きく影響を与えるような行動はなかった。慶応元年八月に桂小五郎は、「肥前閑翁は益油断は不相成」、「翁も高年に付さほど恐る丶事も無之候得共、乍去油断は相成不申」と述べている(9)。

当時佐賀藩の尊王倒幕派の藩士たちは江藤新平が文久二年に脱藩の罪で「蟄居」し、文久以降大隈八太郎（重信）と副島次郎（種臣）は長崎に遊学して西欧文物について学んでいた。大隈・副島が行動を起こすのは、将軍徳川慶喜へ大政奉還を勧告するためといわれる、慶応三年三月に江戸へ向かってからのことであった(10)。このように元治・慶応期には佐賀藩は中央政局の動きに積極的な対応を示すことはなく、強兵を目指して藩「割拠」の方針を堅持していたといえる。

慶応三年十二月二十一日に佐賀藩は家老鍋島孫六郎に率兵上京させた。藩主鍋島直大は翌慶応四年正月七日に京へ向かう予定であったが、鳥羽・伏見の戦いが知らされ上京を延ばしており、京へ着いたのは二月二日のことであった。そして鍋島閑叟は三月一日に入京した。この京都政局への登場が遅れたため、佐賀藩は日和見的であるとの評価を受けることになった。鳥羽・伏見の戦いの直後の七日に朝廷は在京の藩主を招集して徳川慶喜の追討令を発したが、このとき佐賀藩は藩主・重臣ともに在京していなかったことから幕府との関係を疑われ、とくに薩摩藩から佐賀藩は佐幕的であるとして「佐賀討伐論」が主張されたという(11)。

藩主鍋島直大および鍋島閑叟が京に入ったことにより、佐賀藩が薩・長を中心とする新政府に付くことが明らかとなった。そして以後佐賀藩は遅れを取り戻し新政府内での政治的な立場を強めるべく、戊辰内乱に積極的に軍事動員を行っていった。佐賀藩のアルムストロング砲が五月の上野戦争、九月の会津城攻撃で威力を発揮したことはよく知られている。また大組制下の藩兵のみならず、私領主の武雄の鍋島茂昌、多久の多久茂族の軍勢も奥羽での戦いに従軍した。こうした佐賀藩の戊辰内乱における軍事的貢献は、新政府の中心的存在となっていた木戸孝允も高く評価するところであった[12]。

維新変革に遅れて登場してきた佐賀藩ではあったが、こうして戊辰内乱における奥羽戦争での軍事的貢献を強めることによって、次第に維新政府内での政治的な地位を高めていった。明治二年正月に、薩摩藩・長州藩・土佐藩は版籍奉還を上奏することで一致し、のち佐賀藩もこれに参加した。ここに薩・長・土と並んで肥前佐賀藩が雄藩として維新政府で重きをなすことになった。しかし初めから上奏のための会議に加わっていたわけではなく、当然維新政府内での薩・長・土と佐賀藩の政治的立場は異なっていたであろう。鍋島閑叟や藩主鍋島直大、および維新官僚として新政府内で活躍していた、副島種臣・大隈重信・大木喬任・江藤新平らの行動や役割を検討することによって、維新政府内での佐賀藩の位置づけも明らかになると思われる。

三　明治初年の藩政改革

以上述べてきたように、幕末の政局では目立った動きのなかった佐賀藩ではあったが、維新政府の中で重要な役割を果たすようになっていった。そして政府内での発言を強めるためにも一層の支配機構の集権的整備、軍事力の強化など、藩地の体制を強化する改革を実施しなければならなかった。したがってその具体的な改革の内容を明らかにすることは重要な課題であるが、その際には幕末期の改革との関連についても考慮しつつ分析をすすめることが必要であろう。

明治初年の佐賀藩の藩政改革の内容についてはすでに大正九年刊の『鍋島直正公伝』で触れられている[13]。その要点を紹介しておくと、明治元年十二月末に藩政改革の実施のため京都を発って帰藩した藩主鍋島直大は、翌二年正月に「職制の大綱」を改めた。その内容は「家政藩政と文事軍事との分離、及び鎖封の撤廃等」であったが、「爾後の藩政改革の基礎は実に此に立ちたるなり」とあるように[14]、明治二年正月から改革が始まったことを指摘している。鍋島閑叟は三月初めに副島種臣と江藤新平を従えて帰藩した。そして若手改革派藩士の支持を得ていた久米丈一郎（邦武）の改革案に、副島・江藤が手を加えて出されたのが「藩治規約」であり、この方針によって以後の改革がすすめられた。

三月末に鍋島閑叟は副島種臣とともに佐賀を発って東京へ向かい、佐賀藩地での改革は江藤新平が主導して実施された。以後二年から三年にかけて家臣の家禄削減、大組制から大隊制への兵制改革、卒への給禄の処理のほか、庄屋の公選、家政分離にともなう藩主直轄の別途会計である懸硯方の取り扱い、藩財政の収入・支出の調査による「藩治備考」の作成などが行われたという。これらの改革が鍋島閑叟の廃藩論を前提として行われたと述べていることには問題はあろうが、大正九年という刊行年を考えると、『鍋島直正公伝』にこうした明治二年正月から三年にかけて、藩が取り組んだ改革の内容についての記述があることには注目すべきであろう[15]。

「藩治規約」にもとづいて具体的な改革が江藤新平のもとで立案されたが、杉谷昭氏は佐賀県立図書館に移管された「江藤家文書」の中にある「民政仕組書」が、その内容を示していることを明らかにした[16]。「民政仕組書」には「郡政規則」・「村仕組」・「町仕組」・「商社之大意」・「陶器仕組」・「繁昌之仕組」・「証印税之仕組」・「飛脚屋之仕組」などが記されている。史料紹介的であり「民政仕組書」を分析した研究ではないため、その意義づけが十分にはなされていないが、明治二年から三年にかけて佐賀藩で実施されようとした改革の内容を紹介した点は評価されよう。

明治二年の改革の具体的な内容について初めて言及したのは吉野順子氏である。「藩治規約」に規定された行政機構の改編、大組制から大隊制への移行による軍事力の充実、私領主の領地返上や、「民政仕組書」にある郡政局による領民統制の強化などについて指摘した。その政策の特徴は天保期以来の富国強兵、領民統制強化にもとづいて、藩の強力な支配によって進められた藩体制の維持、強化を目指したものであったという。[17]天保以来の佐賀藩政の中に明治初年の改革を位置づけようとしている点が注目される。

吉野氏の論考と同じ年に筆者も明治二年から三年にかけての佐賀藩の改革について略述したが、その改革の特徴として、明治二年正月の「職制大綱」の改正は請役所と御側によるこれまでの二元的な支配構造を、請役所＝藩政府に一元化するという方針によるものであること、別途会計である懸硯方の収納をすべて政府で取り扱うことにしていること、三月の藩政府の役人の交代に際しては参政は大きくは交代していないが、参政に次ぐ各局の大弁務に人材を登用したこと、藩治規約による行政機構の改編によって集権化が進んだこと、また慶応期の軍事中心の財政構造が一層強化されていることなどを指摘した。[18]

このような『鍋島直正公伝』以来の明治初年の佐賀藩の藩政に関する言及から、明治二年から三年にかけて維新政府の高官となっていた江藤新平らの主導のもとに、職制改正をはじめ家禄の処分、軍制の改正、藩財政の改編など藩政全般にわたって改革が行われていることが確認できる。しかしその具体的な内容の実証的研究はほとんど見られなかった。ただ杉谷昭氏が明治二年正月の職制の改正から三月の藩治規約の制定に至る経過を述べて、「民政仕組書」のうち「九局職制」・「郡政規則」・「村仕組」に関して若干の分析を試みている。[19]また長野暹氏も同時期に明治二年の改革に言及しているが、[20]着座で大組頭の鍋島市佑家に関して、大組制から大隊制への移行や地方知行地の廃止、禄制の改正にともなう状況についての分析が中心となっており、佐賀藩自体の改革を取り上げて論じてはいない。

以上のように明治初年の佐賀藩政の研究が行われていたが、筆者は明治初年の佐賀藩政に関する史料の調査を踏まえて、「佐賀藩改革」、「佐賀藩における明治二年の藩政改革」、「佐賀藩における地方知行廃止と『藩治職制』」、「明治初年における佐賀藩の財政構造」、「明治初年における佐賀藩の『物産仕組』の展開」を発表し、具体的に明治二年から三年にかけての佐賀藩の藩政改革を分析しその内容を明らかにした。(21)本書は、これらの研究成果を中心にして、幕末における佐賀藩の中央政局との関係や維新政府内での役割と、佐賀藩で「大配分」といわれる私領主で二番目の知行高を有する多久家の維新期の情勢に関する分析を加えて、明治維新における佐賀藩の政治的動きの実態について究明することを目的としている。

（1）『明治維新』二一〜四四ページ（岩波書店）。
（2）『旧佐賀藩の均田制度』（岡書院、一九二八年）。なお加地子米猶予、上支配・分給を「均田制度」と名付けたのは小野氏である。
（3）九州大学出版会、一九九七年。
（4）遠山茂樹前掲書二六ページ。
（5）天草預かり計画、井伊直弼と鍋島直正との関係等については、前掲拙著第八章「幕末期佐賀藩の幕領預かり計画と井伊直弼」を参照。
（6）詳細は『鍋島直正公伝・第五編』（侯爵鍋島家編纂所、一九二〇年）二一九〜二七八ページ参照。以下『鍋島直正公伝』は『公伝』と記す。
（7）『松菊木戸公伝・上』三四七〜三五六ページ（臨川書店、一九七〇年）。
（8）『公伝・第五編』四五〇〜四六三、五三一〜五三九ページ。
（9）『木戸孝允文書・二』一〇四ページ（東京大学出版会、一九七一年）。
（10）『公伝・第六編』三一ページ。

(11)『江藤南白・上』二九五ページ（南白顕彰会、一九一四年）。
(12)『木戸孝允文書・三』八一ページ。なお本節の詳細については本書第一章「幕末期の政治動向」と第二章「維新政府と佐賀藩」で述べている。
(13)『公伝・第六編』所収の慶応三年から明治四年にかけての関係記事。
(14)『公伝・第六編』三二六ページ。
(15)ただし改革の内容に関して、維新政府が藩へ達した版籍奉還後の明治二年七月の「庶務変革」と、明治三年九月の「藩制」が混同されて説明されているところがある。
(16)「明治初年における藩政改革―江藤新平の『民政仕組書』について―」（『法制史研究』一一号、一九六〇年。のち『明治前期地方制度史研究』〈佐賀女子短期大学〉に収載、一九六七年）。
(17)「明治初年における佐賀藩の動向」（『史論』二六・二七号〈東京女子大学史学研究室〉、一九七三年）。
(18)拙稿「幕末維新期における肥前佐賀藩」（『明治維新と九州・九州文化論集三』。平凡社、一九七三年）。
(19)「廃藩置県」（『続佐賀藩の総合研究』九九五～一〇〇〇ページ、吉川弘文館、一九八七年）。
(20)「明治二年における佐賀藩藩政改革の一考察―鍋島市佑の動向を中心にして―」（『佐賀大学経済論集』第二〇巻第三号、一九八七年）。
(21)これらの拙稿の発表雑誌等や発表年については「あとがき」を参照していただきたいが、発表年は一九九一年から一九九四年にかけてである。

第一章　幕末期の政治動向

はじめに

慶応三年七月に第十五代将軍徳川慶喜とイギリス公使パークスとの会見に立ち会った通訳官アーネスト・サトウは、『一外交官のみた明治維新』で次のようにいっている。[1]

やがて大君（慶喜のこと）は肥前の前大名松平閑叟を呼びにやり、彼をハリー卿と提督に紹介した。松平閑叟は四十七才だが、年よりも老けていた。顔つきがきつく、たえず両眼をしばたたかせながら、時々思い出したように、ぶっきらぼうな調子でしゃべった。彼は日和見主義者で、大の陰謀家だという評判だったが、はたして一八六八年には革命の瞬間までその去就がわからなかったのである。

鍋島閑叟主導下の佐賀藩が当時、幕府を支持していたのかどうか見当がつかず、明治元年正月三日に起こった鳥羽・伏見の戦い後には、薩摩藩士から討幕とともに「佐賀討伐」がいわれたという。強大な軍事力を有する佐賀藩だけに、武力倒幕派にとってその向背が大いに気になるところだったのである。

アーネスト・サトウがいうように、幕末期の佐賀藩の政治的動向に対しては日和見的であったという評価が与えられているが、具体的に幕末期の佐賀藩の政治過程を分析した研究は少ない。[2]したがって本章では、当時評判の高かった鍋島閑叟を中心とする佐賀藩が、文久二年から慶応三年にかけての時期に具体的にどのような政治的状況であったのかという点について検討してみたい。

一　鍋島閑叟の「公武周旋」

文久元年十一月に隠居を幕府に認められた鍋島閑叟は、翌二年三月に幕府より許可を得て佐賀へ帰った[3]。そしてこの年六月に古川与一を京都の公家久世通熙[4]のもとに遣わし、京都の情勢を探らせた。久世通熙を介して朝廷に働きかけた閑叟は、朝廷より「薩州長州専周旋叡慮之事候得共、於鍋島同様為国家抽丹誠、周旋之義御内々御倚頼被遊度御沙汰候」との内命書を得て上洛することになった[5]。しかし十月に入って朝廷は薩摩藩が主導する公武合体派に代わって、長州藩を中心とする尊攘派が掌握するところとなり、閑叟が上洛したときの京都では尊攘派が実権を握っていた。

十一月二十四日に京都についた鍋島閑叟は、二十六日に伝奏坊城大納言より、「通行に付暫滞在、非常御警衛被仰出」との達しを届けられた[6]。ここにいう「通行」とは江戸への出府の途中であることを意味している。実は閑叟が京都に向かう以前の文久二年八月に佐賀藩より幕府へ、「閑叟儀……於国元緩々養生仕候得共、一円快無御座、依之伊東長春院（伊東玄朴）薬兼而致相応候に付、同人へ相頼、尚又致養生度御座候付、未御暇月限中候得共、当秋冬に懸出府候様仕度」との願書が出され、幕府からは許可を得ていた[7]。もっとも幕府においては病気療養のためというのが名目的なものにすぎないことはわかっていたのである[8]。

十二月三日になって鍋島閑叟は、関白近衛忠凞に次の内容の書簡を出している[9]。

……、就而者御当地何れ之御場所江も、御警衛被仰付被下度奉願候。其通於被仰付者、万一非常之節防禦之術十分尽力、腥羶之醜夷に神京を汚さしめず、御国威海外相輝候様寸分之微忠相竭度、満腹之志願御座候。……、何卒輦轂之下御守衛申上度、従来之素志御座候間、容易難申上候得共、可相成者長崎御番之義者被差免、前段申上候通、御当地何れ之辺歟、要害之御場所に於て、御警衛被仰付被下度奉願候、以上。

ここにいう「御当地何れ之御場所」とは、具体的には「長崎の固を遁れ候ため、伏見・桃山警衛被仰付、左候而余人を交候而者不相成、一藩江被仰付候様申立」るとあるように[10]、伏見・桃山を指しており、しかも佐賀藩の一手受持であった。つまりこの書簡では佐賀藩の伏見・桃山警衛の一手受持と、そのための幕府に命ぜられている長崎警備の免除の二点を願っている。この願い出を検討することは文久期における閑叟の政治構想を考えるうえで重要であると思われる。

当時の鍋島閑叟の政治的立場についてみると、文久二年九月六日付の久世通熙より閑叟への書簡に、「唯々公武合体ならでは攘夷之功も難奏、右者対関東聊も御異心ケ間敷義者不被為在候、此辺も御含国家之御為、厚御周旋偏仰存候」とあるが、この返事に鍋島閑叟は、「何れ其含ニ而、罷出候心得に御座候」と述べている[11]。このことから閑叟が公武合体に同意していたことがわかる。そして当時朝廷の方針であった攘夷については、このあと江戸へ出向いた時に、当時幕府の総裁職にあった松平慶永へ、「過般上京の際東下の上ハ攘夷、拒絶の事を周旋すへき旨の御内命ありし故、昨日大樹公（将軍徳川家茂）へ其よし申上けれと攘夷ハ不得手にて甚だ迷惑せり、元来京都にてハ暴論を唱えされハ御趣意に適ハさる勢故」と述べたといい[12]、攘夷断行、条約拒絶を「暴論」とみなしており、攘夷論には反対していた。

まず伏見・桃山警衛から検討していこう。そもそも伏見・桃山は当時京都への入り口にあたり、参勤交代の西国諸大名はここを通って江戸へ向かっていた。鍋島閑叟の上洛前、薩摩の島津久光の率兵上京を契機にして、薩摩藩・長州藩を中心とした尊攘派が事を起こそうとしたが[13]、これを未然に防いだ寺田屋事件の舞台は伏見である。また当時尊攘運動の中心であった長州藩邸や、公的には公武合体を唱えていたが尊攘派も多くいた薩摩藩邸がこの伏見にあった。このように伏見・桃山地域は尊攘派の拠点となっていたと思われる。したがって「万一非常之節」を理由とする京都警衛の志願は、京都における尊攘派の勢力を抑えることを目的としていたのではあるまいか。

外様の名君として評判の高かった鍋島閑叟は[14]、下級武士らを中心とする尊攘派によって朝廷がひきずられることを快く思わず、京都の尊攘派勢力の排除を目論んだと思われる。またこの伏見・桃山警衛の佐賀藩一手受持に関しては、閑叟が「三藩（薩摩・長州・土佐）々々ト騒々敷申候得共、役立候事ニ無之、其証拠ハ私江足軽四十五人を以勝負被仰付候ハヽ、則打伏セ可申」しといったということで、「暴言之数を尽」すと薩摩藩士大久保一蔵（利通）の書簡にあるが[15]、佐賀藩の伏見・桃山警衛が薩摩藩・長州藩、それに土佐藩と対立する側面をもっていたといえよう。

長崎警備免除願は当時の佐賀藩にとって重大な意味をもっている。つまりフェートン号事件によって当時の藩主鍋島斉直は「逼塞」を幕府に命じられたが、これ以来佐賀藩は一丸となってこの汚名を返上することに努力し、鍋島閑叟の藩主時代には自力で長崎に砲台を増築しており、これによって長崎警備の功を賞せられている[16]。したがって佐賀藩にとっては幕府に命じられている、父祖伝来の長崎警備を辞退するということは考えられないのではなかろうか。

ではなぜ鍋島閑叟が藩へは相談をせず独断で、ましてや幕府の了解を得ることもなしに、長崎警備免除を願い出たのかということの詳細は明らかでない。ただここで問題になるのは幕府から任命されている長崎警備に関することを、幕府に図らずに直接朝廷に申し入れたということである。つまり閑叟においてはこの時期に、幕府の権威をとりもどすために朝廷を幕府の上に置くという意図をもっていたからではないか。弱体化過程にある幕府の支配体制を補強する道として、こうした考え方は当時「大政委任」論として、有力大名によって取り上げられていた方向であった。閑叟も幕府に朝廷の権威を補強することによって、この変動期を乗り切ろうとしたと思われる。

そして同時にまた、鍋島閑叟が外様大藩の名君としての力を当時持っていたことを示しているといえよう。というのは、朝廷からもしこの願いが許されたら、閑叟は幕府にこの旨を告げ、正式に幕府から京都警衛の命が下ったであろうし、このような見込みのもとに朝廷へ長崎警備免除を願ったのであろう。閑叟が「越前（前福井藩主松平慶永、隠居して春嶽と号す）など未何とも知れ不申、私出府の上養育可致」といったとの言葉は、⒄彼の自信の一端を示しているものではなかろうか。だがこの伏見・桃山警衛の一手受持願は朝廷の許可するところとはならなかった。

以上、鍋島閑叟の伏見・桃山警衛一手受持と長崎警備免除の願について若干の考察を試みたが、閑叟の当時の公武合体路線は彼が江戸に着いてのち一層明白な形をとってくる。すなわち、江戸で閑叟は「薩長の所業抔は兼て御あざわらひ被成居候」とあるように、⒅尊攘派に藩論をひきずられている長州はもとよりのこと、公武合体派の巨頭として強引に朝廷に働きかけることによって、幕府内部の人事や改革に主導的な役割を果たしていた薩摩の島津久光とも、相対立する立場にいたといえよう。閑叟はあくまでも現存の幕藩制を維持したまま、朝廷を幕府の上に置くという公武合体を目指していたのである。つまり、京都から長州藩を中心とする尊攘派や薩摩藩の勢力を排除した上で、佐賀藩が警衛する京都で、天皇の権威を背景にして幕府を中心として有力な藩が集まって協議をするというのが、閑叟の狙いではなかったかと思われる。⒆

朝廷より「攘夷」「拒絶」の実行を幕府へ周旋するよう命じられた鍋島閑叟は江戸へ向かう。江戸では松平春嶽とともに将軍徳川家茂の「文武修行相談役」となったが、二〇日足らずで江戸を去り、京都へ立ち寄り復命して即刻佐賀へ帰った。この公武周旋は佐幕的色彩の濃い公武合体を実現しようとしたものではなかったかと思われるが、十分にその成果を上げることはできなかった。

二　倒幕派藩士

佐賀藩において尊王論が活発になるのは、嘉永三年五月に「義祭同盟」が結成されてからのことである。この「義祭同盟」は当時藩政の最高責任者の請役鍋島安房が盟主となったことにみられるように[20]、藩の規制の強いいわば「官立」的な尊王団体であり、水戸学の影響を受けた観念的な尊王論であったと思われる。そして安政六年に鍋島安房が罷免されたことにより解体したが[21]、この中から佐賀藩の倒幕運動を推進する人物が出てきた。

佐賀藩倒幕派藩士として、副島次郎（種臣）・中野方蔵・江藤新平・大隈八太郎（重信）・大木民平（喬任）らがいた。副島次郎は安政五年に京都で大原重徳に、「朝廷の将軍の継嗣を彼是綺はるゝは無用の詮議なり、早く将軍宣下を廃して政権を収めるべし」との意見書を提出しており[22]、また中野方蔵は「若し一大藩有り、或いは英雄起きて義挙兵を唱え、天子をして政権を復し詔を将家に下さしめ、……、又天子をして諸藩者安堵を故の如く下さしめ、将家者百万石に封じ、……、而して又征夷将軍号を諸大藩に賜い、或いは肥前将軍と称し、或いは薩摩将軍と称し、或いは肥後将軍、或いは常陸将軍、或いは尾張将軍、或いは長門将軍、凡そ六十余州之大藩を挙げて悉く将軍と為さしめ、小藩悉く副将なり、是に於いて人心大いに定まる也」（原漢文）といい[23]、幕府制を完全に否定して諸大藩によって国内の政治体制を強化しようとしている。

副島・中野はともに幕府の権力を朝廷に移し、この危機を乗り切ることを主張しているが、その場合朝廷の下での雄藩連合的な政権を構想していたと思われる。そのことは江藤新平においては、「御夷の儀は。幕府を始め数大藩の御評決被為在」るという表現となっている[24]。そして「一大藩有り」という中野方蔵の言葉は明らかに佐賀藩を指しており、「英雄起きて」とは鍋島閑叟のことをいっているのである。また大隈八太郎においても、「その筋よりの内命もあり、且つ余等同志之れに迫る所ありしを以、彼（鍋島閑叟）も遂に其志を決し、足を挙けて再ひ京師と関東との間に往来するに至りたり、……、且之か為めには共に、身命を擲ちて藩主の為めに尽さんことを希図せしなり」といっているように、[25]当時の佐賀藩倒幕派藩士は鍋島閑叟にすべてを託し、閑叟の行動に全国をまとめるための英断を期待していたのである。

鍋島閑叟が公武周旋を行った文久二、三年頃の江藤新平の行動と政治思想のあり方について次に検討しておこう。文久二年六月に江藤新平は、「当今の先務と奉存候事条。乍不束私丈の議は。胸中已に算定有之。只此機会一日を相延べは。一日の難事と可相成」[26]しと脱藩上京し、京都で姉小路公知や諸藩の志士と会い、朝廷に密奏書を提出して九月に帰藩した。新平はこの時期においていかなる政治構想をもって、藩法を破ってまでも上京したのであろうか。彼の構想は「公武御一和之上、攘夷は上策にては有御座間敷歟」との言葉に端的にあらわされている。当時の尊攘派が王政復古による攘夷を唱えていたのに対して、彼は公武合体による攘夷を唱えたのである。

では江藤新平のいう公武合体とはいかなるものであったかというと、「御夷之事は……。為天下万民。天朝御直之御指揮被為在」、つまり「御夷之事」、すなわち外交権は朝廷のもとにおくというものであるが、外交権の朝廷掌握は、「先以御夷之事御直之処置より。漸々大権復旧之叡決被為在度」との言葉に示されているように、王政復古への第一段階なのである。かかる外交権を朝廷のもとにおくという公武合体路線は、幕府の存在を認めない方向へ進むことは十分考えられ、新平は自身では公武合体といっているが、それは実は現存の幕藩体制の否定を内包する論理だったのである。

外交権を幕府から朝廷へ移すという意図をもった、「公武御一和」のもとにおける攘夷への過程は、まず「（天皇が）在港之夷長を被為召。先以二十年間通商交易御取止。鎖国之事。順序之道理を以て、御諭解被為在」というのである。[27]新平が攘夷の期限を二〇年間に限ったのは、「適宜により通商交易は却て宇内を制御する計略の端にも可相成」しとの配慮にもとづいている。[28]つまり新平のいう攘夷とは、当時の攘夷派の攘夷とは性格を異にし、まず諸外国に攘夷の旨を伝え、これが受け入れられない場合には、「掃攘」を行うという「攘撫両条之処置」をとっているのである。[29]しかし当時の諸外国がこのような江藤新平の構想を受け入れることは不可能であり、この点で新平の諸外国に対する認識が不足していたことは否めない。

以上のような江藤新平の政治構想は鍋島閑叟のそれとどこに相違があるかというと、外交権を幕府の下におくかまたは朝廷の下におくかである。先述のように新平は朝廷の下に外交権をおくことを主張しているが、閑叟は「征夷の武事だけは幕府に一任された方が宜うございましよう」との言葉に示されているように、[30]幕府の下に外交権をおくことを考えていたのではないかと思われる。この相違は現存の体制の容認か否認かという、相反する両端を示しているのである。

江藤新平の公武合体論は領主的立場の鍋島閑叟にとっては、到底容認しがたいところであり、新平のかかる政治構想は閑叟を頼りにしても実現できないのである。が新平は京都で閑叟が上京することを知り、「賎下の小子等に於ても不知手舞足踏」という状態であり、新平にとって閑叟の上京は「何卒天下万民の為め。至誠大仁の御定略を被為建。天下至当の説を以て。上は叡慮を奉安。下は五千万の生霊を御救被遊度。是天下の望み奉る所」なのである。[31]このように立場の異なる閑叟にかかる期待をかけざるを得ない、つまり領主の力によってこの危機を乗り切ろうとするのが、当時の新平の政治的態度であった。

鍋島閑叟を動かすことが当面の目標であったのは、彼ら佐賀藩倒幕派藩士の文久二、三年という時期における、限界を示しているといえる。つまり倒幕という政治目標はもっていたが、それを実現するための手段を、幕藩体制を構成する藩の領主に求めたのであり、幕藩制下の枠に縛られた主従的秩序からは抜け出せていなかったのである。江藤新平は佐賀藩倒幕派藩士として最初に脱藩した人物であるが、脱藩という佐賀藩の藩法では死刑に等しい行為をしていながら、帰藩後は極刑を免れて「蟄居」に処せられ、藩の監視下におかれることになった。[32]

三　雄藩連合の構想

文久三年八月十八日の政変後、十月に鍋島閑叟は藩政府の最高ポストである請役の鍋島河内（直暠）や武雄領主鍋島上総（茂昌）らに諮って藩論を決定し、藩主鍋島直大の代理として支藩鹿島藩主鍋島直彬を京都へ派遣し、朝廷へ佐賀藩論を建言させた。その要点は、文久二年秋の鍋島閑叟の朝廷・幕府間の周旋は、「公武御一和御栄久」という叡慮にもとづいたものであったのに、朝廷と幕府との間がうまくいかず、両者は対立しているようであるが、このような対立は「天下の人心」に「疑惑を抱」かせるだけであり、攘夷のことは別にして「国体」にとって非常に困った現象である。この際朝廷と幕府は「真実之御合体」をなして「御政令之筋」を一本にまとめ、従来のように幕府と朝廷との命令が異なることがないようにすれば、「天下之人心一致一体」となって挙国一致体制が可能であるという。政変による公武合体派の勝利を背景として、この際従来の曖昧な一時しのぎの公武合体ではなく、朝廷と幕府が密接な連絡をとって指揮命令系統を統一し、強力なる挙国一致体制の下に外圧に対抗しなければならないというのである。[33]

この藩論の建白の内容は、長州藩の攘夷決行、生麦事件を契機とする薩英戦争等が大きな影響を与えており、文久二年秋における鍋島閑叟の公武周旋とは少し趣を異にしている。つまり、閑叟の公武周旋では薩摩藩・長州藩の勢力の京都からの排除ということが濃厚であったのに対して、この建白では薩摩藩・長州藩の外国との交戦という未曾有の事件に規制された、挙国一致体制の実現が問題とされている。このことは翌元治元年になるとさらに明確にあらわれる。

鍋島閑叟は病のため朝廷からの要請にもかかわらず元治元年正月の参予会議に参加できず、重臣の多久茂族と請役相談役中野数馬を代理として上京させた。その時両人に言い含めたことを要約すると次の三点であった。[34]

一、有力諸侯の協議による公武合体を実現すること。
一、薩・長の反目を融和して外圧に対抗するための挙国一致体制をとること。
一、七卿及び長州処分は寛大にすること。

閑叟はこの参予会議に大きな期待を寄せていたのではないかと思われる。

しかし有力大藩の協議によって公武合体を実現し、挙国一致体制を目指すという佐賀藩論は、参予会議における幕府と薩摩藩との、横浜鎖港をめぐる対立によってあえなく挫折した。そして元治元年七月の禁門の変を経て、九月に鍋島閑叟は「是迄御潜居候末、此節突然御登京之儀者、必定御定論可有之旨与申居候由」との期待のもとに上洛の途につき、[35]翌月朝廷へ建言を行ったが、その重点は「公武之御間真之御合体」と長州征討の反対であった。[36]

ここに再び公武合体を主張しているのは、参予会議の失敗によって「公武」の武の側、すなわち領主間の不統一がさらけ出されたことに対する批判があるのではなかろうか。[37]つまり、幕府と薩摩が挙国一致体制の実現という緊急の課題に取り組まず、横浜鎖港問題をめぐっての主導権争いによって、領主層の統一ができなかったことに対する批判である。しかしこのことは閑叟が参予会議に抱いていた考えが甘かったこともまた示している。横浜開港を主張する薩摩藩、鎖港を主張する幕府との対立によって、参予会議が失敗したことにみられるごとく、幕藩領主間の矛盾は深刻化していたのである。

長州征討には反対の態度をとっていた佐賀藩ではあったが、第一次征討に際して佐賀藩は御側組鍋島隼人組・御側新組鍋島志摩組・先手組鍋島鷹之助・同鍋島左馬助の四大組を動員して筑前の木屋瀬に屯営した。[38]しかし第二次では警固組多久縫殿組・同原田大右衛門組の二組五七六名だけである。[39]薩摩藩をはじめ多くの藩が長州再征に公然と反対の態度をとったことはよく知られているが、[40]佐賀藩でも動員数から判断すれば数が減って同様に消極的になっていると考えられ、再征を契機にしてその態度を変えていったと思われる。[41]『鍋島直正公伝』では当時の幕府の状態を指して、「幕府の僚吏等は此を機会に是までの失墮したる権威を挽回せんとの妄想を抱きて、自ら窮地に陥りつつあった」といっているが、[42]挙国一致体制を主張する鍋島閑叟にとって、このような幕府のあり方に不満をもったことは十分肯けよう。

慶応二年三月に幕府の大目付田沢政続・目付松浦信が長崎へ派遣された時に、将軍徳川家茂は彼らに鍋島閑叟への直書を託した。この書の内容は閑叟の登坂を促すものであった。[43]これに対して閑叟は近年病身であるから上坂することはできないとして、返書を手渡したが要点は次のとおりである。

……、第一大政向きに付而者兼而一橋殿（一橋慶喜）御輔翼も被仰出候事に而、殊に天資英邁とも可称程の御方候得者、万事御打明御相談被遊候方御当然之御義と奉存候、且又松平大蔵大輔（松平春嶽）に者家柄と申、先年総裁職をも相勤人柄に候得者、差付も被召登、是又万事御相談被為在可然哉と奉存候、……、総而前段申上候通親藩之二賢儼然有之御事候得者、万事無御腹蔵御相談被遊、其上者御都合次第に有名之諸侯をも被召登、其節に至り、若哉先年より別而御懇之義をも被思召出候半者、乍不束私をも被召登候半者御都合可然哉と奉存候。……

幕政は一橋慶喜・松平春嶽に万事相談して推進するのが望ましく、場合によっては「有名之諸侯」を呼びよせるべきであり、その時には自分も呼んでほしいというものである。

ここには当時の幕威回復をもくろむ幕政に対する批判が含まれている。まず徳川慶喜と松平春嶽を重用して「万事無御腹蔵御相談」をし、そして「有名之諸侯」を幕政に参加させようとする、いわば雄藩連合の政権構想をいっていると考えられる。そしてこの政権構想は前佐賀藩主の立場に立っていうのではなく、佐賀藩の立場を離れて将軍の「文武修業相談役」としての立場からであるという。(44) つまり閑叟にとっては無謀な長州再征を行って幕威を回復し、幕府の独裁によって薩摩藩・長州藩との対立を強引に乗り切ろうとしても、それは国内の分裂状態をもたらし、西欧諸列強が国内への進出を行う機会をもたらすだけだと考えたのではなかろうか。

文久二年の秋の段階においては攘夷をめぐって幕府と朝廷が対立していたため、まず幕府と朝廷との融和——公武合体——を唱えたが、元治元年になって参予会議が幕府と薩摩藩とが対立して失敗に終わり、幕藩領主間の不統一がさらけ出されたことによって、ここに領主層の一致の急なことを察知して、有力藩の幕政への参加を認める雄藩連合政権へと、閑叟の政権構想は変化したと考えられる。しかし他方閑叟は幕府と薩摩藩・長州藩との衝突によって引き起こされるであろう、全国的な群雄割拠の情勢と外圧の激化についても十分予想していたことと思われる。

将軍徳川家茂から期待されていた鍋島閑叟が、将軍の「直書」を機会として幕政へ参画しようと思えばその可能性はあったと考えられる。しかし閑叟が積極的に幕政に乗り出すことはせず、傍観者的立場をとったその背景には、先述のように強硬策を主張する幕閣に対する不信感からくる、幕府の将来に対する予見があったと思われる。そしてまた当時自藩の強兵化を図って割拠化を進めることが、幕府制を否定する方向にいかざるを得ないという矛盾に気付いていたのではあるまいか。とにかく閑叟は従来の幕府制——幕府独裁——の修正である雄藩連合政権の構想をもっていたが、幕府自体が幕府制の修正の方向に向かわずに独裁化への道を歩んでいたし、また閑叟自身も雄藩連合政権構想を積極的に実現しようとはしなかったといえよう。

長州再征の最中の慶応二年七月に徳川家茂の後を継いだ第十五代将軍徳川慶喜は、八月に梅沢孫太郎、さらに慶応三年正月には第一の側近である永井尚志を、二月には平山図書頭を派遣して鍋島閑叟の上京を乞うた。(45) また朝廷も慶応二年九月に「諸藩衆議」のため上京するようにと命じたが、閑叟は病気を理由に上京の猶予を願った。(46) 元治元年九月に上京したきり閑叟は藩地を出なかったが、慶応三年六月に佐賀を発して上京することになった。

当時京都で問題になっていたのは長州処分の件であり、これが幕府と薩摩藩・越前藩・宇和島藩の三藩との争点となっていた。幕府の処分方法はまず長州藩に謝罪の歎願書を提出させて、藩主である毛利父子の官位を復し減封を行わないというものであった。これに対し三藩の意見には多少の相違はあったが共通しているのは、歎願書の提出を必要としないという点であった(47)。幕府は尾張藩主松平慶勝と鍋島閑叟の意見を聞いた後に、長州処分を決定することにした。このため薩摩藩と宇和島藩は「尾張大納言、松平閑叟等の建言の上にて、更に尽力の機会を得ん」という状況であった(48)。このように衆人注目のうちに閑叟は上京するのである(49)。

四　佐賀藩の政体論

京都での鍋島閑叟の行動は後に述べることにして、この慶応三年六月という時期に閑叟はいかなる政治構想をもっていたのであろうか。閑叟は熊本経由で佐賀関から船で兵庫へ向かったが、この時の船中で閑叟が語った内容が『鍋島直正公伝』に書かれている(50)。それによると、閑叟は「天皇の親政」に対しては何ら異論はいっていないが、公家を中心とする王政復古には大して期待しておらず、公家に対する不信感は非常に強い。この不信感は幕府に、また雄藩の藩主に対しても同様であった。このような朝廷・幕府・雄藩に対する不信感から西欧の議会制度への関心となり、「誠に上下の意志を暢達するに良き政体なり」との言になったと思われる。

しかしこの「議事院」制に対して全面的に賛同していたのではなく、機密の問題に関する「議事院」の性格の不明確さを指摘している。ここで注意しなければならないのは「議事院」の機密の問題はつとめて運営上の問題であり、閑叟においては議会制度の創設ということが、次の政治構想として描かれてきているということである。長州再征を契機として雄藩連合政権を意図していた閑叟が、慶応三年という時点において、議会制度の創設に思いをめぐらすにいたったといえるのではないだろうか。閑叟が議会制度をどの程度理解していたかその全貌を知ることはできないが、議会制度に思いをめぐらせたということは、とりもなおさず従来の幕府制を否定することであり、これは閑叟がすでに大政奉還も考えていたからではないかと思われる。

慶応三年三月に大隈八太郎と副島次郎は将軍徳川慶喜へ大政奉還を勧めるために江戸へ向かうことにした。この時大隈は大政奉還を佐賀藩論とするために請役の鍋島河内を通して鍋島閑叟へ大政奉還を説いたという[51]。この時の彼らの大政奉還に対する考え方は、「今の時に当っては、最早幕府と云うものも自分では到底できないから議事院などを設けられ、諸藩の名士でも集められては、改革でもされた方が宜しかろう。将軍職も今の儘にしては済むまい。判然と御断りでもなされた方が宜しかろう」というものであったという[52]。こうした大政奉還と議会制度という二つのものの関係を、閑叟自身も大隈・副島の話を鍋島河内を通して聞いていたであろう。

さて、京都の中央政局に登場してきた鍋島閑叟は長州処分に対してははっきりした態度を示さず、当時摂政であった二条斉敬に対しては、「防長寛大兵庫開港被仰出候通ニ而宜、諸侯ゟ異論申立候て摂公（二条斉敬）之御スハリ一ツ」といっており、これに対して朝彦親王は「余リバウトシタ論故、長森（長森伝次郎、肥前藩士）江何トカ老人江申入、シカトシタ所大樹（将軍徳川慶喜）ヘモ申入候様内々頼」むという状態であった[53]。そして二日後の将軍慶喜との会見の折りも、「長防御処置ハ御早き方然るへし」[54]、「四藩（薩摩藩・越前藩・宇和島藩・土佐藩）より寛大にと申上、朝廷よりも寛大にと仰出されしよしなれハ、御所置ハ巳に御達し済なるへしと心得、上京せしに未た其運ひに至らす、兎も角も寛大の上にも寛大ならされハ、長防の折合も整ふまし」と答えたのみであり[55]、「態度頗る曖昧」であった[56]。

このように鍋島閑叟が態度をはっきり示さなかったことから、幕府は薩摩藩等を説得することができず、表面的には「閑叟ハ病後にもあり、殊に事情をも委ハしく心得すとの事にて意見を申上す、上様御尋ねありしに、篤と考え御暇の節申上へしと申立てたり、夫故早速御所置ある事にハ運ハす」と、松平春嶽と伊達宗城へ伝えたが[57]、実は幕府は長州処分の方針を変更して、歎願書の問題は引っ込めて毛利家末家の吉川監物および家老一人の登坂を命じていたのである。そして閑叟の立場からいえば、幕府の処分方法——歎願書の提出を強要することによって幕威を回復しようとすること——に反対であったことは明らかであろう。

ではなぜ薩摩藩・越前藩・宇和島藩らと歩調をそろえなかったのであろうか。注43で述べたように、鍋島閑叟が幕府と密接な関係をもっており、閑叟が松平春嶽とともに将軍の「文武修業相談役」に任ぜられたことは、「春嶽は家門なれば論なし、閑叟は外様の隠居に過ぎず、昇平日久しくして、国持・外様の大名などは、将軍の親しく召して物語などすること無か」ったということからみても、「外様の隠居」であるにもかかわらず、特別の待遇を幕府から受けていたのである[58]。

またこの幕府と佐賀藩との関係は、さかのぼれば関ヶ原合戦それ以後の両者の関係、つまり西軍に味方した鍋島勝茂は徳川家康の佐賀藩処分の危機を辛うじてのがれたが、このため勝茂は徳川への恩を感じてこの後幕府への忠勤を励み、以後佐賀藩は親幕的傾向を濃くしていった[59]。さらに佐賀藩は福岡藩とともに長崎警備を命じられ、幕府の支配体制の重要な役割を果たすことになったのである。

将軍徳川慶喜が英国公使パークスとの会見のため大坂城に滞在中であった七月二十七日、朝廷より許可を得て帰藩の途についた鍋島閑叟は大坂城で将軍慶喜と会見した。この時閑叟が将軍徳川慶喜へいかなる進言をしたかということは今のところ明らかでない。

次に大政奉還を土佐藩に先駆けて将軍徳川慶喜へ勧告しようとした、佐賀藩の倒幕派の藩士の行動についてみておこう。脱藩の罪で謹慎を命ぜられていた江藤新平は、文久三年五月頃に大木民平とともに久留米へ越境し、久留米藩の尊攘派で、真木和泉の弟である真木外記と佐伯伯芽、長州藩の土屋矢之助・滝弥太郎らと会談して、攘夷のための援兵と長州藩への武器援助とを約束する。(60) 結局これは失敗するところとなるが、さらに慶応元年十二月に牟田口幸太郎とともに大宰府へ行き、三条実美に会っている。(61)

一方、大隈八太郎は副島次郎とともに長崎でフルベッキの教えを受け(62)、慶応元年頃からは英学研究を始めている。(63) 慶応元年正月の江藤新平の日記をみると、彼らが緊密に連絡を取り合っているのがわかる。(64) そして慶応三年に入って大隈と副島は大政奉還を幕府へ勧めるために江戸へ向かっていることは先述した。このような佐賀藩の倒幕派藩士の動きは、尊攘運動を展開したいわゆる尊攘派とは性格を異にしているといえる。一例を挙げると、中野方蔵は水戸浪士による井伊直弼暗殺に対して、「先は烈士と謂へし名を好み、身は一代名は末代、義を見て不為者無勇也、尊王攘夷是義之第一と思ふ処より如此、先は是にて尽す事歟と愚案罷在候、依之大謀は不能行候而、目前に赴く者多々出来也」と批判し(65)、江藤は少しさかのぼるが安政三年に鎖国論の愚なることを痛論し、「当今の強国と和親を結び、……、軍艦を贖ふて海戦を練習し、通商を盛んにして国家を富ますに在り」と、開国通商による富国強兵を述べている。(66)

佐賀藩倒幕派藩士のなかに、倒幕論が具体的に現実の政治路線として登場してくるためには、大政奉還論にもとづいて西欧の議会制の採用による公議政体論が主張されなければならないと思われる。この点では佐賀藩における倒幕論の成立は、大隈・副島が大政奉還を主張した慶応三年のはじめであるといえる。しかしこれ以前の慶応二年六月頃の江藤新平の意見書の次の一節に公議政体的傾向を窺うことができる。(67)

一……海外の事は。一先年限を被相立。政事を共和にて被相行度旨被仰達。此旨諸藩にも会議あり。朝廷へ奏聞せられ。左も無之。幕府是迄の海外政事を施行相成候は丶。……。前段の如く年限を被相立。其間に御悔悟御修明有之候は丶。御復旧の御約束にて被相行度事。

一海外に相係り候事は。於京都諸侯会同の上諸事被相行候事。
一諸藩御調和の事。

外交関係に関するものはひとまず何年間か「共和」政治を行うこと、「共和」政治は幕府に反省の色がみえた時の「御復旧の御約束」で行うこと、外交関係は京都での「諸侯会同」の上で決すること、挙藩一致体制であることを述べている。

これらのことからわかるように、江藤新平の意見は外交問題については「共和」・「諸侯会同」によって解決することをいい、幕府に反省がみえたら権限を再び幕府へ返すというのであるが、「御復旧」とはいっても実質的には幕府の立場は、征夷大将軍として政権を委任されたこれまでの幕府とは明らかに異なるであろう。「共和」の実態がいかなるものであるか明らかでないが、従来の幕府の実権を否定した「共和」という言葉を使ったことは、大隈・副島らの立憲思想の影響を受けていると思われる。

おわりに

慶応三年春、長崎にいて当時の政治情勢を敏感に察知していた大隈八太郎と副島次郎は、大政奉還の勧告を実現するため、江戸へ向かったが、大隈・副島の大政奉還論の背景にあったのは、フルベッキから学んでいた西欧の議会制に関する知識であったと思われる。彼らは目的を果たせず佐賀藩へ戻って謹慎を命じられた。

しかし謹慎後の大隈と副島に、佐賀藩政府の要員である鍋島河内・中野数馬・伊東外記らが接近してきた。これは「閑叟の意に出でたる」ものといわれている。[68]そして藩政府要員と会談した大隈八太郎は、その時の模様を次のようにいっている。[69]

彼らは意外にも時勢に対する余等の識見を是認し、従来世の事情を誤解して痛く余等に反対したることを陳謝し、且つ今より藩政の方針を一変して余等の見解に従うことを約したり。是に於て余等は更に之れに告げ「先づ兵を京師に出し、且つ有為の人士を派して我藩方針の上に立ちて、列藩有志の間に交渉を為す所あらしむべし。尤も必要なるは、閑叟をして、速に京師に上り、朝廷に従いて天下の為に斡旋する所あらしむる事是れなり。斯く如くして着々その儀を誤らざれば、我藩の地位と声望とを回復すること決して難事にあらざるなり」といひしに、執政ら之れを領しぬ。

このようにして従来「余等の意見としいえば、尽く排斥さるゝ中にも、長崎遊学、洋学研究の事のみは、幸に藩主の許容する所と為りぬ[70]」という状態から一変して、ここに佐賀藩倒幕派と藩政府要員との意見の一致が実現したのである。慶応三年六月に鍋島閑叟が上京するころには、佐賀藩では倒幕派の主張する大政奉還が藩政府に容認されつつあり、先述した鍋島閑叟の「議事院」にもとづく政治構想は、このような藩内の動きを背景としていたといえる。しかし閑叟は中央政局で積極的に大政奉還の路線を遂行しようとはしなかったし、もちろん佐賀藩論として明確に示されることはなかったのである。

(1) 岩波文庫、三八ページ。

(2) 管見のところでは佐賀藩の幕末期の政治的動きを述べたものとしては、杉谷明「佐賀藩藩政改革と江藤新平」(『郷土研究』第十号、佐賀県郷土研究会、一九六〇年)、同『江藤新平』(吉川弘文館、一九六二年)、中村尚美『大隈重信』(吉川弘文館、一九六一年)がある。

(3) 『鍋島直正公伝・第五編』一一六ページ(侯爵鍋島家編纂所、一九二〇年)。以下『鍋島直正公伝』は『公伝』と記す。なお鍋島閑叟の隠居の理由は持病の痔疾のためということであった（『公伝・第五編』八五ページ）。

（4）鍋島閑叟の姉定姫が久世通熙に嫁しており、両者は姻戚関係にあった。

（5）『公伝・第五編』一八四ページ。

（6）右同、二二六ページ。

（7）右同、一七〇・一七一ページ。

（8）『官武通紀・第二』（国書刊行会、一九一三年）の「公方様御上洛始末」（二八九ページ）に、幕府から佐賀藩主鍋島直大に宛てた次の書付が収められている。

松平閑叟事御用に付、出府被仰付候処、最早来二月御上洛御間合も無之故、此節より滞京罷在、御待受可仕候、尤都合に寄出府致候儀、可為勝手次第と被仰出候

この書付では病気療養のためにではなく、幕府の「御用」により出府するということになっている。

（9）『公伝・第五編』二二八ページ。

（10）「中山忠左衛門宛書簡」（『大久保利通文書・一』一三六ページ〈東京大学出版会、一九六九年〉）、『公伝・第五編』二二八ページ。

（11）『公伝・第五編』二〇九・二一〇ページ。

（12）『続再夢記事・第一』三四四ページ（東京大学出版会、一九七四年）。

（13）『大久保利通伝・上巻』二六〇・二六一ページ（臨川書店、一九七〇年）に次のようにある。

有馬（新七）・田中（綏猷）・真木（和泉）等相談して曰く、九条関白（近衛尚忠）・酒井（忠義）所司代を同時に襲わんには、当に多数の兵を要せざるをえず、所司代の姦悪は固より悪むべしと雖も、堂上を死地に陥れ、京紳を驚かし、以て人心を覚醒せしめんには、九条関白邸を襲撃するに若かずと、遂に此義に決定したり。

（14）次の記事は松平春嶽の鍋島閑叟観である（『逸事史補』三九七ページ〈『松平春嶽全集・第一巻』。三秀舎、一九三九年〉）。

鉄炮其外西洋器械等被取寄、国許におゐて専ら執行有之、……、副島種臣・大隈重信其外の勅奏任官も、皆閑叟公之余沢に

して、是等の人物を造られし也、兎角大名之名高者、主人ゟ家来に英雄道徳才智あるもの多ければ、自然に其主人の名も名高くあるもの也、島津斉彬・閑叟之如きハ、家来ゟも主人之方か頗ル賢才道徳あるを以、能き家来も出来たり、決て家来に使役せらるゝ殿様にはあらさる也。

(15) 前出「中山忠左衛門宛書簡」。

(16)『公伝・第二編』三七一ページ。

(17) 前出「中山忠左衛門宛書簡」。

(18) 前出『官武通紀・第一』四九ページ。薩摩藩士大久保一蔵は鍋島閑叟の入京に対して、「鍋島ハ廿日に出府相成申候、余程邪魔いたし候由」(『大久保利通文書・一』一二八ページ)、「現在鍋島滞京中、実以暴論ニて」(同、一三六ページ)と、強い敵意を表している。

(19) 将軍徳川家茂の「文武修行相談役」に任ぜられた鍋島閑叟が、松平春嶽とともに「経義の進講」をしたあとに、「君(将軍家茂)一向に朝廷を尊崇し給ひて誠実を尽したる御忠節あらば、臣等亦君を尊敬奉戴すること此の如くならん」といったという(『公伝・第五編』二五一ページ)。

(20)『公伝・第四編』一五〇ページ。

(21) 右同、六三三ページ。

(22) 右同、五三〇ページ。

(23)「方今形成論」(『中野方蔵先生』・「附録」。中野邦一、一九三六年)による。

(24)「藩府の下問に答ふる書」(『南白遺稿』七二ページ。博文社、一八九二年)。

(25)『大隈伯昔日譚』七二ページ(立憲改造党々報局、一八九五年)。

(26)「藩府へ上るの書」(前出『南白遺稿』三三ページ)。

(27) 以上、「密奏の書」(右同、三七~四〇ページ)。

(28)「藩府へ上るの書」(右同、三二ページ)。

(29)「密奏の書」（右同、三八ページ）。

(30)『大隈侯八十五年史・上』一一二ページ（大隈侯八十五年史編纂会、一九二六年）。

(31)「大木民平・坂井辰之允に与ふるの書」（前出『南白遺稿』四三ページ）。

(32)的野半介『江藤南白・上』二二一ページ（南白顕彰会、一九一四年）。

(33)『公伝・第五編』三五一・三五二ページ。なおこの十月に、長州藩で鍋島閑叟が上京するのではないかとの情報により、桂小五郎を下関に派遣して閑叟との会見を計画したが、上京しないと分かったため佐賀へ赴かせている。十一月二日に佐賀に到着した桂は藩主の親書を提出した。佐賀藩では側頭の原田小四郎に返書を作成させ五日に桂へ手渡しているが、「京地不案内ニ而何れ共御答難致」、「御上京之上候而者現地之様子ニ随御所置可被為在旨」と口答で伝えている（鍋島文庫「鍋島夏雲日記」文久三年十一月条。鍋島報效会蔵・佐賀県立図書館寄託）。桂は閑叟には会えなかったが、京都を追われた長州藩では鍋島閑叟への仲介の期待が強くあったと思われる（『松菊木戸公伝・上巻』三五〇ページ。臨川書店、一九七〇年）。

(34)右同、三六三・三六四ページ。

(35)前出鍋島文庫「鍋島夏雲日記」元治元年九月二十六日条。この時兵庫で御手許御用達肥前屋粘右衛門と御用達川崎屋源八、大坂で御蔵元御用達常吉八郎兵衛と六軒銀主中村真太郎・中原庄兵衛・広岡信五郎・室屋仁三郎・白山安兵衛・殿村平右衛門、御手許銀主鴻池善右衛門・長田作次郎らの佐賀藩御用商人に会っている（前出鍋島文庫元治元年「大殿様御登京御道中日記」）。

(36)『公伝・第五編』四六〇ページ。

(37)文久元・二年の公武合体運動は幕府と朝廷との間だけのことであったが、この元治段階では「武」はもはや幕府だけではなく、全領主層の問題となっていたということに注目しなければならない。

(38)前出鍋島文庫「長州追討ニ付請御意下」。四大組の出動兵数は別表のとおりである。なお嬉野米一郎「征長と佐賀藩の出兵」（『肥前史談』第一巻第十号、一九三五年）によると従者・軍夫を含めて一万二千余名であったという。

(39)『公伝・第五編』五二八ページ。

(40)薩摩藩以外で再征に反対であった藩は、尾張藩・越前藩・津藩・阿波藩・備前藩・肥後藩等であった（『徳川慶喜公伝・三』二一五～二二七ページ。竜門社、一九一八年）。

(41)『公伝・第五編』（五四六・五四七ページ）に長州再征に佐賀藩が積極的でなかったことを示す記述がある。なお幕府が長州再征の勅許を得る直前の慶応元年八月の桂小五郎の書簡に、「肥前閑叟は益油断は不相成、……、翁も高年に付さほど恐るゝ事も無之候得共、乍去油断は相成不申、此節肥前人来訪、其心事甚不審千万に御座候」とあり（「広沢藤右衛門宛書簡」『木戸孝允文書・二』五四ページ。東京大学出版会、一九七一年）、鍋島閑叟をはじめ佐賀藩へ不審の念を強くもっていたのがわかる。

(42)右同、五二八ページ。

(43)右同、五三二ページ。将軍徳川家茂と鍋島閑叟の関係であるが、姻戚でありしかも海軍興隆をめぐって密接な関係をもっていた大老井伊直弼が、万延元年三月に水戸浪士によって暗殺されたのち、ちょうど在江戸中であった閑叟（当時佐賀藩主）は幕府から将軍家茂の「内意」によるとの呼び出しを受けた。しかし閑叟は長崎警備を理由にして帰藩した（拙著『幕末期佐賀藩の藩政史研究』第八章「幕末期佐賀藩の幕領預かり計画と井伊直弼」参照）。また本章第一節で述べたように、文久三年正月に松平春嶽とともに将軍の「文武修行相談役」に任ぜられた。こうしたことから将軍家茂と閑叟との関係を窺うことができよう。

(44)以上、右同、五三三～五三五ページ。

(45)右同、五五一ページ、『公伝・第六編』六ページ、三〇ページ。

(46)『公伝・第五編』五六五ページ。

(47)前出『徳川慶喜公伝・三』五五四ページ。

(48)右同、五五九ページ。

(49)『公伝・第六編』（三六・三七ページ）によると、上京を決意した鍋島閑叟は「此度予は将軍より

別表　第一次長州征討出動大組と人数

	侍	手明鑓組	足軽組	そ　の　他
御側組・鍋島隼人組	89人	1（30人）	4（100人）	小道具組2（50人）
御側新組・鍋島志摩組	362	8（260　）	7（170　）	船頭役者舸子組2
先手組・鍋島鷹之助組	89	2（60　）	7（165　）	
先手組・鍋島左馬之助組	110	2（60　）	7（165　）	赤司寄合組（28人）

「長州追討ニ付請御意下」・元治元年「佐賀藩拾六組侍着到」（前出鍋島文庫）より。

の召命によりて上京すべきも、直に帰るべし」といったとあり、「読書談は是まで屢々ありて時事に及びたる事もままありたれど、只古事の批評にのみ止まり、此の如く最後に自己の身上に言及せられしことはなか」ったのである。
(50) 右同、三九・四〇ページ、同四二・四三ページ。
(51) 右同、三一ページ。前出『大隈伯昔日譚』(一三六ページ)によると鍋島閑叟は大政奉還を佐賀藩論とすることを許さなかったというが、『公伝』では閑叟の「内旨」を受けたと述べている。
(52) 前出『江藤南白・上』二五四ページ。
(53) 『朝彦親王日記・下巻』四六六ページ(東京大学出版会、一九六九年)。
(54) 前出『続再夢紀事・第六』四一〇ページ。
(55) 右同、四一五ページ。
(56) 前出『徳川慶喜公伝・三』五六〇ページ。
(57) 前出『続再夢紀事・第六』四一六ページ。
(58) 前出『徳川慶喜公伝・三』三五六ページ。
(59) 『伊万里市史』三九六・三九七ページ(一九六三年)。
(60) 前出『江藤南白・上』二二五・二二六ページ。
(61) 右同、二四七ページ。
(62) 「フルベッキ日記」(尾佐竹猛『維新前後における立憲思想』所収。邦光堂、一九二九年)に、「余は二人の極めて有望なる生徒を有した。それは副島と大隈とである。彼等は新訳全書の大部分を研究し、米国憲法の大体を学んだ」とある。
(63) 岩松要輔「幕末維新期における佐賀藩の英学研究と英学校」(『九州史学』第四六号、一九七一年)、同「英学校・致遠館」(杉本勲編『近代西洋文明との出会い』。思文閣出版、一九八九年)。
(64) 前出『江藤南白・上』二四一〜二四五ページ。
(65) 「大木民平宛書簡」(前出『中野方蔵先生』・「附録」)。

(66)「図海策」(前出『南白遺稿』一五・一六ページ)。
(67)「原田小四郎に与ふる書」(右同、九二ページ)。なお、本文で当意見書を慶応二年六月頃としたのは、建白書中にいう小笠原長行が宍戸備後助・小田原素太郎を拘禁したのが、慶応二年五月九日であることから推測した。
(68)前出『大隈伯昔日譚』一一八ページ。
(69)右同、一一八・一一九ページ。
(70)右同、八〇ページ。

第二章　維新政府と佐賀藩

はじめに

尊攘運動が大きな高まりを見せていた文久二年末から翌年にかけて、前佐賀藩主鍋島閑叟は「公武周旋」のために中央政局へ乗り出したが、何ら政治的な成果を生み出すことはできなかった。そしてその後佐賀藩では元治元年九月と慶応三年六月の鍋島閑叟の短期間の上洛があっただけであり、藩主鍋島直大は藩地に閉じ籠もったきりであった。

また安政から文久にかけては、副島次郎（種臣）・中野方蔵・江藤新平ら佐賀藩倒幕派藩士の京都での活発な動きがみられたが、文久二年の江藤新平の脱藩上京以後は、そうした動きはみられなくなった。江藤新平は謹慎に処せられ、副島次郎・大隈八太郎（重信）は長崎遊学を命じられたりして、その行動は大いに制約されており、彼らの政治意見が藩政府に受け入れられることはなかった。

だが彼ら佐賀藩倒幕派藩士は全く行動を束縛されていたわけではなかった。江藤新平は謹慎中にもかかわらず久留米藩へ、また三条実美のいる大宰府へと越境して尊攘グループと交流していたし、長崎にいた副島次郎や大隈八太郎らは諸藩の倒幕派藩士らと会って中央政局の情報を得ることもできたであろう。この意味では佐賀藩倒幕派藩士が全く孤立していたとはいえないであろう。

大政奉還、王政復古クーデター、そして鳥羽・伏見の戦いの時にも、佐賀藩としては京都に重臣を派遣していないという状況であった。しかし佐賀藩は「公武周旋」時の佐幕的な傾向より、除々に幕府から離れていくようになり、慶応三年の六月段階では「議院制」にもとづく公議政体論を藩論としていたのではないかと考えられる(1)。

中央政局での対立に巻き込まれることを避けて、自藩の藩体制の強化・自立、軍事力強化を図ろうとしていたのは佐賀藩だけのことではなく、当時多くの藩でみられたことであった。こうした藩の富国・強兵化策は「藩割拠」の状態をもたらすのであるが、藩を存続させるための一つの方向であったといえよう。

中央政局から離れて維新変革での政治的進出が遅れていただけに、それをいかにして取り戻すかということは、鳥羽・伏見の戦い以後の佐賀藩にとって重要な課題であった。したがって本章では戊辰内乱への出動状況、新政府内での佐賀藩の政治的動向、岩倉具視の「北征」問題や佐賀藩出身者の新政府内での立場などを明らかにし、維新政府における佐賀藩の役割等について検討してみたい。

一　新政府への進出

慶応三年十月十四日に第十五代将軍徳川慶喜は大政奉還を行った。これは幕藩体制の頂点に位していた幕府が、内外の政治情勢の混乱にともない、その役割を失っていった当然の帰結であり、ここに幕府制は崩壊してしまったのである。しかし大政奉還後も徳川慶喜は徳川宗家の政治的地位の強化を図ろうとしたため、討幕派が主導して王政復古によってその地位を奪った。これに反発した徳川軍が大坂城から京都へ進軍して薩摩藩・長州藩軍との間で鳥羽・伏見の戦いが起こり、それに続く薩摩藩・長州藩を中心とする新政府軍と東北諸藩連合軍との戊辰内乱へと事態は進展していった。

こうした中央政局における政治状況に対して、佐賀藩はどのような動きをしたのであろうか。大政奉還の通知が佐賀に到着したのは十一月の上旬であるが(2)、大政奉還の翌日に鍋島閑叟は松平春嶽・山内容堂・伊達宗城・島津久光らとともに朝廷から上京を命じられ、上京できないなら代わりに藩主鍋島直大を上京させるようにとの通知もこの時伝えられた。が藩主鍋島直大は「道路遠隔」を理由に上京の延期を願っている(3)。しかし十一月九日に、「当時勢柄に付諸藩より、都而重役の人出京相成居候得共、此国許無其儀」くと、家老鍋島孫六郎に率兵上京を命じてその準備に取りかかった(4)。そして孫六郎は十二月二十一日に佐賀を出発した。が同二十六日に豊前田浦で一行は差し止められた。これは「京都表依都合」るという理由であった(5)。

十二月二十六日に佐賀藩は藩士に自由行動を許すことになり、佐賀藩倒幕派藩士に公然と活動の場が与えられた。この佐賀藩の処置は同日の鍋島閑叟と大隈八太郎との会見を契機としたものであった。これより先大隈は十月初め再び脱藩し江戸で大政奉還のことを知り、そして京都で王政復古のクーデターに遭遇した。この政治情勢の変化を知らせるために急遽佐賀へ帰り、二十五日に当時閑叟の信任が厚かった側年寄の原田小四郎に説いて、閑叟との会見を申し入れた(6)。この時佐賀藩では、「時勢の変遷と四方の伝説とを見聞して稍々疑惑する所あり、因って時に賢達と信ずる原田を派して京都の実情を視察せしめ、其の報告を待って、徐に之に応ずるの策を講ぜんと欲し」ていたという(7)。このような事情があって閑叟は大隈との会見を受け入れ、政府高官列席のもとに京都の状勢を、また佐賀藩の今成すべきことを、大隈に述べさせる特別の機会を与えたのである(8)。

原田小四郎は翌二十七日に京へ向かい、また筑前黒崎に止まっていた鍋島孫六郎一行も翌年正月元旦に出発の令が下り、十四日に大坂に着いた。佐賀藩主鍋島直大は正月七日に伊万里から船で京へ向かうことになった。しかし出発に先立って鳥羽・伏見の戦いが知らされ上京を延期していたが、二月三日に京へ着いた(9)。

以上のことからわかるように佐賀藩が京都政局に登場してくるのは二月以降の事である。この京都政局への登場が遅れたことによって、佐賀藩に日和見的との評価が与えられる結果となった。遅れた原因としては先に述べた鍋島閑叟と大隈八太郎との会見に見られる如く、佐賀藩自体が京都政局と関わりをもつことを重視していなかったことにあるが、この背景には佐賀藩の置かれた幕末の対幕関係にその要因が求められよう。つまり、佐賀藩はフェートン号事件の失敗を繰り返さないために、幕府の全国支配機構の一環として任ぜられた長崎警備を果たすことを第一の任務としていたこともあり、幕府と武力的対立状態にある長州藩、長州藩処分等をめぐって幕府と対立していた薩摩藩とは、その行動を規定する諸条件が異なっていたのである。そうした幕府との関係が幕末の佐賀藩の行動を規定していたのではないかと思われる。

従って幕府と薩摩藩・長州藩との対立に何ら積極的に介入することなく、佐賀藩自体の存続を第一の目的とし、政治的な具体的行動は起こさなかったのであろう。薩摩藩・長州藩とは異なった政治的状況に置かれていたことが確認されなければならない。さらにまた大政奉還から王政復古クーデターにかけての政治情勢に対して、佐賀藩のみならず諸藩が観望的態度をとったのは、幕府と薩摩藩・長州藩との私的対立であるという印象を広く与えていたからであろう。

慶応四年正月七日に朝廷は在京の藩主を招集して将軍徳川慶喜の追討令を発し、岩倉具視は在京の諸藩にその向背を問うた。この時佐賀藩は藩主・家老ともに間に合わず在京していなかったことが、「佐賀討伐」がいわれた原因であった[10]。鍋島閑叟には慶応三年十二月十九日に急ぎ上京するようにとの達が朝廷からあったが、翌四年二月二十日に佐賀を出発し三月一日に京へ入った。また藩士に自由行動が許されてのち、江藤新平と副島次郎はすぐに京へ向かい活動を始めていた。いうまでもなく正月十七日に発表された新政府の職制の中には、佐賀藩からは誰も加わっていないし、また議定・参与に任命されたものも見あたらない[11]。

しかし佐幕的と見られていた佐賀藩が藩主直々に兵を率いて京に入り、新政府に与したことによって佐賀藩の態度がはっきりした。そのため鍋島閑叟が三月二日に議定兼軍防事務局輔、十三日に制度事務局輔、藩主鍋島直大は二月二十九日に議定兼外国事務局輔、三月十九日に横浜裁判所副総督、六月十七日に外国官副知事になり[12]、また副島種臣が三月十三日に参与兼制度事務局判事、江藤新平が閏四月十七日に参与兼外国事務局判事、大木民平（喬任）が閏四月四日に参与兼外国事務局判事、大隈重信が三月十七日に関東監察使三条実美下向付属、五月十日に軍監兼江戸府判事等にそれぞれ任命され、新政府のメンバーに名を連ねるようになる。閏四月二十一日の政体書公布の時には、議政官として閑叟が議定に、副島種臣が参与に任ぜられている[13]。

こうした佐賀藩の新政府への進出の背景として考えられるのは、天保改革以来、鍋島閑叟が推進してきた近代的な小銃・大砲の採用によって、卓越した軍事力を有していたことが挙げられよう。東北諸藩との戦いを乗り切るためには、薩・長を中心とする新政府にとっては強大な軍事力が必要であり、そのためにも佐賀藩を新政府に組み込んでいくことが必要であった[14]。また佐賀藩内において慶応三年末まで、行動を束縛されていた副島・大隈・大木・江藤ら少数の倒幕派藩士が、木戸孝允・後藤象二郎ら新政府の樹立に重要な役割を果たした人物と面識があったことである。

たとえば江藤新平は文久二年に脱藩し、京都で桂小五郎（木戸孝允）に会っている。この時のことを明治元年六月に江戸で江藤を訪ねた木戸は、「江藤は肥前藩旧来勤王之士也、壬戌之歳起志脱藩、竊に余を訪ねて京師に来る、依て余山口繁次郎の宅に潜居せしむ」といっており、また「爾后丁卯之春、一左右あり、而して又今春再会す、当時知己の一人物也」と、慶応三年春にも交渉があり再会している[15]。

慶応四年二月六日に佐賀藩は北陸道先鋒を命じられたが、のち閏四月九日には出羽の庄内征討へ出動することになり、藩士前山清一郎は九条奥州鎮撫総督の参謀として、佐賀藩兵七五三名、小倉藩兵一四二名を率いて仙台に上陸した。[16] さらに五月三日には藩主鍋島直大は下総・上野・下野の鎮撫を命じられ、下総には五四〇名、両野には九三八名を出兵させた。[17] また佐賀藩の最上級家臣の私領主たる鍋島上総（茂昌）が新政府から出動を命じられ、五百余名の兵を率いて七月四日に兵庫に着いていたが、二十二日に秋田へ向け出発している。[18] 木戸孝允は「日記」に、「上総は武事の聞あり、また兵隊も精練なるという」と記している。[19] 鍋島上総と同じ私領主の多久茂族は佐賀藩より出動の命を受け、六月十日に江戸につき佐賀藩に命じられていた下総・両野鎮撫に当たった。[20] その後多久茂族が参謀となって四七〇名の佐賀藩兵を率いて会津征討に従軍している。[21] この間、上野戦争や会津城攻撃に際しては、佐賀藩所有の最新式のアルムストロング砲が大いに威力を発揮したという。

木戸孝允はこの頃の佐賀藩の状況を、「肥前人と云、器械と云、陣制と云、尽相調居、殊に当侯頻に進軍、兵士も一層之気力相振ひ、至て評判宜敷、彼是八九大隊も繰出し申候、……、肥前今日に至り名而已ならざる所、漸々相顕れ諸藩之不及事も不少、一感心之次第」といっている。[22] ここに佐賀藩が積極的に内乱に出動している様子が窺える。そしてこの佐賀藩の態度は会津城攻撃に際して、「会津御討伐之儀ハ、実ニ不容易儀ト奉存候付、諸藩之兵隊モ夫々御繰出シ相成候事ニハ候ヘトモ、猶又為応援、今市出張ノ内ヨリ、荘強ノ者共致精選、白川口発向為致、一帯尽力仕」りたいとの藩主鍋島直大の言葉に端的に示されている。[23]

このように戊辰の内乱に積極的に藩兵を出動させ、戦いで功績を立てることによって、新政府への進出、佐賀藩の政治的地位の向上を目指そうとしたのである。そしてある程度政府内における地位は確立されたと思われるが、さらにこれを強固なものにして西南雄藩として、薩摩藩・長州藩・土佐藩と並ぶに至るその契機となったのが、岩倉具視の「北征」計画であった。これを述べる前に新政府内における佐賀藩の立場を見ておこう。

二　佐賀藩の政治的立場

大政奉還が行われた頃、佐賀藩では鍋島閑叟や倒幕派藩士ともに、大政奉還後の政治形態として議会制を基にする公議政体構想を描いていたと考えられることについては第一章「幕末期の政治動向」で検討したところである。大政奉還後の十月二十一日、朝廷の諮問に対して佐賀藩は答議を提出したが、これを貫いているのは「御召之諸藩方御着京、公議衆議ヲ被尽御決定」という趣旨であった(24)。さらに王政復古クーデター後の十二月十二日には佐賀藩も加わって十藩連名の建白書が提出されているが、これは公議政体派の見解を述べているとされる内容となっている(25)。このように佐賀藩は鍋島閑叟の上京以前から、公議政体論の立場を明らかにしていたのである(26)。

慶応四年五月九日に「東北諸賊親征」の勅書が出されるが、この天皇の親征は公議政体派諸侯の反対によって中止された。鍋島閑叟もこの親征に対して、「関東之儀徳川慶喜謝罪、既に秩禄跡目迄被仰出候上は、只今御親征と申御義は乍恐如何可有御座哉と奉存候」と述べて反対している。がさらに続けて、「他日東京へ御巡狩被為在候義は、千載之御盛典」であるといい、「他日東京へ御巡狩」には賛成している。つまり親征には反対であるがいずれ天皇が「東行」することには反対の態度は示していない(27)。

この東行に対しては木戸孝允の岩倉具視宛書簡に「東行之御一条御実行之挙と不挙之際、誠に以御肝要と奉存候、已に土越之如き論も出来仕居、又土越とは主意相違仕居候得共、容易に東行は不然などと申議論も諸藩中不少」とあり、「土越」つまり公議政体派の土佐藩前藩主山内容堂・越前藩前藩主松平春嶽が反対しており、「諸藩中不少」とあるように二人以外にも東行に反対する藩があったのがわかる(28)。

また天皇親征が中止された後、蜂須賀・長岡・柳川の各藩へ、兵を関東へ派遣せよとの朝命がおりた。これは、

「此度諸侯東下之件、肥前老公（鍋島閑叟）へも御談之上朝命に相成」ったとあるように、鍋島閑叟の了解のもとに出されたものであった(29)。ところがこの朝命に対して三藩の態度は、「阿州侯今日御請は有之候へ共、御熟考之上ならては、御発程難被相成御国情も有之候へは、十五六日之御猶予御願、其上に而御御東下可被成との御儀之由、長岡公子は御国情旁御猶予御願之由、柳川侯は御断に相成由」という状態であり(30)、三藩主ともに「東下」することに積極的な態度を示していない。鍋島閑叟は天皇の親征には公議政体派諸侯とともに反対しているが、木戸らが主張していたいずれ天皇が東行することにはこれを支持し、また天皇親征に代わるものとしての「諸侯東下」にも賛成の意を表していた。このように閑叟の政治的態度はある面では公議政体派諸侯とは異なっている点があり、木戸らの方針を支持している面もあった。

天皇の東行についてはすでに閏四月一日付の、江藤新平と大木民平連名の建白書において主張されていた。この建白書の趣旨は、「御仁恩を被為致候上は、是非是非、御威武大に相立候はでは不相済、就ては、外、皇威を拡張し、内、規模を広遠にし、且関東諸軍の人気を御振作、皇風をして一時に煌揚せしむるは、乍恐鳳輦御東下に若く事なし」ということであり、「方今の際会に乗じ、是非是非皇威揚之工面」をなさねばならないとするところにあった(31)。

六月二十一日付とされる木戸孝允の岩倉具視宛書簡に次のようにある(32)。

……、閑叟公より之上書に而已に、御宸翰を以も被仰出候通、已後は御軽便に行幸等も被為在、万民赤子之情をも、親敷被知召度との、難有思食も被仰出候処、関左兵燹（ママ）已後、人民安堵之思ひをなさず、海内長く如此之形勢に有之候而は、御一新之際皇威にも関係仕、深奉恐入候間、於于此恩食之通行幸被為在、親敷蒼生御慰育被為遊候はは、海内速に王化に伏し、自然と万民安堵いたし、海内一致天恩を可奉仰云々之主意に而、此間に而分明に断然と、乍病中も建言相成居候、……

引用史料にある鍋島閑叟の「上書」・「建言」については、具体的な「建言書」のようなものは見あたらない。従ってここでいう閑叟の建言の内容は直接史料ではなく、木戸の言葉に依ったものという史料的制約を受けているが、東行によって「海内速に王化に伏し、自然と万民安堵いた」すというのは閑叟の意向とみなしてよいであろう。このように佐賀藩は新政府内で閏四月頃から皇威拡張を主張していたのであり、江藤に至っては封建制廃止、郡県制採用をさえいっていたという(33)。

だが鍋島閑叟は薩摩藩・長州藩主導によるあり方を支持していたわけではなかった。政体書発布の前々日の閏四月十九日に鍋島閑叟は帰藩願いを提出した。その理由は「長崎表御警衛筋より国政向迄猶又御一新、御趣意行届候様仕度」というものであったが、この帰藩願いは許されず、「別段御用有之候間、暫滞京可有之」と言い渡された(34)。この頃帰藩願いを出した藩主は、「鍋阿始帰国願ニ付而は」とあるように(35)鍋島閑叟に限らず、「阿」つまり阿波藩主蜂須賀茂昭やその他もいたのである。そして「鍋阿御引留ハ勿論」と、「鍋阿」らの帰藩を引き留めようとしていたのが、政府の中枢にいた薩摩藩の大久保利通であった(36)。

鍋島閑叟とともに公議政体派の中心人物であった松平春嶽は、当時の政府を批判して「方今太政官の景況相窺候に、庶政次第に繁務、追々勅諭并御沙汰書等被仰出候得共、乍恐今日まて万民安堵仕候程の御実行も不被為在、衆人実に方向を失ひ、渺々たる蒼海無棹扁舟の必地に御座候」といっている(37)。五月の岩倉具視の三条実美宛書翰に、「閑叟御暇之次第も有之、同人内願之筋難黙止筋も候間」として、「侍従儀元之如く横浜へ御返可給候」と、閑叟の「内願」を無視できないということで、「侍従」、つまり下総・両野鎮撫に出動していた佐賀藩主鍋島直大を以前いた横浜にもどすように要望している(38)。これは新政府内における当時の関東での藩主鍋島直大の扱いに対する閑叟の批判があったからではないかと思われる。

公議政体派の中に薩摩藩・長州藩主導下の新政府への不信感が強くなり、これが諸侯の帰国願いとなったと思われ、新政府はその内部的危機に直面したといえよう。岩倉や大久保にとっては内乱遂行のためには、公議政体派諸侯を新政府側に引きつけておかねばならず、諸侯を京都に滞在させておくことが必要であった。この頃江戸開城によって江戸は一応新政府軍の支配下に入ったが、幕兵は上野に集まって政府軍への抵抗を示しており、「官軍の御武威大に揚り兼、残賊動もすれば離合集散、八州之地未だ鎮定不仕、此儘にては平治之御功業相見兼」るという状態であった(39)。

以上、京都の中央政局の舞台に登場してきたのち、新政府における鍋島閑叟の動きを検討してきたが、公議政体派として重要な政治的役割を果たしていたのがわかる。そして閑叟の意見は当時の佐賀藩の政治的な立場を示していたと思われる。また関東における佐賀藩の活躍について岩倉具視は、「肥前には大憤発、大兵を出し全く挙国御奉公之事」といい、続けて「皆以、副島・大隈・江藤等之大尽力に起る事に候」と述べている(40)。佐賀藩兵の積極的な内乱への動員は佐賀藩出身者らの「大尽力」によるものであったが、このことは佐賀藩が新政府への政治的進出の遅れを取り戻し、彼らが新政府内で発言力を高めるためにも是非とも行わねばならないことであった。こうして佐賀藩は新政府へ進出してきて四か月ほどの五月頃には、政府内での政治的地位を高め内乱遂行に重要な役割を果たすようになっていたのである。

三　岩倉具視の「北征」

慶応四年五月三日、奥羽列藩同盟が結成された。この同盟結成は奥羽諸藩の新政府に対する公然たる抵抗の意思表示として、戊辰内乱において重要な意義をもつのであるが、これまで政府軍が断固たる措置をとりえなかった、彰義隊を中心とする幕兵への攻撃の契機になったことにも注目せねばならない。さらにこの奥羽列藩同盟に北越諸藩が加わって奥羽越列藩同盟が成立した。そして六月下旬になって、岩倉具視が佐賀藩兵等を率いて直々に戦地に赴くということが公然化してきた。

　これより以前の五月二十一日の議定宛の通達に、「関東既開兵端候儀、御互に苦心此事候得共、日誌之趣に而は、屹度勝算有之、我ゟ発候かと察申候」とあり(41)、このころから岩倉には戦地出動の決意があったようである。この岩倉具視の出動が具体化しつつあった時期の奥羽においては、「已に々々奥越に至ては、出兵其他大略無洩算(ママ)、羽州は春来金穀等更に不能継、応援之兵も未能(罷カ)出、時至寒冷誤機ときは、終に天下の事また瓦解に不得不至」という状態だったのであり(42)、薩摩藩兵に限ってみても、「春来苦戦続きで最初薩摩から連れてきた三百余の兵は死し、或は傷つき、今秋田口に戦っているのは僅に四五十名しかない」という(43)、まさに政府軍にとって苦難の頃であった。

　岩倉具視の戦地への出動を強力に支えていたのが佐賀藩であり、直接的には鍋島閑叟と副島種臣であった。次の引用史料は議定・参与に宛てて出した岩倉具視の通達の一節である(44)。

　……、抑賊ノ名トシテ以テ人心ヲ蠱惑煽動スルモノ、或ハ君側ノ奸以偽勅ヲ矯ルト言ヒ、或ハ薩長ノ賊以私意ヲ逞スト唱ヘ、漫ニ浮説ヲ流行ス、……、夫肥前ハ天下有名ノ強国、士気勇壮名義判然、素ヨリ首鼠両端ノ比ニ非ス、彼大藩ヲシテ、大挙力ヲ尽サシメ、臣ト進退死生ヲ倶スル事ヲ得ハ、賊徒唱テ、薩長ノ私トスルモノ、口ニ藉ク事ナク、又得テ甘心セントスル君側ノ奸、臣身ヲ以其難ニ当ラハ、豈両ナカラ得サランヤ、而シテ彼藩藩論一定、准備已ニ整フ、加フニ大村闔藩全力ヲ挙テ、勢ニ合セントス、臣怯弱トイヘ共、入テ相、出テハ将、亦敢テ辞セサル事ヲ得ス、……、

つまり、岩倉が佐賀藩と「進退死生ヲ倶スル」覚悟で戦地へ行けば、「賊徒」つまり奥羽越列藩同盟側が主張している、「君側ノ奸以偽勅ヲ矯ル」とか、「薩長ノ賊以私意ヲ逞ス」とかの抗戦理由はその名分を失うわけであり、新政府が薩摩藩・長州藩の連合政府でないことを証明するために、佐賀藩兵や大村藩兵を出動させこれらを新政府の

中心人物の岩倉が率いて出動するという。
この岩倉の戦地出動は岩倉自身が、「抑北征之事は閑叟公足下（副島種臣）共に不同之処、小子決死報国之微衷を以て、強而諸君を動し」たといっていることから、[45]「北征」が彼の発意によるものであったことがわかる。そして副島種臣は佐賀藩兵・大村藩兵等徴発のため、六月二十五日に京を発して九州へ向かったのである。[46]

当時新政府の中心人物であった大久保利通と木戸孝允は江戸滞在中であったが、七月五日に兵庫に帰着した木戸孝允は後藤象二郎から、「過日、副島二郎西山内密《ママ》与輔相公（岩倉具視）と相謀り、相公得一左右将致羽」ると聞き、「且歎且憂」という心境であった。[47]そして木戸は翌日岩倉に会い、「今日根本之確古たる事尤肝要にて、四方出張も根本の堅不堅によって、成敗掌をさすが如し、然るに、柱石比際に当り軽易に御動揺、実に為国家不可然之理なり」と述べ、[48]岩倉の「北征」に強力に反対した。また同月九日には後藤も反対の意見を述べた。木戸の反対が影響したらしく後藤が会った日には岩倉は、「稍悟するの色あり」という状態であったが、[49]十三日に副島へ「北征」取りやめを手紙で知らせている。[50]そして岩倉に代わって久我通久が東北遊撃軍将を命じられた。副島は七月二十三日に久我通久に従っての「北行」を命じられている。[51]

岩倉が「北征」を中止したのは、「今日東京之御沙汰下候、御巡狩は御算計次第、不日に御発表、実に聊も御懸念なく、断然たる御憤発、為朝野慶幸不過之候、于玆一事極困之事相生し候は、小子北征之事に候、実は極密聖上には及奏上、全許可を得候処、今般之事件前途之処、深く被思召候よりして、北征には徳大寺を出し、小子は必乗輿に随従し、犬馬之労を尽候様、懇々之勅諭也」とあるように、[52]江戸が東京となり、来るべき天皇の東下への随行を命じられたからであるといっている。

この岩倉「北征」を契機として、佐賀藩は奥羽へ多数の藩兵の動員を行った。その正確な動員数は明らかでないが、一説には「藩兵二千人を具視の麾下に属」させようとしたという。[53]久我通久が東北遊撃軍将を命じられた翌日の二十四日の岩倉具視の計画では、現在奥羽での戦いに従軍している薩摩・長州・肥前・筑前・小倉の五藩兵を除いて、久我通久に随行する兵として、肥前藩六大隊、大村藩三大隊、安芸藩一大隊、因幡藩一大隊、小倉藩一大隊、長崎府兵一大隊を挙げている(54)。

表２－１は奥羽への九州・中国地域の藩からの動員をまとめたものである。肥前とあるのは佐賀藩関係と考えた。七月以降の動員数の中に佐賀藩関係が多く記されているが、副島種臣の働きかけが功を奏したのであろう。動員数が不明の因幡の一大隊、砂土原の一小隊は除いてパーセントを出してみたが、実に佐賀藩関係が五〇パーセント以上を占め、薩摩藩を大きく離している。この奥羽戦争に佐賀藩が積極的に動員体制をとっているのがわかり、いかに岩倉「北征」に力を入れていたかということが理解できよう(55)。

表２－１　奥羽への九州・中国地域からの各藩別動員人数とパーセント

藩　　名	動員人数	%
佐　賀	4,711 人	56
薩　摩	841	10
筑　前	553	7
出　雲	460	5
平　戸	402	5
長崎府兵（振遠隊）	400	5
大　村	324	4
小　倉	284	3
島　原	257	3
長　門	196	2
因　幡	1 大隊	
砂土原	1 小隊	

『復古記・第十二冊』（858～862 ページ）より。%は因幡 1 大隊，薩摩支藩の砂土原 1 小隊は除外している。また小数点以下は四捨五入した。

以上が岩倉具視の「北征」の概要である。この「北征」の中心人物はいうまでもなく岩倉具視であり、彼の案になるものである。というのは先の引用史料にあるように、既に五月下旬に自ら関東へ出軍する様子をみせていたことや、鍋島閑叟や副島種臣の反対を押し切っているからである。薩摩藩・長州藩の支援のもとに、新しい政治体制の樹立を目論んでいた岩倉にとっては、奥羽越列藩同盟軍に新政府軍が敗北することは彼の政治生命を危うくするものであり、新しい政権の崩壊を意味していた。同盟軍に勝利することは彼にとって至上命令であった。従ってこれまでの薩摩藩・長州藩の軍勢を中心とする出動体制に加えて、薩摩藩・長州藩以外の「強藩」の軍事力を動員し彼が直接その藩兵を率いることによって、この危機的状況を乗り切ろうとしたのである。その強藩として注目されたのが佐賀藩であった。

一方佐賀藩にとっては、内乱への積極的な出動体制をとって新政府に協力はしていながらも、いまだ薩摩藩・長州藩と肩を並べるに至らないという実情から、何とかして自藩の勢力拡大を図ろうとしていた。このようにして岩倉と佐賀藩との結びつきが行われ、佐賀藩は全面的に岩倉の「北征」を支持することになったと考えられる。佐賀藩自体に注目すればこの「北征」は、佐賀藩が維新変革への政治的遅れを取り戻すために行った一種のクーデター的な印象を受ける側面もみられるが、岩倉が出動しなかったことによって依然として、薩摩藩・長州藩が新政府内で主導的地位を占めることになったといえよう。

この「北征」を契機にして奥羽への大動員を行った佐賀藩は、薩摩藩・長州藩・土佐藩に追いつき新政府内で確乎たる地位を築くことができた。しかしこの佐賀藩の台頭は多分に薩摩藩・長州藩との対立を引き起こす要素をはらんでいた。先にみたように薩摩藩・長州藩の「私意」でないことを示すために、岩倉が佐賀藩兵を率いて出動するということになれば、場合によると薩摩藩・長州藩とともに、佐賀藩が新政府の主導的役割を果たすということも当然あり得たであろう。

明治維新の戦功賞典をみると、一〇万石の薩摩藩・長州藩、四万石の土佐藩、三万石の鳥取藩・大垣藩・大村藩・砂土原藩・松代藩等となっており、その次の二万石に佐賀藩がみえる。そして奇異に感ずるのは復古功臣賞典・戦功賞典ともに、鍋島閑叟と副島種臣両人の名がないことである。戊辰内乱に積極的に藩兵を動員した佐賀藩の戦功賞典が低く、また「北征」の佐賀藩の中心人物であった閑叟と副島に賞典が行われていないことは、岩倉具視の「北征」が影響しているのではなかろうか。つまり版籍奉還の上表に薩摩藩・長州藩・土佐藩とともに名を連ねた肥前佐賀藩ではあるが、新政府内では必ずしも三藩と同列には扱われておらず、むしろ薩摩藩・長州藩と対立

する状況があったのではないかと考えられる。(56)

四　新政府と佐賀藩士

明治元年から四年にかけて、新政府内で重要な役割を果たした佐賀藩の出身者として、副島種臣・大隈重信・大木喬任・江藤新平の四人が知られている。彼ら以外にも早くは明治元年には、山口尚芳が三月に外国事務局御用、島義勇が五月江戸鎮台府判事加勢、楠田英世が六月に会津征討の仁和寺宮副参謀、古賀定雄が同月に総野鎮撫使附属、七月に岩村定高が開拓御用掛等に任ぜられていた。(57)以下副島・大隈・大木・江藤らの新政府との関係について触れていきたいが、その前に、先に新政府内での政治的立場について紹介した、前佐賀藩主鍋島閑叟のその後の経歴について述べておこう。

鍋島閑叟は明治元年閏四月の政体書の公布による議政官の上局の議定に任ぜられたが、五月末に病による帰藩を許され、七月に佐賀へ向かっている。そして十二月初めに藩地を発って京へ向かった。明治二年に入ると二月下旬に佐賀藩の改革のために副島種臣と江藤新平を従えて佐賀へ帰ったが、翌三月末に佐賀を発して東京へ向かい、四月十四日に議定に任ぜられた。五月十五日の官吏公選によって再び議定となった。そして六月四日に蝦夷開拓督務、七月二十日には初代開拓使長官を命じられた。八月には太政官の右大臣に次ぐ大納言に岩倉具視らとともに、諸侯の中から一人だけ任ぜられており、ほぼ一年間この職にあったが、三年八月に大納言を辞職して麝香間伺候を命じられている。(58)

版籍奉還が実施された直後の明治二年七月に入って、これまでの政体書による行政機構を大きく変える職員令が出されたが、そこにみえる佐賀藩の出身者は表2－2のとおりである。政府内では副島種臣が大納言に次ぐ参議に

表2－2　佐賀藩士と明治2年7月の職員令

副島種臣	参議
大隈重信	大蔵大輔のち民部大輔（8月兼大蔵大輔）
大木喬任	東京府大参事
山口尚芳	大蔵大丞（兼民部大丞）
島　義勇	開拓判官
楠田英世	新潟県知事（10月大学少丞）
古賀定雄	品川県権知事
岩村定高	開拓御用（8月開拓権判官）
鍋島　幹	日光県権知事
藤川為親	日光県大参事
増田明道	兵部少丞
鶴田　皓	少助教（大学校）

『百官履歴』より。

つき、大隈重信が民部大輔（兼大蔵大輔）の要職についているが、他に山口尚芳が大蔵大丞、増田明道が兵部少丞となっている程度であり、政府内での佐賀藩勢力は少なく、その権力基盤は弱いものであった。なお江藤新平は当時佐賀藩の改革のために藩地にいた。

以下、維新政府内での副島・大隈・大木・江藤の経歴を『百官履歴』によって紹介しておこう。まず副島種臣についてであるが、明治元年三月十三日に佐賀藩士で一番早く新政府へ登用され、参与兼制度事務局判事（この時鍋島閑叟が制度事務局輔となる）を命じられ、閏四月制定の政体書の作成には、福岡孝弟とともに副島が中心となったといわれる(59)。政体書の公布後議政官の下局の参与となったが、六月二十五日に帰藩が許可されている。これは先述した岩倉具視の「北征」によるものであり、佐賀藩兵や大村藩兵等を動員するためであった。

八月に東北への従軍から帰京を命じられるが、十二月に入って東京在勤となった。翌二年二月に佐賀藩の改革のために一時帰藩している。五月には官吏公選で行政官の参与となり、版籍奉還後の知藩事のあり方について副島は大久保利通に同調して世襲の任用を主張している(60)。この頃から大久保との提携が始まったのであろう。明治二年七月に制定された職員令の草案作りに、当時参与の副島が関与したといわれる(61)。

職員令のもとで参議になっていることは先述したが、以後ほぼ二年間この職にあった。明治三年五月には藩政改革の方針を示した「藩制」の原案作成に大久保利通とともに携わり(62)、七月に起こった新政府内の大問題であった民蔵分離問題では、大久保・広沢真臣とともにその分離を主張し、木戸孝允・大隈重信らと対立した(63)。明治四年五月以降は外務省御用専務となっている。

大隈重信は副島種臣より四日遅れて三月十七日に参与兼外国事務局判事となり横浜裁判所勤務となっていたが、五月に入って長崎府判事を兼任して一時長崎へ赴任した。十二月末に外国官副知事となり、翌明治二年初めに参与となりすぐに会計官へ出仕し、三月末には会計官副知事となり、新政府の財政を担当することになった。七月の職員令の制定後は参議となって大蔵大輔、次いで民部大輔に任ぜられたが、八月十一日からは大蔵大輔を兼ねた。ここに民部省と大蔵省が合併して民部・大蔵省となった。

このころ大隈重信は若手の開明派官僚の中心となって、木戸孝允との提携を強めていたが(64)、民部・大蔵両省の合併から一年後の明治三年七月になって民部・大蔵省のあり方に対する批判が高まって、もとのように民部省と大蔵省に分離されたため、大隈は大蔵大輔のみとなった。のち九月に参議になり、明治四年六月までこの職にあった。

大木喬任は閏四月四日に参与となり、大隈重信とともに外国事務局判事を命じられているのは、当時藩主鍋島直大が外国事務局輔であったからであろう。その後京都府判事を経て軍務官判事になっているが、六月二十一日には江戸への天皇の「東行」の準備のために木戸孝允と江戸へ向かい、七月七日に帰京している。東行については先述したように鍋島閑叟も賛成するところであったし、大木もすでに江藤新平とともに閏四月一日付で天皇の東行を岩倉具視へ建言していた。

大木・江藤の建言は、江戸を東京と改めることを主張したもっとも早いものであるといわれる。一般にこの建言は遷都論であるといわれてきたが、文中に「遷都」という言葉は使われておらず、正確には江戸を改めた東京と京都の「両都論」であった(65)。

九月二十日に京を出発した東行には大木も供奉を命じられ、十二月からは東京（十月十三日に江戸を改称する）

在勤となり、東京府知事となっている。明治二年五月にはこれまで兼ねていた参与は免ぜられたが、七月には東京府大参事となり、東京での在勤を続けていた。翌明治三年七月には先述した民蔵分離後の民部大輔となっており、一年余この職にあった。このことは民蔵分離を進めた大久保利通と大木が親密な関係にあったことを窺わせる。

新たな諸省の人選のために一応民部大輔を免ぜられたが、東京御用掛は続いた。七月に入ると制度取調専務を命じられて、参議の西郷隆盛・木戸孝允ら一三名で組織された制度取調会議に参加した。この会議で民部大輔であった大木を文部大臣にすることが予定されたが、この案については大久保利通が、信頼を寄せる大木が民部省から移動させられるということもあって強く反対していた(66)。結局民部大輔は大久保の希望のとおり続いたが、廃藩置県が断行された七月十四日には民部卿になっている。

江藤新平は閏四月十日に関東監察使三条実美の江戸下行に付属を命じられている。これより前閏四月一日に、先述のように大木喬任とともに岩倉具視へ天皇東行の建言書を提出している。五月に軍監兼江戸府判事となり、十月には会計官判事にも任じられている。先述のように東行のために六月に大木喬任とともに木戸孝允は江戸へ向かったが、この時木戸は江藤に会っている。そして江藤のことを「肥前藩旧来勤王之士」、「当時知己の一人物」と日記に書いたことはすでに述べたところである。

明治二年正月に上京を命じられたが、これは先述したように鍋島閑叟に随って副島種臣とともに帰藩して佐賀藩の改革に従事するためであった。江藤は十月十七日まで佐賀に留まって改革を推進したが、東京へ戻って十一月には中弁に任じられている。翌十二月二十日に佐賀藩での禄制改革に反対する卒族らに襲撃され負傷した(67)。明治三年二月に制度取調専務を命じられ、一年後の明治四年二月には制度局御用掛を兼勤し、また東京府警固卒取調御用掛に任じられた。先述した七月に入っての制度取調会議に参加している。廃藩置県後は制度局兼務で文部大輔になっている。

おわりに

以上、成立以後の維新政府と佐賀藩との関わりについて、新政府への進出の経過、政府内における鍋島閑叟を中心とする佐賀藩の政治的立場、佐賀藩の政府内での地位を決定づけた岩倉具視の「北征」計画、佐賀藩出身者の政府内での動き等について述べてきた。しかしこれらは管見のかぎりでの史料による範囲内での検討であり、当時の佐賀藩の政治的立場の一部を素描したに過ぎない。維新政府と佐賀藩との関係を全体的に明らかにするにはまだ多くの課題が残されているのはいうまでもないが、一応本章で触れてきたことを整理してまとめとしたい。

幕末には全く政治的な動きを見せなかった佐賀藩ではあったが、慶応四（明治元）年二月初めには藩主鍋島直大が藩兵を率いて入京して、さらに鍋島閑叟が一月後に京都に着いてのちは、新政府で公議政体派として行動していた。遅れて上京してきたということもあり、新政府内での立場を有利にするために、卓越した軍事力を戊辰内乱に積極的に動員していった。そして、薩摩藩・長州藩・土佐藩とともに政府内で重要な地位を占めることになったのが、佐賀藩兵を中心とする軍勢を率いて自ら戦地へ赴くという岩倉具視の「北征」計画であった。こうした軍事的活躍によって、翌明治二年正月には薩摩藩・長州藩・土佐藩とともに版籍奉還の上奏を行い、西南雄藩として名をとどめることになった。

佐賀藩出身者の副島種臣・大隈重信・大木喬任・江藤新平の政府内での動向で検討したように、慶応四年三月中頃に副島・大隈、続いて閏四月に大木・江藤が新政府に登用されていった。明治二年四月頃までは、当時新潟県知事であった楠田英世の大隈重信宛書翰に、「副島江頭古賀抔も折節御面会可被成」くとあるように(68)、佐賀藩士同士の交流が行われていたと思われる。

版籍奉還の上奏では薩摩藩・長州藩・土佐藩とともに名を連ねたが、佐賀藩が加わった経緯は、「肥前ニ茂、昨年関東奥羽北越等戦争中より、万事薩長同志と申筋ニ而、殊更閑叟公も御有名なるを以テ、又諸藩を圧倒するに足る故」として、長州藩の広沢真臣が三藩の上奏のことを副島種臣と大隈重信に相談したところ、「更ニ無異論、早速老公（鍋島閑叟）江申上候処、一夜御熟考ニ而速ニ御同意被為在」るとあって、閑叟も同意したという(69)。初めから佐賀藩は加わっていたわけではなかったが、広沢の誘いに迅速に対応しているのは、薩・長の主導する版籍奉還に同意する素地が存在したからであるといえよう。

しかし戦功賞典や復古功臣賞典をみると、佐賀藩が戊辰戦争で果たした役割が十分に反映されているとはいえず、むしろ薩摩藩・長州藩との対立をそこに窺うこともできる。そしてその後は新政府の二人の実力者大久保利通と木戸孝允の対立の中で、副島と大木が大久保、大隈と江藤が木戸との関係を強めていくことになり、佐賀藩として新政府内でまとまって行動することはほとんどなかったのではないかと思われる。明治三年六月に、「副島・大隈・江藤・岩村諸官員、河内殿・中野内匠一同被為召御酒被下、但、副島・大木・大隈・江藤・山口等諸官員、折々御用有之被為召」るとあるように(70)、鍋島閑叟のもとに佐賀藩出身の「諸官員」、つまり政府官僚となっているものが集められている。このことは閑叟が健在なうちは佐賀藩としての一体感は保たれていたといえるのかもしれない。

翌四年正月に鍋島閑叟は逝去した。ここに佐賀藩は新政府内で重きを成していた人物を失うことになったが、一方その後佐賀藩地では三月から五月にかけて藩政担当者の交代が行われている(71)。閑叟の死は新政府内の佐賀藩の立場及び佐賀藩地での動きに、大きな影響を与えることになったといえよう。

（1）以上、本書第一章「幕末期の政治動向」参照。
（2）『鍋島直正公伝・第六編』七〇ページ（侯爵鍋島家編纂所、一九二〇年）。この十一月上旬というのは少し遅いようである。遅れた原因は同書八五ページでは、京都での佐賀藩の情報収集が不十分だったことにあるとしている。なお以下『鍋島直正公伝』は『公伝』と記す。
（3）『復古記・第一冊』一八六ページ（内外書籍、一九二九年）、『岩倉公実記・中巻』九七ページ（原書房、一九六八年）。
（4）的野半介『江藤南白・上』二八八ページ（博文館、一八九二年）。
（5）右同、二九一ページ。
（6）中村尚美『大隈重信』三九ページ（吉川弘文館、一九六一年）。
（7）『大隈伯昔日譚』一四七ページ（立憲改進党々報局、一八九五年）。
（8）『公伝・第六編』八九ページ。
（9）『公伝・年表索引』二〇五・二〇六ページ。なおこの年の正月十六日に「自然変動有之節」の出動大組として、鍋島監物組・鍋島鷹之助組・鍋島左馬之助組・鍋島縫殿助組・鍋島伊豆組が予定されていた（鍋島文庫慶応四年正月より「大殿様御側頭日記」〈鍋島報效会蔵・佐賀県立図書館寄託〉）。
（10）『江藤南白・上』二九四〜二九八ページ。のち慶応四（明治元）年二月十六日付の蓑田伝兵衛宛の書簡で大久保利通は、「肥前も当公（藩主鍋島直大）上京、国論一変、是迄退斥せられ候もの共、段々黜陟も有之、近々閑叟公も上京ト申事ニ御座候」（『大久保利通文書・二』二二〇ページ。東京大学出版会、一九六九年）と、当時の佐賀藩の状況を述べている。
（11）『復古記・第一冊』六一〇〜六一二ページ。
（12）『公伝・年表索引』。
（13）『百官履歴・二』四九ページ（東京大学出版会、一九七三年）。
（14）佐賀藩における軍事力近代化の過程については、拙著『幕末期佐賀藩の藩政史研究』第九章「幕末期佐賀藩の軍制改革」（九州大学出版会、一九九七年）を参照していただきたい。

(15)『木戸孝允日記・二』明治元年六月二十七日条（東京大学出版会、一九六七年）。

(16)『復古記・第九冊』八五七ページ。北陸道先鋒として出張したのは別表のとおりである。なお明治元年七月十日付で維新政府へ佐賀藩が提出した藩地からの出動として、侍従（藩主鍋島直大）江戸在陣、出羽庄内出勢、野州出勢、下総古河御鎮撫方出勢、北越出勢、軍艦孟春丸乗組、長崎表番所・台場出兵などが報告されている（宮田幸太郎『佐賀藩戊辰戦史』三七〜三九ページ。佐賀藩戊辰戦史刊行会、一九七六年）。

別表　佐賀藩の北陸道先鋒出張人数

銃隊	420人
役付	11人
砲	4挺
司令砲手共	20人
斥候使番玉薬	45人
兵糧方其外役	
夫方の者	356人
計	852人

鍋島文庫慶応4年2月「御滞京中御進物所日記」より。

(17)『復古記・第六冊』七六・七七ページ。この時五月十八日に宇都宮から今市へ移った鍋島鷹之助組は侍四八人、手明鑓四六人、足軽一〇六人、撤兵隊六一人で、計二六一人であった（前出鍋島文庫慶応四年五月「日記　野総御鎮撫御出陣方」）。

(18)『武雄市史・中巻』一〜一五ページ（一九七三年）。

(19)『木戸孝允日記・一』六八ページ。

(20)『多久の歴史』二五四〜二六六ページ（多久市役所、一九六四年）。なお本書第七章「維新期の多久私領」参照。

(21)『復古記・第一三冊』一一〇ページ。

(22)『木戸孝允文書・三』八一ページ（東京大学出版会、一九七一年）。

(23)『復古記・第一〇冊』五九五・五九六ページ。

(24)『復古記・第一冊』三七ページ。

(25)原口清『戊辰戦争』六一ページ（塙書房、一九六三年）。

(26)『公伝・第六編』（一四九〜一五一ページ）によると、議定として太政官代に出仕し始めた頃の鍋島閑叟は次のように述べたという。

今度の大政変に方り、よく国内之瓦解せざるを得たりしは、全く封建の効力に因るものにして、この点よりするも、内治の統一の、諸侯会議によるべきものなることは向明の理なり、……、臣（閑叟）が一藩を裁成するや、事小なりと雖も、政務は常に家老、重臣等に議せしめ、成るべくは其欲するに従ふこととなし、唯裁決の権は之を自ら把持して、時には会議の所決を突き返し、又時には排斥して専断することもあり、蓋し乾綱独断とは、かくの如きをいふと自信す、凡て政を為すには、勉めて衆議に聴き民心に従ふを順当の道とす、今度の大政更始も、宜しく先帝の聖意を遵奉して、公卿諸侯の会議を設け、以て政治の大綱を議定して上裁を仰がしむべく、これ最も平正の法にして、先帝（孝明天皇）の遺訓に遵ふものなりといはれたりき。

この内容をそのまま閑叟の言として信ずるには問題はあろうが、閑叟が描いていた公議政体の具体的な政策決定に関する構想が示されていると考えていいのではあるまいか。

（27）右同、二七三ページ。
（28）『木戸孝允文書・三』九二・九三ページ。なお松平春嶽が東行に反対していたのは、「何分にも今少し江戸府御処置済、賊徒退散後之形勢、都下人心之安着如何、此辺至急左府公（三条実美）へ御尋問之上、尚又御篤評被為在候末、御決定被為在候へは、却而御出輦御着東之上、至仁至聖之叡慮貫徹可致哉と奉存候」とあるように（『岩倉具視関係文書・三』五三六ページ。東京大学出版会、一九六八年）、江戸の治安維持のありかたを問題としていた。
（29）『戊辰日記』三九四ページ（東京大学出版会、一九七三年）。
（30）右同、三九五ページ。
（31）『公伝・第六編』二七五ページ。
（32）『木戸孝允文書・三』九二・九三ページ。
（33）鹿島桜巷『江藤新平』三三・三四ページ（実業之日本社、一九一一年）。
（34）『公伝・第六編』二〇一・二〇二ページ。翌五月末に病気療養のための帰藩が認められ、結局七月五日に京を発っている。そして十一月末に佐賀を発して京へ向かっている（「直正公御年譜地取」〈『佐賀県近世史料・第一編第十一巻』、二〇〇三年〉）。
（35）『大久保利通文書・二』三〇六ページ。

(36)右同、三〇七ページ。
(37)『岩倉具視関係文書・三』四七八ページ。
(38)右同、五一五ページ。
(39)『江藤南白・上』三三五ページ。
(40)『岩倉具視関係文書・四』一〇ページ。
(41)『岩倉具視関係文書・三』五二八ページ、『戊辰日記』三九七ページ。
(42)『木戸孝允日記・一』六八ページ。
(43)『副島種臣伯』一〇七ページ（大日社、一九三六年）。
(44)『岩倉具視関係文書・二』三一二・三一三ページ。
(45)『岩倉具視関係文書・四』五二ページ。
(46)『副島種臣伯』一一四ページ。副島種臣は七月九日に長崎裁判所へきて、「御内勅之趣申演、左之通当時東北賊徒猖獗ニ付、急速出兵之事」として、長崎振遠隊約二五〇人、大村藩約二百人、島原藩約四百人、松浦藩約四百人、筑前藩千人、佐賀藩千人の出兵を要請し、「馬関江集会、尤為大督岩倉下向之由、先秋田屯集之官軍応援として庄内ヲ襲ひ候策」を伝えている（杉谷昭「明治初年における三治職制の府について」所収「九州事件幷長崎裁判所御用仮留日記」〈『史淵』九四輯、一九六四年〉）。
(47)『木戸孝允日記・一』六五ページ。
(48)右同、六六・六七ページ、「木戸孝允手記略」（『復古記・第六冊』三五七ページ）。
(49)『木戸孝允日記・一』六七ページ。
(50)『副島種臣伯』一一七・一一八ページ。
(51)『百官履歴・一』五〇ページ。
(52)『岩倉具視関係文書・四』五一ページ。
(53)『明治天皇紀・第一』七七三ページ（吉川弘文館、一九六八年）。

(54)『中山忠能履歴資料・九』四九七ページ（東京大学出版会、一九七四年）。
(55)前出鍋島文庫明治元年九月「日記」によると、明治元年九月段階での佐賀藩の出動人数は計五三六一人であった。詳しくは本書第五章「財政構造の変質」表5－1を参照していただきたい。
(56)『江藤南白・上』（四二九ページ）には、「其賞典の最下位に過ぎざりし所以のものは、佐賀藩の態度が維新の際、朝廷並薩長二藩より一種の嫌疑を蒙り、薩長の後塵を拝せざる得ざりし結果に由らずんばあらざるなり」とあって、賞典の低い原因を維新前の佐賀藩の日和見的傾向に求めている。しかし戊辰内乱時の佐賀藩の軍事的活躍や岩倉具視の「北征」から考えて、新政府内における薩摩藩・長州藩と佐賀藩との関係という点を重視したい。
(57)『百官履歴・一、二』より。
(58)以上、鍋島閑叟の経歴は『公伝・年表索引総目録』を参照。
(59)松尾正人『維新政権』五六ページ（吉川弘文館、一九九五年）。
(60)右同、一一五ページ。
(61)右同、一一九ページ。
(62)右同、一六一ページ。
(63)右同、一四九・一五〇ページ。
(64)右同、一三一ページ。
(65)佐々木克『江戸が東京になった日』九八～一〇四ページ（講談社、二〇〇一年）。
(66)松尾正人『維新政権』二一五ページ。
(67)『江藤南白・上』四四二～四五〇ページ。
(68)『大隈重信関係文書・一』六〇ページ（東京大学出版会、一九七〇年）。
(69)松尾正人『廃藩置県の研究』三一ページ（吉川弘文館、二〇〇一年）。なお『続佐賀藩の総合研究』（吉川弘文館、一九八七年）の「廃藩置県」の中において（九八九・九九〇ページ）、佐賀藩と版籍奉還との関係についての言及がある。

(70)「直正公御年譜地取」(『佐賀県近世史料・第一編第十一巻』九五七ページ)。
(71) 本書第三章「行政機構の改編」参照。

第三章　行政機構の改編

はじめに

前藩主鍋島閑叟が文久二年十一月から翌三年正月にかけて「公武周旋」を行って以後、佐賀藩は混乱する幕末の政局の中で大きな役割を果たすことはなかった。そして立場を鮮明にしなかったところから、薩摩藩・長州藩の討幕派から不信感を抱かれることもあったが、慶応四年正月の鳥羽・伏見の戦いの勃発後、藩主鍋島直大の上京によって、薩・長を中心とする維新政府側に立つことがはっきりした。戊辰内乱では北陸道先鋒、総野鎮撫を命ぜられ、また庄内や会津など東北地域へも大量の藩兵を動員したが、この間における佐賀藩の軍事的活躍が目ざましかったのは、木戸孝允も認めるところであった。そしてこの軍事力の強さこそが、明治二年正月の版籍奉還の奏上に、薩・長・土・肥と名を連ねさせるに至った要因なのである(1)。

長崎警備を福岡藩と隔年で担当していた佐賀藩は、嘉永に入って積極的にヨーロッパの新式の大砲を採用し、我が国で初めて反射炉を築いて鉄製の大砲を鋳造して長崎の砲台に据え付けるなど、長崎警備体制の強化を行ったが、安政六年の貿易開始後は自藩の軍事力増強を図り、新式小銃や実戦用の大砲を多く取り入れていった。そしてこの軍事力増強を可能とする財源を確保するために、藩財政とは別途会計で軍事・非常費を蓄えていた懸硯方の収納強化、殖産政策の実施による長崎での外国貿易の積極化、藩財政そのものにも軍事的色彩を強めていく「軍国備仕組」などを展開し、強大な軍事力を有する軍事大藩となった(2)。

戊辰内乱に従軍する中で、旧来の藩兵組織たる大組制では実践の役に立たないことが明らかとなっており、兵制改革の実施は急務であったし、また維新政府の藩に対する中央集権的な統制強化の中で、藩体制をいかにして強固に維持していくかが、明治初年の佐賀藩にとって大きな課題であった。そしていわば遅れて登場した佐賀藩が維新政府内における立場を強めるためにも、新しい事態に対応しなければならなかったのではないかと思われ、そのために藩政改革に積極的に取り組む必要があった。

佐賀藩の明治初年の藩政改革についての研究は若干あるが(3)、改革の具体的内容はまだ十分に解明されていない状況である。そのため幕末期の藩政史の流れとどのような関連をもって改革が行われているのか、維新政府の下での佐賀藩体制のあり方がどのように変容したのかなど、明治初年の藩政改革の意義づけが明らかにされていないといえる。したがってこれらの問題に少しでも接近するために、まず本章で佐賀藩の明治初年の改革の経過を行政機構の改編を中心として明らかにしたい。ただし史料的制約があり素描に終わらざるを得ないことを断っておきたい。

一　「官制」改革と「職制大綱」

戊辰内乱という非常時に対処し、徳川幕府崩壊後の新局面を乗り切るために、佐賀藩では、慶応四年八月に「今般官制之儀、先以別紙之通被相改候条、御内外一致万端簡便を旨」とする、藩行政機構の改編が行われた(4)。これより二年程前の慶応二年十月の「軍国備仕組」によって、役人の削減や諸遣料の減少が実施されたが、これは行政事務手続きの簡素化や諸役所の統廃合を必要とするものであり、財政面では蔵方に、農村支配では代官に行政の集権化をもたらしていった。(5)こうした「軍国備仕組」にみられる方針の総仕上げとして行われたのがこの「官制」改革であった。

引用史料にいう「別紙」の内容は図3－1のとおりである。従来と同様に藩行政機構の中核に請役所を置き、学校方・軍務方・郡方・雑務方・臨時方の五局を管轄させた。これは藩政府に関するものであり、御側は含まれていない。つまり藩政府・御側という二元的行政機構は依然として続けられている。このことは、「御小物成其外是迄御側取納之筋者、打追其筋納方相成候様」(6)と、藩財政とは別途収入になっていた小物成等の収納を管轄し、御側に置かれていた懸硯方(7)の存在を容認しているところからも明らかである。また図中にあるように請役所の右に記載されている職名は、これまでも藩政の方針を合議してきた仕組所の構成員を示しており、請役・請役相談役などの職名はこれまでのままであり、側役が請役所へ「出勤」、「諸事申談」とあるのも従来行われていたことであった。

しかし請役所に統轄されないで、これまで並列的存在であった年行司・宗門方を郡方に、小物成方を雑務方に属させて請役所の統轄下に置いたのは、行政機構の集権化を行ったことを示している。また御側に属していた山方・新地方や、収納をめぐって御側と関係の深かった小物成方など財政面に関係した役局を雑務方に、また御側の精錬方を軍務方に移しているのは、従来御側に属していても藩行政と関係の深い役局は、藩政府の請役所へ属させるという方針のあらわれであろう。

さらに「御国産之儀是迄仕組筋品々有之候得共、今般官制御変革ニ付右仕組之義、御側ニおゐて被相整来候筋たり共、都而臨時局ニ於て取計相成候様」と、これまで御側の管轄であった「国産仕組」がすべて臨時方へ移管されている。(8)なお九月下旬に臨時方は物産方と改称している。(9)このような請役所を頂点とした五局によって構成された内容をもつ官制は藩政府・御側という二元的な行政機関は残しながらも、小物成方や国産仕組など藩政府に関係す

- 請役所
  - 請役・請役相談役・請役付・年寄・大目付・側頭・側目付
  - 但，側役の義出勤諸事申談
  - 学校方
    - 頭人・請役所日勤の親類同格の内
    - 相談役・請役所相談役の内
    - 弘道館
    - 好生館
    - 洋学所
  - 軍務方
    - 前局同
    - 火術方
    - 船方
    - 武具方
    - 大銃方
    - 精錬方
    - 合薬方
  - 郡方
    - 相談役同
    - 代官を副う
    - 年行司
    - 宗門方
    - 社務方
    - 寺務方
    - 町方
  - 雑務方
    - 相談役同
    - 蔵方
    - 代官所
    - 小物成所
    - 新地方
    - 山方
  - 臨時方
    - 相談役同
  - 御番方
    - 長崎仕組方付
  - 書上方
  - 案文方
  - 記録方
  - 境目方
  - 評定所
  - 勘定所

図 3－1　明治元年 8 月の佐賀藩行政機構

明治元年「達帳　政府」より。

るものは御側から藩政府へ移しているのであって、これは天保期以降の藩政改革派路線にもとづく、藩行政機構改編の最終的な形態を示しているといえよう。したがって御側における藩政と家政の分離、大組制の否定による新兵制の採用、地方知行の廃止などの佐賀藩の中央集権的体制確立への政策は、これまで藩政を担ってきたグループとは別のところから主張されてこなければならなかった。

官制改革後の藩政担当者をみると、[10] 藩政の最高責任者である請役が見当たらないが、おそらく鍋島上総ではないかと思われる。[11] 鍋島上総と請役所「重出勤」の中野数馬、請役相談役の伊東外記はともに安政末以来藩政の中枢にいた。[12] そして請役所日勤の鍋島安芸・鍋島刑部は親類の家柄の最上級家臣であり、彼らはこれまでも請役所日勤を行っていた。請役相談役の坂部又右衛門の経歴は明らかでない。こうしてみると坂部又右衛門以外は従来も藩政を担当するかそれに近いものたちが藩政担当者となっており、藩政中枢にいるものたちの人事面での変化はなかったのである。

この官制改革によって判明するだけで、右筆所・御印方・神事方・御側長崎仕組方・帳究方・納戸小整方・路銀方・抱夫方などの統廃合が行われている。[13] また「先般官制被相改、諸手数向等猶又簡易にして御用相弁候通無之而不相叶」と、事務手続きの簡素化も実施している。たとえば改革実施の二月後の十月に、「引継屋敷願等之類」については、「是迄郡方ゟ請役所江差出相成候を、雑務方被相達、右役筋其外立会見分之上、今又達出相成来候得共、以来雑務方差出相成、見分手数等被[illegible]候上、右役筋ゟ達出相成候様」[14]と、官制改革後も書類を郡方から請役所へ出し、さらに雑務分へ廻されて調査の上、雑務方から通達を出していたが、以後は直接に雑務方へ書類を提出することになった。また雑務方に属した山方・新地方・小物成方管下の俵銭方に関する手続きも新たに決められた。

官制改革において雑務方に属した代官は郡方付役も兼ねており、「教化禁令ハ勿論、郷内ニ相懸り候筋者、総而代官役内ニ於て取計候義」とあるように、農政に関するすべての職務を担当することになり、「代官心得方取計向等」が通達された。そして「総而之義念精を入心遣、局々ニ釣張候諸手数向、打追之通ニ而ハ、手を込御用弁不相成筋者、被相改候半而不相叶」と、以後も「諸手数向」の調査が命じられている。(15) 九月には、白石三郷代官所が廃止されて横辺田代官所へ付けられ、また新たに諫早代官所が設置された。(16)

明治二年正月に次のような藩政の方針が出された。(17)

官制之義先般中納言様被仰出候末、尚又廉々左之通被仰付候旨被仰出候

一日々政府御出座、諸務御直ニ被聞召候

一御年寄役之義被相廃候

一土地人民ハ不及申、御金庫并御収納筋之義一切於政府取計候様、尤御側御入用之義者別段引分差上候様

一御備立方之義被相廃、軍事ニ懸候筋者一切軍務局ニおいて取計候様

一里御山方ハ御山方同様雑務方、小路方ハ郡方ニおいて取計候様

一年行司・宗門方之義ハ政府江相属候様

当時藩主鍋島直大は帰藩中であった。「中納言様」とあるのは前藩主鍋島閑叟のことで、先述した前年八月の官制改革は閑叟の在藩中に行われていた。(18)

「御金庫」、「御収納筋」は藩政府で取り扱い、「御側御入用」は藩政府から「引分差上」げることにみられるように、御側で管轄していた財源はすべて藩政府へ移すことにしている。これは前年八月の方針とは異なって、従来の藩財政と懸硯方という二元的財政構造を否定しようとしたものであったが、この方針はこの時には実現しなかったと思われる。そして御側の備立方を廃止しているが、御側の里山方の雑務方、小路方の郡方への移管は、財政面に限らず公的な藩行政に関する御側の職掌を、藩政府の管轄としたことを示している。これは前年八月の官制改革の方針を進めたもので、御側における家政と藩政の分離の方向へ一歩踏み出したといえよう。そして請役所を政府、

表3－1　明治2年1月の藩政府・御側主要役人

	役　　職	＊物成・切米・扶持米高
中野　数馬	参政，御側懸り	物成250石（知行高625石）
張　　玄一	参政格，御側懸り	米　　59石4斗（33人扶持）
前山清一郎	参政格，手明鑓頭召成	切米　25石（知行高62石5斗）
山口　一郎	御側頭	(不明)
増田忠八郎	目付	切米　30石（知行高75石）
木原儀四郎	目付	切米　35石（知行高87石5斗）

明治2年「御意請・上」より。
＊印は元治元年「佐賀藩拾六組侍着到」（知行高は嘉永4年「分限着到」）より。

当役（請役のこと）を執政、相談役を参政と以後呼ぶことにした[19]。これらの家政の分離と呼称の変更は、維新政府が前年の十月に初めて藩の統一的支配を狙って出した「藩治職制」に述べられていた[20]。この明治二年正月の佐賀藩の新しい方針は職制改革として捉えられており、「職制の大綱」が改まったという[21]。

こうして明治二年正月の職制改革は、前年八月の官制改革にみられた、御側の公的職務の藩政府への移管の方針を一層推し進めようとしたのであったが、藩政府・御側の主要役人にみられるように（表3－1参照）、参政・参政格が「御側懸り」となっており、必ずしも藩政と家政が分離されたとはいえない内容を残している。執政は明らかではないが、先述のように鍋島上総と思われ、中野数馬も従来の地位のままであった。表3－1の物成高等をみると上級家臣の着座[22]たる中野数馬を除いて、参政格の張玄一・前山清一郎、目付の増田忠八郎・木原儀四郎らは侍の下層のものであり、ある程度の人材登用が行われていることは注目されるが、着座以外で参政に任ぜられた張玄一・前山清一郎は依然として参政格とされており、旧来の格式にともなう職制が維持されていた。前山は戊辰内乱に参謀として従軍した。

この明治二年正月の職制改革については、前年十二月末に本荘院で行われた藩校出身の相良宗左衛門・木原儀四郎・副島謙助・長森伝次郎・吉村謙助・久米丈一郎・原田敬太郎らの集会がその背景にあったが、「爾後藩政改革の基礎は実に此に立ちたるなり」との評価がなされている[23]。しかし執政の鍋島上総や参政の中野数馬はこれまでのままの地位にあり、人材登用はみられるが抜本的な人事は行われていないし、また職制改革についても官制改革を一層推進しているところはあるが大きな変更はみられない。そして藩政と家政の分離についても、参政が御側懸りでもあったように、完全に分離が行われているとはいいがたい面が残っている。この意味では維新政府の成立、戊辰内乱という事態に対処し、藩政府・御側という二元的行政機構を否定して、権力の集中化を図らねばならない時期の改革としては不徹底なものであったといえよう。いずれ抜本的な藩政改革が実施されねばならなかった。

二 「藩治規約」と「民政仕組」

戊辰戦争に従軍し関東・奥羽地方で戦って佐賀藩へ帰ってきた藩士たちから、藩政の改革を求める声が高まってくる中で、明治元年冬に藩校弘道館の人事刷新が行われた。池田弥八郎を学館頭人、武富圯南を助教、八並次郎助・久米丈一郎を教諭とした。久米は若手藩士の衆望を集めていたという。明治二年正月の職制改革に対して「青年輩は痛く激昂し、斯く二三局ほどの廃合をなして改革とは何事ぞ、しかも是までとても諸藩に後れをのみ取りたる河州（鍋島河内）、中野（数馬）、張（玄一）などの重任は将来ますます諸藩に後れを取る所以なり」との批判が起こり(24)、若手藩士らは支藩鹿島藩主鍋島直彬を執政とし、徴士の副島種臣を京から招き、支藩小城藩の家臣富岡九郎左衛門を登用し、財政には高柳忠吉を当たらせるという藩政首脳部更替の要望書を久米に提出した。久米はこれを戊辰戦争に従軍し当時学館教諭となっていた福島礼助に示し、二人で鍋島河内と執政鍋島上総の前で参政中野数馬に手渡した。この直後に鍋島上総が執政を辞任して「政府の大動揺」を引き起こすことになり(25)、これが明治二年の藩政改革の発端となった。

二月に入って久米丈一郎と福島礼助は「御国政御一新ニ付政体取調」を命ぜられ、[26]藩政改革案を起草することになった。また藩政府は副島種臣の帰藩を鍋島閑叟へ要望した。この結果鍋島閑叟も帰藩することになり、副島に加えて江藤新平も伴って三月一日に佐賀城へ着いた。[27]帰城の翌日に副島種臣は参政、江藤新平は参政格に任ぜられ、[28]同日久米は藩政改革草案を提出し、これが採用された。[29]ここに佐賀藩では、旧倒幕派で維新政府高官となった副島・江藤を中心として改革が進められ、これまで藩政の中心にいた人物に代わって、彼らの主導の下に改革が推進されていくことになった。

その後政体取調方に原田敬太郎・長森伝次郎を登用[30]して改革の準備を行い、三月十五日に執政の鍋島刑部から親類・親類同格・大組頭へ、藩の職制に関する新しい方針として「藩治規約」が達せられた。[31]その冒頭に、「今度大政一新、府藩県ノ制ヲ以テ天下一規ノ政体相定メラレ、且又藩治職制被仰出ニ因リ、一藩ノ旧制ヲ斟酌スル事左ノ如シ」とあり、維新政府が各藩へ藩政改革の方針として出した藩治職制にもとづいて改革を行うと述べている。以下十五か条が挙げられている。

この十五か条のうち主要なものは次のとおりである。

一職制ハ分テ九局トス、九局ノ要ハ之ヲ政府ニ総フ、其庶務ノ已ニ定例アル者ハ各局ニ於テ採決スト雖共、其事体重大ナルト未タ定例ナキ者トハ、亦必ス議ヲ政府ニ経ヘシ

一三家及ヒ国老ノ家々ヨリ、家来一人ツヽ、政府ニ出仕セシムヘシ

一闔藩ノ身格ハ国老・準国老・士・卒ノ四級ニ定メ、職ハ軽重ノ品ヲ分テ七等トス

一一等官並ニ高二千五百石以上ヲ国老トシ、二等官ヲ準国老トシ、三等四等五等ヲ士トシ、六等七等ヲ卒トス

一門閥ヲ廃セスト雖モ、士庶人ノ才徳アル者ハ、旧制ニ従ヒ一等官ニ昇ルヲ得ル事勿論タルヘシ

一高二千五百石以上ハ現兵、以下ハ兵賦其高ニ応シ之ヲ課ス

職制は九局とし政府が統轄、重要事項は政府で決裁すること、三支藩及び国老は家来を一人ずつ政府へ出仕させること、これまでの親類以下の八つの階層を廃して国老・準国老・士・卒とすること、一等官と高二五〇〇石以上を国老、二等官を準国老、三・四・五等官を士とし、六・七等官を卒とする七等官制をとること、人材登用を行うこと、軍制は高二五〇〇石以上は「現兵」とし(32)、それ以下は石高に応じて課することなどとなっている。

各局は政府とこれに統轄される神事局・学校・軍事局・郡政局・雑務局・評定局・医局・監察局であった。政府には藩政の最高責任者として執政と参政、学校・評定局・医局・監察局を除いて、各局には長として知事が置かれ、その下に大弁務・小弁務が属した。つまり政府以下の五局では統一的な役職制が採用されているのである。たとえば政府の場合、大弁務以下は次のようになっていた。

大弁務・官内ノ庶務ヲ糺判受付スルヲ掌ル
小弁務・掌ル事大弁務ニ同シ
　録事・簿記ヲ総理シ文案ヲ起草シ稽失ヲ検出スルヲ掌ル
史生・繕写ヲ掌ル
　府掌
大史・秘書典章ヲスベ法制ヲ統理シ機事ノ決セル者ヲ受テ是ヲ編修シ典章トナシ、且日誌ヲ作ルヲ掌ル
小史・掌ル事大史ニ同シ
　史生
司礼・貢献朝勤聘問客使侍供其他諸ノ礼ヲ掌ル
　録事
　史生

司律・法律ヲ掌ル
　録事
　史生
司籍・卒以上ノ名籍ヲスヘ其庶務ヲ掌ル
　録事
　史生
司計・会計ノ稽失ヲ参覈スルヲ掌ル
　録事
　史生

つまり政府では大弁務・小弁務、大史・小史、司礼、司律、司籍、司計毎に録事・史生・府掌が必要に応じて配置された(33)。各局毎の役職を整理したのが図3－2である。前年八月の行政機構のうち、請役所に属していた評定所が評定局、学校方の好生館が医局、郡方の社務方が神事局、大目付が監察局にそれぞれ独立した。なお前年八月に設置された臨時方はのち物産方と唱えたが、藩治規約により廃止され雑務局に合併した(34)。

この藩治規約の九局の職制と前年八月の行政機構（図3－1参照）とをくらべると、軍務方は軍事局にほぼ同じ役所が引き継がれているが、請役所にあたる政府については、郡方に属していた年行司と宗門方が政府に属することになり（のち郡政局へ移っている）、その他若干の変更はみられるが、大きな変動があったようには思われない。しかし郡政局と雑務局では相当な変更が行われている。雑務方に属していた代官所・山方などが郡政局へ移され、新たに里山方・小路方・再興方が属しているし、雑務局では精煉方・物産方・抜荷改方などが新しく加わっている。こうしてみると局名にはさほど大きな変更はみられないが、とくに郡政局と雑務局の内部で大きな行政上の改

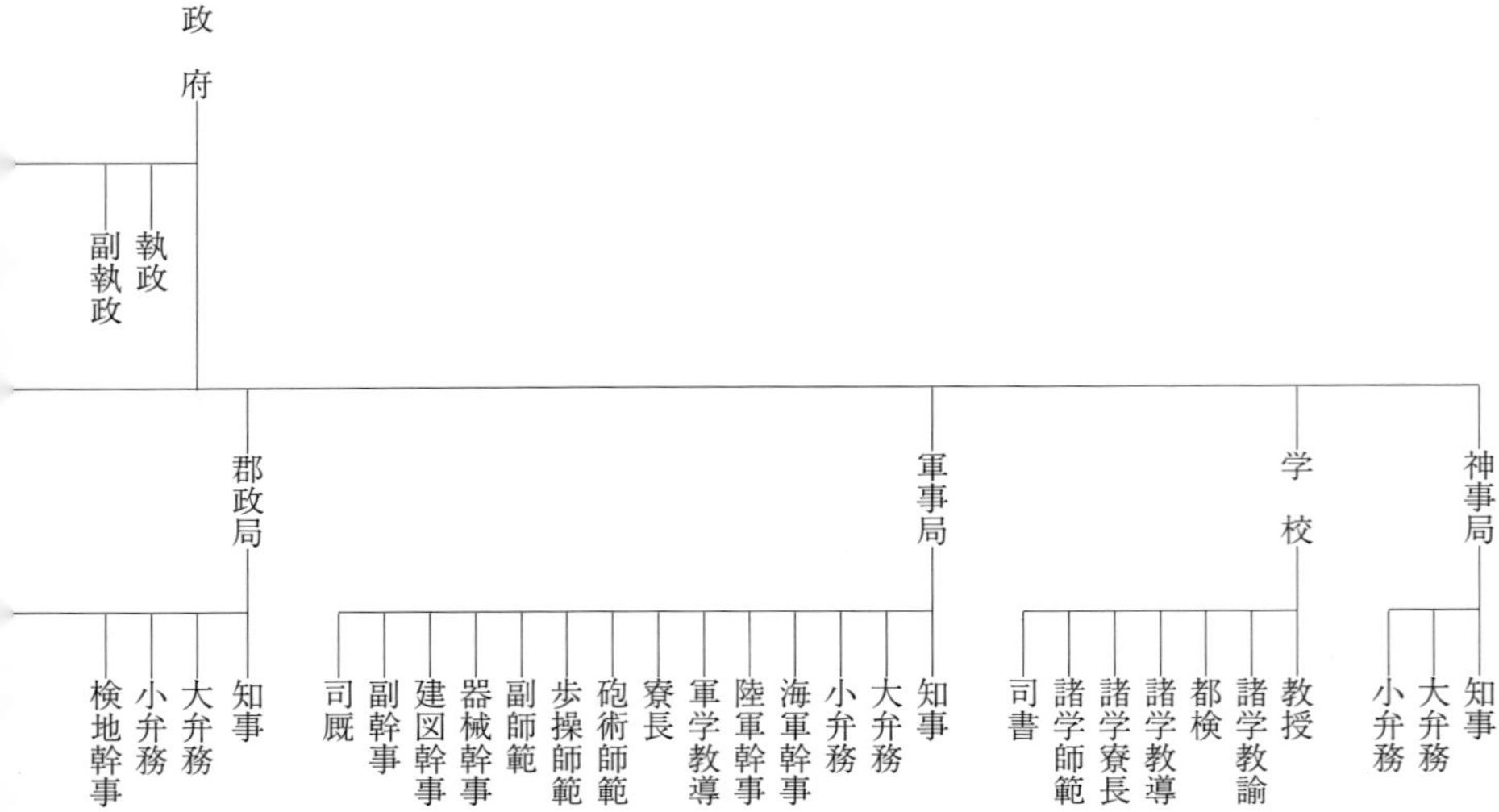
政府
執政
副執政
神事局
知事
大弁務
小弁務
学校
教授
諸学教諭
都検
諸学教導
諸学寮長
諸学師範
司書
軍事局
知事
大弁務
小弁務
海軍幹事
陸軍幹事
軍学教導
寮長
砲術師範
歩操師範
副師範
器械幹事
建図幹事
副幹事
司厩
郡政局
知事
大弁務
小弁務
検地幹事

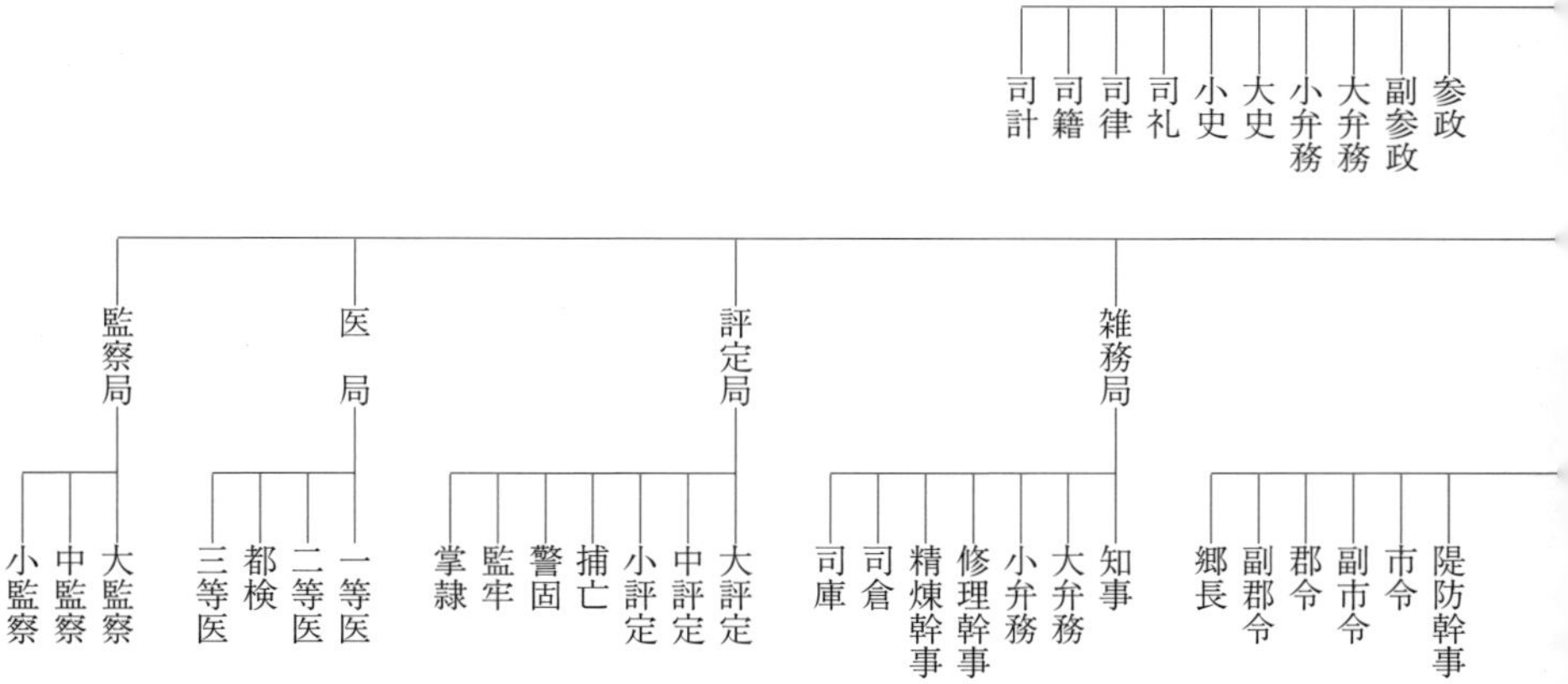

図3－2　明治2年3月の佐賀藩行政機構

「肥前藩治規約」より。

編が行われているのがわかる。

藩治規約による行政機構の改編については次のようにいわれている。[35]

かくて旧政府の附近に儀式を行ふ広間の空虚したるを仕切り、之を各局となして、僅少の人員にて事務を執り、習慣的に無用の形式手数に拘束せられし従来の煩労牽制を除きたれば、事務の運用敏速にして熟練の老吏も、早く此の如くならば我等無益の苦労はせざりしものをといふなど、是まで先輩が蔵拙のために形式を繁くして、後輩を屈折せしめたる習弊の塵芥は、爰に大掃除に逢ひて排斥せられたり。亦愉快なりといふべし。

事務手続きの簡素化が相当に実現されており、近代的行政機構へ第一歩を踏み出したといえるのではないかと思われる。

各局の役職は七等制をとっているが、藩治規約の出された翌月の九局と家事職の三等以上の役職者のうち、判明するものをみると表3－2のようになる。執政は従来どおり鍋島刑部、参政には中野数馬・池田文八郎・深江助右衛門・副島次郎・江藤新平・前山清一郎と鍋島閑叟の年寄役であった岩村右近が任ぜられている。注意しなければならないのは以前に藩校の書生らから排斥の声が上がっていた「故老」[36]の中野数馬、同じく「故老」の深江助右衛門が依然として要職についており、副島種臣・江藤新平らとともに、「故老」らも改革担当者の中に加わっていることである。

『鍋島直正公伝』[37]に、「旧に依りて中野（数馬）信任を受けて主に事を取り扱ひ、特に公（鍋島閑叟）の薫化を受けて英発になりたるにもあらず、依然さきに非難を受けし時の態度と渝りはなかりしが、唯公の帰国ありてより後は、任使の人々励み立ちて不思議にも、自然競ひ立つ人気となりたり」とあるように、鍋島閑叟の帰藩という中で中野数馬を中心とする人たちが勢力をもり返していたのである。

参政・知事に次いで三等に大弁務・大史などが置かれているが、「大弁務は頗る其人を選まれ」たというように、

表３－２　明治２年４月三等官以上役職者

	一　等	二　等	三　等
政　府	執政　・鍋島刑部 政府日勤諸事申談 ・鍋島河内 ・村田若狭	参政　・岩村右近 中野数馬 池田文八郎 深江助右衛門 副島次郎 江藤新平 前山清一郎	大弁務・相良宗左衛門 野田素平 野田二蔵 田村乾太左衛門 古川与一 大史　・長森伝次郎 久米丈一郎 福島礼助
神事局		知事　・中野数馬	大弁務・長森伝次郎 久米丈一郎
学　校		教授　・副島次郎 副教授・武富久之助	教諭　・原田敬太郎
軍事局		知事　・池田文八郎 大隊長・鍋島市佑	大弁務・福島礼助 船将　・真木安左衛門 副大隊長（４名省略）
郡政局		知事　・中野数馬	大弁務・原五郎左衛門 市令　・高木文六 郡令　・(表３－３参照)
雑務局		知事　・江藤新平 深江助右衛門	大弁務・相良宗左衛門
評定局		大評定・深江助右衛門	中評　・井上作左衛門 石井雄左衛門
医　局			二等医官・松隈玄南
監察局		大監察・成松万兵衛	中監察・藤本恒作 久保六郎助 石井清左衛門 古川喜平次 副島謙助 成富彌六兵衛 吉村謙助
家事職		知家事・（なし）	内弁務・千住大之助 浜野源六 山口一郎 横山平兵衛 増田忠八郎

「肥前藩日誌」，明治２年「御意請・上」より。

表3-3　明治2年4月の郡令

郡令所	郡　令　名
川　副	中山平四郎
市　武	関　判蔵
上佐嘉	重松基右衛門
横辺田	執行主一
皿　山	百武作右衛門
諫　早	冨岡九郎右衛門

「肥前藩日誌」より。

有能な人材を登用している。相良宗左衛門・野田素平・長森伝次郎・福島礼助・原五郎左衛門、大史の久米丈一郎、市令の高木文六や郡令らがそうであり、また大弁務の推せんする小弁務とともに、「彼等は局内の事務に主幹となりて之を取り扱」ったという(38)。明治二年四月当時軍事局小弁務に石丸源作、雑務局小弁務に高柳忠吉郎と松林源蔵がいた(39)。各局の実務はこの大弁務・小弁務によって運営されていたのである。

なお、藩治規約の施行により代官は郡令と名称を変更したが、四月の郡令の内訳は表3-3のとおりである。川副と諫早の郡令が明治元年十一月当時の代官と交代しているのみであり、大きな変化はみられない。また先に家臣団の格式は国老・準国老・士・卒としたと述べておいたが、国老は親類四家、親類同格四家と連判家老の神代・深掘二家の計一〇家、加判家老以下着座を準国老とした(40)。

そして御側が家事職として政府に属する一局となって家政的性格を強めて、藩主の家政を藩政から一層分離している。当時家事職の内弁務として、鍋島閑叟扈従に千住大之助・横山平兵衛・増田忠八郎、藩主鍋島直大扈従に浜野源六・山口一郎がいた(41)。

藩治規約が布告されてのち四月に入ると、「今般旧制御斟酌、藩治規約等被相達候得共、全台躰丈ニ而此後者一刻も諸局之手数振加潤色、諸般条理相立、御趣意貫徹仕候様無御座而不相叶ニ付、制度取調子方被相建、左之者共地行職務ゟ兼勤被仰付方ニ可有御座」しとして、参政の江藤新平、大史の長森伝次郎・久米丈一郎、軍事局大弁務兼大吏福島礼助、大史懸合石井小介らが制度取調子方の兼任とされ、藩治規約の徹底化のためにさらに作業が進められることになった(42)。

鍋島閑叟と副島種臣は明治二年三月末に東京へ向かったが、以後江藤新平の主導の下に制度取調方で、藩治規約の方針に沿った藩全体の見直しの検討が進められた。そして藩治規約が出されて半年後の九月にその具体的な内容が達せられた。

これより以前、明治二年正月に薩摩藩・長州藩・土佐藩の各藩主とともに佐賀藩主鍋島直大は版籍奉還を上奏したが、こうした動きを受けて三月になると佐賀藩の最上級家臣の一四家が私領地の返上を願い出、四月になってこれが藩へ認められ、「藩中藩」的な存在であった私領地の存在が否定され、本藩による領内の統一的な支配が進められていくことになった。そしてこれまで佐賀藩家臣団の軍事的組織であった十三大組制が廃止され、常備隊五大隊、予備隊三大隊の計八大隊に再編された。のち八月には家臣の地方知行が廃止されている（これらについては本書第四章「家臣団体制の解体」で述べることにする）。

まず、藩行政の職階に関することであるが、藩治規約では七等制をとっていたのを変更して、十二等官制にした。またこれまで家臣団は国老・準国老・士・卒に区別されていたが、これを十一等に細分化した。この等官・等制を定めたのが「官等ノ制」と「法式」である。[43]

「官等ノ制」は等官や等に任ずる時の具体的な手続き関係を定めており、「法式」は十一等制の下における家臣団の祝儀、礼式、遠慮に関する取りきめと、身上定、在官規約を含んでいる。これらは八月に行われた地方知行制廃止にともなう、新しい状況下での家臣団への対処であったと思われる。

この時同時に達せられたのが「民政仕組」に関する諸法令である。江藤家文書[44]の中に「民政仕組書」と題する史料があり、村仕組、町仕組、郡政規約、商社之大意、陶器仕組之事、繁昌之仕組、証印税之仕組、飛脚屋之仕組などが収められている。[45]

しかし実際に出された民政仕組に関する法令は宗門人改仕組、旅出并旅人仕組、証印仕組、町仕組、村仕組、下人規則、訴訟并箇所々々仕組であり、[46]「民政仕組書」に収められていないものがあるし、逆に民政仕組書にはあるが民政仕組として出されていないものもある。さらに証印仕組を除いて、町仕組や村仕組は民政仕組書のものとは内容が異なっている箇所もある。したがって民政仕組書をもとにして、もう一度手を入れて出されたのが、民政仕組の諸法令であったといえる。

民政仕組の全体的内容についてここで検討する余裕はないが、たとえば「村仕組」をみると、小村の弊害をなくすため約一五〇〇石から二〇〇〇石の高を一村とし、五人組を廃して二〇〇戸を一組合とする、村役人は庄屋一人と村役一人のほかに筆者一人、散使一人、咾一人を置く、咾は「村中之老分」を任じ、一組合の寄合の中心として「諸事之吟味」を行う、そして庄屋・村役の指揮を受けず庄屋・村役の職務には一切関係しない、庄屋・村役・咾は一年任期とし三年までを限度とする、一組合の寄合は毎月二度、咾を長とし吟味人らによって行う、吟味人は村戸数の一〇分の一を定員とし入札によって公選する、村役や吟味人の人選は毎月六月の寄合で出席者の入札で行うことなどが述べられている[47]。

この寄合では「御法違之事無之様吟味」、「村中之貧民生産を得る事等吟味」、「村中之五穀其外作物出来立、又ハ土地之肥痩或ハ倍(培)養之事を吟味」の他七か条の審議を行うことにしている[48]。そして「毎年一ヶ年之租税其外一切之帳ハ右寄合持出し、一統承知之上咾印形を押し、其上ならてハ納帳不叶、左候而一統不承知之廉ならハ、庄屋村役筆者より弁解可致、若弁解不出来不審すへきハ郡令所江咾より直ニ達出べし」とあるように、租税を始め帳簿類（農民への賦課に関するものであろう）は寄合の了解を得る必要があり、不審な場合は咾から直接に郡令所（代官所にあたる）へ申し出ることにしていた。

つまり庄屋・村役は「諸命令等を取行ふ事」が任務とされ、郡令所の命令等によって村政を運営したが、農民の負担やその他農民に関係した重要な事柄は、寄合で審議し決定することにしている。庄屋・村役の権限を郡令所との関係に限定し、これまで庄屋・村役が有していた農民に関する権限を寄合に移したのである。こうした村政の変化はこれ以前の近世の農民支配と大きく変わっているのは事実であるが、これが廃藩置県以後の佐賀地域の村のあり方とどのように関連しているのか、今後の検討課題であろう。

また民政仕組は、「形之通一般商法相開候上者、商人ニも他方を懸《ママ》旅商人も多分入込商売手広相成、財用裕《融》通之道盛ニ相付度」、「向後土地繁栄物産開益学芸日新之廉々、猶又行届候様御仕組」とあるように、[49]一層の殖産奨励、積極的な新知識の導入を狙ったものでもあった。「穀物類其外之諸品旅出、或者旅より買入候儀願出之上被差免」[50]と、佐賀領への物資の移入と佐賀領からの移出を、許可制ではあるが大幅に緩和する方針を出しているのはその一つのあらわれであろう。[51]しかし他方で「田地五町迄者自分耕作又者加地子取候共不苦、五町以上ハ自分耕作加地子禁制」とあるのは、[52]土地所有を制限する方向をとっていることに注意しなければならない。[53]この民政仕組の内容がどの程度まで実施されたのか現在のところ明らかではない。

民政仕組が布告された同時期に、「銀米出方仕組」が出されたが、[54]これは役人の官俸や家禄の支給に関するものであった。これによると家禄は雑務局から渡すこと、各局の遣料はすべて貨幣で渡すこと、官俸は等級に従って月給としすべて翌月初めに渡すこと、切米は一二〇俵以下は半高を現米残りは代金、一二〇俵以上は六〇俵を現米残りは代金で渡すこと、米渡しは四季（三月と九月に二割ずつ、六月と十二月に三割ずつ）に行うこと、貨幣は雑務局で渡すこと、各地にいる家臣へは地域毎に置かれた米蔵から支給することなどとなっている。

なお版籍奉還が許されてのち藩主の家禄が藩石高の一〇分の一とされた。これにともなって御側の財政緊縮が問題となり、役人の削減を行わねばならなくなったが、九月には「今度御仕組ニ付」として御側役人の三六人が削減され、司乗所・司猟所の司籠所への合併、御茶弁当の者や手男の廃止、駕籠部屋の廃止などが実施された。[55]翌三年に入っても、御側の諸費用の節倹や役人の削減が行われている。[56]

「官等ノ制」・「法式」・民政仕組の諸法令が出された翌十月に、三月以来佐賀藩政の要職にあった江藤新平は東京へ行くために佐賀を離れた。

三　「藩治職制」の実施

維新政府は明治三年九月に「藩制」を公布した。これは藩を石高によって大・中・小に分け、物成高と雑税の石高を藩高とし、知事家禄一〇分の一を引いた残りの一〇分の一を海・陸軍費に充て、その半分を海軍費として新政府へ納めさせ、また各藩庁の役職名を統一し、藩の財政内容を新政府へ届けさせ、藩債消却の用途を立てるなど、(57)明治新政府による各藩の統一的基準による支配体制の推進を狙ったものであった。

この藩制を受けて佐賀藩では藩主名で次のように達せられた。

今度大政維新版籍奉還之末、追々藩政令改革候得共、積習之末一時人情動揺を考、且者朝廷御規定を奉仰次第も有之候処、当節於東京諸藩会議一決之上別紙之通被仰出候、右者天下之情実御諒察之上、時宜相当之御所置被相立候付、聊苦情を不交、過ル者伏而就之、不及者伏而及之、勉励篤と可致候、就而者可相違所も有之候得共、先者我等身上ニ付廉々左之通申付候条、何れも可得其意候

一本丸・二ノ丸皆式藩庁ニ差上候条、以来我等居城之様心得申間敷候事

一我等一家三ノ丸致住居候条、以来丸之称呼ヲ廃相当之称呼可致事

一藩士江面談之儀、表向之礼式者於藩庁相整義候得共、節期（季）其外是迄我等江祝儀等申来候義者、当分五節句丈於住居取次之者差出置候ニ付、手札を以可申入事

一我等江対シ礼節以来身格相当ニ可致事

一我等家事ニ掛り吉凶共表向触達令停止、重キ事丈ハ家事職之者ゟ諸組頭立候向江、以手紙申通候儀者可有之事

一於菩提所法事等相営候義者、以来家事職ゟ可取賄事

本丸、二ノ丸を藩庁へ差し出すこと、藩主一族は三ノ丸に住居すること、藩士への面談で公的なものは藩庁で行うこと、藩主一族の吉凶についての公的な通知は止めること、菩提所の法事等は家事職が取り扱うことなど、藩主家政の藩政からの分離を一層進めるものであった。そして本丸・二ノ丸は城ではなく藩庁と称すること、三ノ丸は御館と唱えること、「初御目見」は廃止すること、御館の祝儀等は記帳でうけることなどが決まった。(58)

この藩主家政の藩政からの分離に従って、「今度依御変革、上々様御寄住居被遊候付而者、諸事格外之御省略を以、従前之諸局被廃止、家事職一局ニ被相寄候条、聊御弊之儀無之様、役々として猶又厚吟味、万事簡易之仕組相立、御趣意致貫徹候様」と、家政機構の縮小と家政財政の減略が進められた。(59)この家政の縮小と減略は、すでに前年の六月の版籍奉還許可の時に、藩収納石高の一〇分の一を家禄とする方針が新政府から出されており、藩制の布告により実際にこれを実施しなければならなくなったことによる処置であった。(60)当時佐賀藩の収納石高は二一万九〇三八石余と計算されているので、藩主家禄高はほぼ二万石ということになる。(61)この時、二ノ丸役人一二名、内庫所役人一一名、属吏以下手男まで三五名、奥関係二九名、前藩主鍋島閑叟御供三四名が削減された。(62)

藩制が公布された翌月の十月に(63)「藩治職制」が出され、佐賀藩の官職や行政機構の再編が行われた。そもそも藩治職制は明治元年十一月に明治新政府が諸藩の支配のために出したものを一般的にいっているが、佐賀藩では藩制を受けて行った藩行政機構等の改編を「藩治職制」としているので、以下この呼び方に従って述べていくことにする。

官職については藩制の方針のとおりに、大参事を最高として少参事・大属・少属・史生・庁掌・使部を置き、行政機構は本庁（庶務掛）が「祭式布教ノ権」、「刑律ヲ正スルノ権」、「典法ヲ正シクスルノ権」、郡務掛が「民業ヲ

建ルノ権」、雑務掛が「官費ヲ制スルノ権」、軍事掛が「軍法ヲ正シクスルノ権」、学校掛が「文明ヲ進ムルノ権」、監察局が「糾弾ノ権」をそれぞれ職務内容とする六局制となった。前年三月に決められた藩治規約の下では九局制であったが、そのうち神事局・評定局・医局が廃止され、庶務掛（本庁）・郡務掛・雑務掛・軍事掛・学校掛・監察局となった(64)。

藩政の執行に当たっては「議決ノ権」、「参判ノ権」、「参与ノ権」の三つに分けており、「議決ノ権」とは別に「裁決ノ権」があるが、これは藩知事の「全権」とされた。したがって「政事ノ裁決ハ知事ノ全権ナリ、大事ハ之ヲ親決シ、小事ハ之ヲ参事ニ委ヌ」というように、「大事」は藩知事が「親決」するが、「小事」は大・少参事に委ねられていた。そして「諸局ニ一円聯スル事件ハ、本庁ノ全権ナリ、凡務モ必大参事ノ決ヲ仰ク」といい、諸局（掛）に共通することは必ず大参事の議決を受けることとされた。「凡務」とは「大綱」たる「要」の「区分」であるという。また「一局ノ権ハ之ヲ少参事ニ委ヌ、法則一定、委権已ニ定レハ、知事ト雖トモ之ヲ奪フヲ得ス」とあり、各局の全権は少参事にあり、藩知事といえども少参事の権限を侵すことはできなかった(65)。

「議決ノ権」については、「大ナル事ハ稟白ノ後ニ決ス」とあり、重要な議題については藩知事へ上申ののちに議決するようにしており、ここに藩知事の意向が反映される側面はあるが、藩知事の権限は「褒貶黜陟与奪ノ事ハ知事ノ全権ナリ、大・少参事ト雖トモ之ヲ委セス」と、「褒貶黜陟与奪」に限定されていたのである。以上のような点から藩治職制布告以後は、藩政の実権は大・少参事が握ることになったといえよう。藩政からの家政の分離及びその縮小と同時に、藩知事の藩政への発言力も低下していった。そして「雑務・民政・物産三局ノ分合ハ、朝廷当八月改メラレタル民部・大蔵ノ分省ノ区別ニヨリテ潤色スル」とあるように、新政府の行政機構のあり方を参考にして、藩行政機構を改める方針をとっているのである(66)。

官等制については明治二年三月の藩治規約で官職は一等官から七等官に分け、旧来の家臣の格式は国老、準国老、士、卒の四級となったが、これから半年後の九月には七等官を止めて十二等官にし、国老・準国老・士・卒の四級を改めて十一等制にした(67)。しかし翌三年九月の藩制によって家臣の等級は否定されたため、十一等制は廃止されねばならなかったし、等官についてもその表示は否定された。このためこれまで等官によって決められていた官俸は、官職名によることになった。そしてこの官俸は、「最前米高を以、石八両之相場ニ而被相渡候段被相定置候得共、官禄而已定価相立候通ニ而者、何分ニも不釣合ニ有之候段、最前雑務掛ゟ吟味出之趣無拠相見候付、最前被相定置金高を以、今又左之通割崩、月給ニ被相定季渡被仰付方ニ可仕」しと、月給制にして「季渡」（四か月分ずつ渡し）ということになった(68)。

翌四年二月には、「官俸之儀去十月以後夫々被相定候処、臨時之御入費追々相嵩、然半此節猶又兵隊御繰出等ニ付而者、莫太(大)之御用途ニ而会計之目的更ニ不相定、雑務掛ニおゐて反的諸向不相運場ニ成立候由」として、大参事以下権大属までが五割、少属が六割、権少属から使部試補までが七割の支給となった(69)。引用史料に「此節兵隊御繰出」とあり、同月に「今度長城隊東京被差越」るとあるが(70)、その具体的内容は明らかでない。

この藩治職制が出された十月に任命された、佐賀藩行政機構の大属以上をみると表3－4のようになる。大参事は置かれていなかったが、権大参事の中野内匠は中野数馬のことである(71)。依然としてかつて藩校の書生らから、「故老」として排斥が要求されたことのある人物が(72)、藩政の中枢にいるのがわかる。そしてまた藩治規約による明治二年四月の三等官以上の役職者(73)とくらべてみても、そう大きく代わるところはなかった。

ところで、学校については明治元年八月の官制改革で学校方が置かれ、弘道館・好生館・洋学所が属したが(74)、翌二年二月頃に長崎に置かれていた洋学所（蕃学稽古所、または致遠館とも称した）は廃校となった(75)。同年三月の藩治規約の下では、学校は「和漢西洋ノ諸学ヲ教授」し、国学寮・蕃学寮・小学寮を設置することにしていた(76)。そして明治三年十二月には、「学校之義追々大学ニおゐて、一定之御規則学課等御触定、御布告之上被相建義候得共、

表3－4　明治3年10月任命の大・少参事と大属

大参事	（欠員）
権大参事	中野内匠（明治4年4月15日免） 前山清一郎（学校掛，少参事兼，明治4年4月15日免） 張　玄一（明治4年4月15日免）
少参事	加賀権作（雑務掛，当分） 相良宗左衛門（庶務掛，明治4年4月14日免）
権少参事	藤本恒作（庶務掛，明治4年4月14日免） 中山平四郎（郡務掛，明治4年4月14日免） 福島礼助（軍事掛，明治4年11月12日免） 石井清左衛門（監察局，明治4年4月14日免）
大属	富岡九郎左衛門（雑務掛，少参事ノ場出仕） 野田素平（庶務掛，明治4年6月3日免） 長森伝次郎（庶務掛，史官掛兼，明治4年5月15日免） 石井平九郎（庶務掛，刑法掛，明治4年11月25日大隊長ニ転ス） 高木文六（郡務掛，横辺田） 百武作右衛門（郡務掛，皿山，明治4年7月8日免） 久保六郎助（郡務掛，諫早，明治4年4月9日免） 深川亮蔵（雑務掛，明治4年1月4日免） 石丸源作（軍事掛，明治4年3月26日免） 浜野源六（監察局，明治4年6月19日免） 原田敬太郎（史官掛） 井上作左衛門（庶務掛，明治4年7月4日免） 野田祭四郎（庶務掛，東京連越）

明治3年10月より「官員録」，明治4年7月より12月迄「官省進達」（いずれも佐賀県明治行政資料〈佐賀県立図書館蔵〉）より。

夫迄之処徒ニ難閣（ママ）、依之普通学・蕃学・神学生之義、当分各寮ニおゐて、一般日上（ママ）稽古被相始義」とあり、普通学寮・蕃学寮・神学寮が置かれている。

また、「年期之義最前十五才ゟ中学校入候様被相達置候得共、小学寮（ママ）御教育之手筈夫々相届候上ニ無之而者、左迄者相進兼可申ニ而、先以十五才以上年期を定めす、小学之業出来次第中学校ニ入候様之事」とあるように、小学寮と中学校に分かれていた。

蕃学寮については次の史料がある。

一蕃学寮青年幼年両舎ニ相分候事

右者先般御定之通普通課程を墜候上、蕃学被命候得共、当今御草創之事ニ而、寮内を分て両舎といたし、幼年青年之課程を被相分、幼年舎ハ十五才ゟ十八才迄之人を被相選、通話音楽ゟ始、西洋学課を丸□（カ）ニ稽古為致、青年人者十九才位ゟ廿三才位迄之人を被相選、通話音楽を省キ、簡便之学途を以専翻訳を目途と為致候通被仰付事

一五歳から一八歳を幼年舎、一九歳位から二三歳位までを青学舎に分けて教育することにしている(77)。この蕃学寮では翌四年三月に「英仏両語教師」・「蕃学教師」としてフランス人を雇い入れ、四月一日から二四か月間、月給洋銀二〇〇枚の契約で二三歳のチャルレスビンヤトルを採用し、四月十三日に長崎を発って佐賀へ向かうことになっていた(78)。

明治二年四月に返上された旧私領地の家臣を統括した「団結」（本書第四章「家臣団体制の解体」参照）には、郷学校が置かれていた。明治三年十二月には「先以打追之通教育相成」るとされたが、廃藩置県後の明治四年八月には次のように改正された(79)。

郷学校改正之事

右者白石郷学校其外、都合拾壱ヶ所被相建置候、寄宿并日上《（ママ）》稽古有之来、然ル処今般中学校被相建、十六才ゟ廿才迄寄宿相成候様筋々相達被置候、就而ハ右年齢之向ニ者遠近ニ不拘、一統中学校寄宿勿論之義ニ付而ハ、郷学校寄宿被廃、小学校ニ被相改、十五才以下之面々日上《（ママ）》稽古丈有之候様

一六歳から二〇歳までの者が寄宿する中学校を建て、各地の郷学校を廃止して小学校に改め、一五歳以下を対象として教育することになっている。

四　明治四年六月の改革

明治四年の四月十四・十五日に権大参事中野内匠・前山清一郎、少参事相良宗左衛門、権少参事藤本恒作・石井清佐衛門らが一斉に罷免され（表3－4参照）、代わってこの前後に表3－5のように、大参事に古賀定雄、権大参事に富岡九郎左衛門、少参事に高柳忠吉・杉本行蔵・徳久九郎・石井竹之助らが任ぜられた。なぜこの時期に藩政府要員の交代が行われたのであろうか。

はっきりとしたことは不明であるが、明治四年正月に天保期以来佐賀藩を主導してきた前藩主鍋島閑叟が死去し、佐賀での葬儀が四月七日に終わっている。この鍋島閑叟の死と何らかの関係があるのかもしれない。もしそうだとすれば、鍋島閑叟との関係の下に明治初年の佐賀藩政を担当した中野内匠らに代わって、新しい政治勢力が佐賀藩政の実権を握ったということになるのであろうか。古賀定雄の経歴等は明らかでないが、富岡九郎左衛門は明治二年正月に若手藩士らの信頼を受けていた支藩小城藩の家臣で、明治二年四月には諫早郡令であり、また高柳忠吉も同じく彼らに信望があり財政に詳しかったという(80)。

このような藩政担当者の交代の下に、明治四年六月二日に新たに改革を行うことになり、その検討が始められ

表3－5　明治4年3月から5月任命の大・少参事

大参事	古賀定雄（任5月20日）
権大参事	富岡九郎左衛門（任3月17日）
少参事	高柳忠吉（雑務掛，任4月8日） 杉本行蔵（郡務掛，質素掛，任4月8日） 徳久九郎（刑法掛，学校掛，任4月8日） 石井竹之助（軍事掛，任4月8日）

佐賀県明治行政資料明治4年7月から12月迄「官省進達」，明治3年6月より「日記」（鹿島市中島一男氏蔵）より。

た。内容は次のとおりである。[81]

御改革振之事

右者今度御改革ニ付、廉々左之通被仰付方ニ者有之間敷哉、尚御吟味之事

一藩庁之義元外御書院江諸掛一纏ニして被相立候事

一団結之名目被廃止候事

一年季満（ママ）向拾ヶ年之間被相止候事

一輸入輸出是迄停止之品々一切被差免候事

一諸職株廃止之事

右之内薬種屋之義ハ別段之事

一往還筋御茶屋廃止之事

一藩庁表裏御門之外ハ番人之義同断

一諸蔵番廃止之事

右者貢米納り出方之時ニ郡務懸ゟ出張、平常者其村内ニ而人選番中付候様

一諸関尹廃止之事

右者平常輸入輸出者俵改ニ而相改、番所之義ハ其村々江入札を以仕払、当月中解除候様

一西京藩邸御売払相成候事

附、同所詰引払之事

その特色は「団結之名目被廃止」に示される旧私領地家臣の取扱いや、移入移出品

規制の中止、諸職株の廃止、関所の撤廃の点にみられる。従来よりも一層旧私領地を解体させ、商品流通規制を廃止して流通の円滑化を進めようとしているといえよう。このうち諸職株については、「諸職株被相廃候ニ付而ハ、市中郷村ニ不限、望之商法相営可然哉、勿論税銀之儀も御取納ニ不相及儀ニ可有之」と、諸営業に対しては税を課さないことを明らかにしている。ただし「諸船札魚鳥札潟札等之儀者、何之通可被仰付哉、右者打追被御取計方ニ可有之」と、船札・魚鳥札・潟札については従来どおり課税するということであった[82]。

この頃「佐賀議事院」を置こうとしたらしく、「集議目的」として「役員選挙之事　右為除旧習弊」、「士団之事　右為除諸布告費」、「土着之事　右目的定」、「政費定」、「海陸兵員定」、「海軍費定」、「兵員補米定」、「士卒給禄定」、「合兵ニ而藩下ニ屯集交代当番之事」が挙げられている。この佐賀議事院がどのような性格をもっていたのか明らかでない。藩庁役人の選挙が問題となっているのが注目されるが、団結や土着、軍事費、給禄、軍事編成などが議事院での審議内容として問題とされていた[83]。

以上述べてきた明治四年六月の改革がどのような理由で何を目的として行われたのか、今のところ明らかにできず今後の検討課題として残さざるを得ないが、これから一か月余後の七月十四日に明治新政府によって廃藩置県が断行され、佐賀藩は新たな事態を迎えることになったのである。

おわりに

明治初年における佐賀藩の行政改革は、慶応四年八月の藩政府と御側の一体的運営を狙った官制改革、明治新政府が明治元年十月に藩治職制の方針を出した中で行われた明治二年正月の職制改革、同年三月の藩治規約の実施と続いた。藩治規約による行政改革は、近代的行政機構への第一歩を踏み出したものであったといえよう。

佐賀藩の明治に入ってからの改革は明治二年三月に出された藩治規約によって本格化していったが、この改革は副島種臣・江藤新平によって主導された。彼らは佐賀藩で倒幕を主張していたものたちであり、ここに佐賀藩においてもこれまで藩政を担当してきた人物に代わって旧倒幕派藩士が藩の実権を握ったといえる。しかし彼らの帰藩以前から久米丈一郎を中心として藩政改革案が検討されていた。久米は慶応三年六月頃鍋島閑叟の近侍であったが、(84)おそらくこれまでに副島や江藤と交流することはなかったと思われる。そして戊辰内乱までは彼らは佐賀藩内では孤立した状況にあり、倒幕派グループと呼ばれるような人的集団を形成していたとは考えられない。したがって、副島・江藤が実権を握ったとしても、それは維新政府の官僚として藩政の中枢にいたからであって、藩内での政治的基盤は弱いものであったろう。

そして若手藩士によって排斥されようとした中野数馬らの「故老」が、鍋島閑叟を背景として改革の進行の中で勢力を盛り返しているのは、藩政の中枢から彼らを排除できなかったことを示している。三月末に副島が、半年後に江藤が佐賀を去っているのは、改革が最後まで彼らによって推進されたのではないことを物語っている。以後改革は前山清一郎・久米丈一郎らのいわゆる「若手実務派」と、中野数馬を中心とするグループによって実施されていったのである。

そして翌三年十月に「藩治職制」が出されたが、これは、同年九月の明治新政府の「藩制」を受けて、佐賀藩の官職や行政機構の再編を目的としていた。その内容は藩政から藩主の家政を分離し、藩知事の藩政への発言を制約して、大・少参事に藩政の実権を握らせることを狙っていた。このように明治元年から三年にかけて佐賀藩は藩主家政を藩政から分離しつつ、行政機構の集権的近代化を図り、藩体制の強化を推し進めていった。明治四年六月に新たに始まった改革において行政機構にどのような改革があったのか明らかでないが、それまでの藩体制の強化の延長線上にあったといえよう。

（1）幕末・維新期の佐賀藩の政治的な動きについては、本書第一章「幕末期の政治動向」、第二章「維新政府と佐賀藩」参照。

（2）佐賀藩の幕末の軍事力増強の実態については拙著『幕末期佐賀藩の藩政史研究』第九章「幕末期佐賀藩の軍制改革」（九州大学出版会、一九九七年）参照。

（3）杉谷昭「明治初年における藩政改革―江藤新平の『民政仕組書』について―」（『法制史研究』第一一号、一九六〇年。のち『明治前期地方制度史研究』〈佐賀女子短期大学、一九六七年〉所収）、長野暹「肥前蓮池藩の藩体制とその解体過程」（佐賀大学『法経論集』第一〇巻第二号、一九六二年。のち改稿して『「佐賀の役」と地域社会』〈九州大学出版会、一九九九年〉所収）、同「佐賀藩多久領の体制とその解体」（『歴史と現代』第二号、一九六三年）、吉野順子「明治初年における佐賀藩の動向」（『史論』二六・二七号〈東京女子大学史学研究室〉、一九七三年）がある。

（4）鍋島文庫明治元年「達帳　政府」（鍋島報效会蔵・佐賀県立図書館寄託）。以下断らない限り引用史料は鍋島文庫である。なおこの官制改革が発表された当時の藩行政の一部役局の責任者として判明するのは、武具方・岩松原太夫、小物成所と新地方・原五郎左衛門、弘道館・石井健一、船方・佐野栄寿左衛門、火術方・綾部大右衛門、町方・高木文六、勘定所中川貫之允、蔵方・川原善左衛門、大銃方・松尾竜蔵、臨時方・高木忠吉郎、精錬方・佐野栄寿左衛門らである（前出「達帳」）。

（5）前掲拙著『幕末期佐賀藩の藩政史研究』第十章「文久・慶応期佐賀藩の富国強兵」参照。

（6）明治元年「達帳　政府」。

（7）懸硯方については前掲拙著『幕末期佐賀藩の藩政史研究』第六章「嘉永・安政期佐賀藩の懸硯方」参照。

（8）明治元年「達帳　政府」。

（9）なお、図3－1中の雑務方に属していた蔵方は九月十九日に、「今般雑務方被相建、是迄御蔵方ニおゐて御取計相成候筋之義者、右役局ニおゐて相弁候付、御蔵方之名目被相省候様」と廃止されている（前出「達帳　政府」）。

（10）明治元年「請御意」。

（11）『鍋島直正公伝・第六編』三二九ページ（侯爵鍋島家編纂所、一九二〇年）に、明治二年正月頃の執政（請役の新しい呼称）として鍋島上総の名があり、前年の官制改革の時も請役であったと思われる。なお以下『鍋島直正公伝』は『公伝』と記す。

(12) 前掲拙著『幕末期佐賀藩の藩政史研究』四一六・四一七ページ参照。なお明治二年七月に隠居している伊東外記は、同じく元年寄役の原田小四郎・井上丈右衛門とともに、その功績により七人扶持を与えられている（明治二年「御意請・下」）。
(13) 明治元年「達帳　政府」。
(14) 慶応四年九月より「触状写」。
(15) 明治元年正月より「達帳　御側頭役所」、明治元年「達帳　政府」。
(16) 明治元年「達帳　政府」。明治元年十一月の代官所と代官は、川副・石井雄左衛門、市武・関判蔵、上佐嘉・重松基右衛門、横辺田・執行主一、皿山・百武作右衛門、諫早・永森伝次郎であった（明治元年「請御意」）。なお「代官心得方」の一部については拙稿「佐賀藩における明治二年の藩政改革」（『香川大学教育学部研究報告Ⅰ部八一号』、一九九一年）の注16で紹介しているので参考にしていただきたい。
(17) 慶応四年九月より「触状写」。
(18) 鍋島閑叟は慶応四年三月に京へ入ったが、七月に帰藩し十一月に再び京へ向かった。藩主直大は二月に入京し、北陸道先鋒、下総・両野鎮撫を命ぜられたが、十二月に藩政改革のため一時帰藩した（『公伝・年表索引総目録』）。
(19) 慶応四年九月より「触状写」。
(20) 「太政官日誌」明治元年十月条（『維新日誌』巻二、八五ページ。名著刊行会、一九六六年）。
(21) 『公伝・第六編』三三一ページ。
(22) 佐賀藩の家臣団の格式は上から親類・親類同格・家老（連判と加判）・着座・侍・手明鑓・徒士・足軽の順となっていた。
(23) 『公伝・第六編』三三六ページ。
(24) 右同、三〇六〜三〇八ページ。
(25) 右同、三二八・三二九ページ。
(26) 明治二年正月より「日記」。なおこの頃「当節御国政御一新ニ付而者、人才御抜擢無之而不相叶、侍二男三男ニ茂其才ニ随ヒ、嫡子同様諸役被仰付儀ニ候条、此段筋々可被相違候」と、人材登用が命ぜられている（明治二年「日記」〈鍋島市佑家〉）。

(27)『公伝・第六編』三四七〜三五〇ページ。
(28)明治二年「御意請・上」。
(29)『公伝・第六編』三五二ページ。
(30)明治二年「請御意」。
(31)明治二年「御意請・上」。但し「肥前藩日誌」では三月十四日となっている。
(32)『公伝・第六編』二五七ページに、「現実には団を設けて軍事局に隷せしむ」とある。
(33)以上、「肥前藩治規約」。
(34)「藩治規約」(草稿)(江藤家文書・佐賀県立図書館蔵)。この九局に属する旧役所の内訳については、前掲拙稿「佐賀藩における明治二年の藩政改革」に表6として掲載しているので参考にしていただきたい。
(35)『公伝・第六編』三六一・三六二ページ。
(36)右同、三六〇・三六一ページ。
(37)右同、三七五・三七六ページ。
(38)右同、三六〇・三六一ページ。
(39)明治二年「御意請・上」。なお高柳忠吉郎は前出の高柳忠吉である。
(40)『公伝・第六編』三五七ページ。
(41)「肥前藩日誌」。このような家政分離の方向の中で、先述した明治二年正月の方針によって、御側収納筋は政府へ納められ、正金三万両を藩政府から渡されることになっている(明治二年正月より「案文」)。
(42)明治二年「御意請・上」。
(43)「諸仕組達帳」。十一等制は一等・親類と親類同格、二等・家老、三等・番頭(大組頭)、四等・手明鑓頭、五等・物頭、六等〜九等・平士、十等と十一等・卒となっている。
(44)佐賀県立図書館蔵。

(45)この「民政仕組書」を紹介したのが杉谷昭氏の前掲論稿である。
(46)「諸仕組達帳」。
(47)村役人の人選については『公伝・第六編』四二五ページによると、「村々の庄屋を投票公選にて定めんと、各郡令と協議して遂に之を決行したり」とあって、実施されたようである。
(48)『公伝・第六編』四二六ページに、「公選庄屋の後、月に数次の村会議を起して風俗教化等の事を申し合せしめたりき」とある。
(49)「旅出并旅人仕組」。
(50)「訴訟并箇所々々仕組」。
(51)『公伝・第六編』四二八ページによると、「職制改まるに及んで活動を始めんとするも、従来為し来りし慣例の外に他奇なく、郡務に於ても亦、仍ほ旧例を講究して少しく改良を加え、徐々と進歩するを勉むるにすぎざりければ、新進の人は倦みて罷め去る者もありたり」という。
(52)「訴訟并箇所々々仕組」
(53)佐賀藩では文久元年十二月に地主の土地所有を否定する小作地の「上支配・分給」が行われ、在村地主は六町までの土地所有が認められた。詳しくは前掲拙著『幕末期佐賀藩の藩政史研究』第三章「幕末期佐賀藩『均田制度』に関する基礎的分析」参照。
(54)「諸仕組達帳」所収。
(55)明治二年七月より「日記」。
(56)明治三年正月より「日記」。
(57)「太政官日誌」明治三年第三八号（『維新日誌』巻二、一二五ページ）。
(58)以上、明治三年正月より十二月迄「達帳　家事職」、多久家文書明治三年正月より「中館日記」（多久市立郷土資料館蔵）。
(59)明治三年正月より十二月迄「達帳　家事職」。
(60)版籍奉還後の事態の中で明治二年十月にすでに、「今度御家禄御引分ニ付而者、御側細大之御用途、一切被御取賄候義勿論、非常之御貯も無之而不相済ニ付、乍恐上様御始御不自由無御厭、御節縮被遊候ニ付、諸役尚又加省略、御費無之御趣意致貫徹候様」と、御側の「節縮」を命じていた。そして十一月に内弁務（元御側頭）を家扶、内司礼（元御進物役）を家司礼、内小弁務（元御小姓頭）を大従、侍員（元御小姓）を小従に改めた（「直正公御年譜地取」〈『佐賀県近世史料・第一編第十一巻』、二〇〇三年〉）。

(61)『公伝・第六編』四一五・四一六ページ。『藩制一覧・二』（六七ページ。東京大学出版会、一九六七年）によると、その頃の佐賀藩の取納現米高は二一万七七八九石余となっている。

(62)明治三年七月より「日記　家事職」。次に述べる閏十月に出された「藩治職制」の下では、家扶が大従を受け持つなどの職掌の整理が行われ、家扶以外はすべて家従と称することになり、職名も単純化されている（前掲「直正公御年譜地取」明治三年閏十月二十二日条）。

(63)翌閏十月に「佐賀之文字之義是迄賀・嘉与両様区相認来候処、向後賀之字被相定」と（武雄鍋島家文書明治三年閏十月より同五年正月迄「庁其外達帳写」〈武雄市図書館・歴史資料館蔵〉）、「佐賀」と書くことが正式に決まっている。なお「庁其外達帳写」については杉谷昭氏のご教示をいただいた。お礼を申し上げる。

(64)明治三年正月より十二月迄「達帳　家事職」。

(65)「藩治職制」（明治三年正月より十二月迄「達帳　家事職」所収）。

(66)右同。

(67)明治二年九月「諸仕組達帳」。

(68)「藩治職制」。なお「季渡」は明治四年三月には二か月分渡しとなった（佐賀県明治行政資料明治四年正月より四月迄「達帳」〈佐賀県立図書館蔵〉）。

(69)この時大隊も官俸の一部を差し出すことになり、勇方隊が大隊長から使部まで三一二両のところを二一九両二分に減らして九二両二分、雷震隊が同じく二七四両を一九八両に減らして七六両、計一六八両二分の減給となっている（前出明治四年正月より四月迄「達帳」）。

(70) 前出明治四年正月より四月迄「達帳」。
(71) 『公伝・第六編』五二二ページに数馬を改めて内匠と称したとある。
(72) 右同、三六〇・三六一ページ。
(73) 明治二年四月の三等官以上の役職者については表3－2参照。
(74) 図3－1参照。なお佐賀藩の明治初年の学校制度については、生馬寛信「佐賀藩における天保～明治初年の学政改革」（長野暹編『西南諸藩と廃藩置県』。九州大学出版会、一九九七年）で詳述されている。
(75) 岩松要輔「英学校・致遠館」（杉本勲編『近代西洋文明との出会い』。思文閣出版、一九八九年）。
(76) 江藤家文書「藩治規約」（佐賀県立図書館蔵）。この時に藩校弘道館は廃止されたのではないかと思われる。
(77) 以上、前出「庁其外達帳写」。
(78) 前出明治四年正月より四月迄「達帳」。
(79) 前出「庁其外達帳写」。
(80) 『公伝・第六編』三二九ページ。
(81) 前出「庁其外達帳写」。
(82) 明治三年六月より「日記」（鹿島市中島一男氏蔵）。
(83) 前出「庁其外達帳写」。
(84) 『公伝・第六編』三九ページ。

第四章　家臣団体制の解体

はじめに

大政奉還、王政復古、鳥羽・伏見の戦いという一連の政治的激動を経て、徳川幕府が倒れ薩摩藩・長州藩の主導する維新政府が成立し、戊辰内乱が始まることになったが、こうした新しい事態に対して、諸藩は軍事的な対応を余儀なくされていった。

佐賀藩においてこの直前の慶応期において問題となっていた、藩政史上の軍事的な課題は次の点にあったといえる。第一には、諸藩の割拠的状況が強まっていく慶応期には、各藩は近代的な銃砲の装備による軍事力の強化に取り組まねばならなかったが、佐賀藩では軍事費を確保するために、藩財政とは別途会計の懸硯方への依存を維持していた。さらに藩財政からも軍事費を恒常的に捻出するために、慶応二年に「軍国備仕組」の方針を出し、藩政運営上の中心たる諸役所遣料と役人料を削減することにしており、藩財政にも軍事的色彩が強く出てくることになった。また諸役所遣料等の削減は事務手続きの簡素化、諸役所の統廃合を必要とし、このことはひいては藩行政機構の集権的再編成をともなうものであった。

第二は、藩初以来佐賀藩では家臣団の軍事編成は十五大組制であり、幕末には十六大組、さらに十三大組となったことはあったが、基本的には大組制に拠っていた。そして幕末の軍事力強化は旧来の大組制を維持しながら、新式の西洋製の小銃・大砲を装備していくという方針であった。しかし長州征討に従軍する中で、これまでの大組制では十分な臨戦体制がとれないことが明らかになっており、いずれ大組制を改めて小銃隊・大砲隊中心の、新しい近代的な軍事編成に代えていかねばならなかった。

第三として佐賀藩には小城・蓮池・鹿島の三支藩があり、このほかに最上級家臣たる親類四家、親類同格四家、家老六家の一四家が、支藩と同じように私領地内に独自の行政機構や家臣団を有しており、いわば「藩中藩」的な存在であった。佐賀藩ではこれらの私領主を長崎警備に従事させていたが、安政元年からは三支藩も幕府の了解のもとに長崎警備の強化に動員している。佐賀藩が軍事力の増強につとめようとすれば、このような三支藩や私領主らの家臣団を自己の軍事力の中に組み込み、従来の私領主による領内の支配を否定し、私領地に対して佐賀藩が統一的支配を実現することが必要であった。(1)

こうした慶応期の軍事的課題に対して、戊辰内乱の開始から廃藩置県までの間に、軍事力強化を大きな課題とする佐賀藩が行った軍事的取り組みの内容を、以下の三点、つまり軍事編成が大組制に代わって大隊制へ移行したこと、一定の家臣への地方知行地を廃止し全家臣に新しい給禄制を採用したこと、一四家の私領主の領地返上後は旧私領地に郡令所を置き私領主家臣統制のために「団結」を設置したことを中心として検討する。そしてこれらを通して、大組制による佐賀藩家臣編成や私領主家臣団が解体していく状況を明らかにしたい。

一　大隊制への再編

佐賀藩では明治二年三月に改革に乗り出したが、その新しい方針を示した藩治規約の終わりに、「諸規約並ニ兵制編束等ハ別ニ紀《(記)》載ス」とあり、当時兵制改革への取り組みが始まっていた[2]。

佐賀藩の藩兵組織は十五大組によって行われていたが、嘉永六年から十六大組となり、慶応元年には十三大組へ改編した。そして戊辰内乱を迎えるまでこの大組制が変わることはなかった。戊辰内乱には、武雄鍋島家・多久家の大配分私領主を除き、本藩関係では三大組と別段御供・撤兵隊などが出動したが、従軍の途中で三大組を解き、別段御供・撤兵隊と一緒にして一番隊から七番隊まで、斥候二隊、大砲隊に編成替えした。これは大組制ではもはや実戦に役立たないことがはっきりしたからである。したがって明治元年末頃には戊辰内乱に従軍した藩兵が帰藩して兵制改革の声を上げるようになった。なお戊辰内乱最中の慶応四年八月に、「日雇工商半農」の「壮年強精」の者二〇〇〇人を兵隊化するという「分過夫仕組」の計画があり、商兵・農兵結成の方針が取られていた[3]。

明治二年四月一日に御側組の大組頭鍋島市佑が大隊長に任ぜられており[4]、この時大隊制が実施された。鍋島市佑が任ぜられた大隊は一番大隊である。のち八月頃の大隊編成と大隊長は表4－1のとおりである。常備隊は五大隊、予備隊は三大隊の計八大隊であった。十三大組がどのように改編されて八大隊となったのか明らかでない。大隊長は鍋島市佑が大組頭であり、その他鍋島孫六郎が大組頭、村田竜吉郎は久保田私領主、鍋島伊豆は須古私領主[5]、多久乾一郎は多久私領主の子[6]であることからみると、旧大組頭かそれ以上の私領主が任ぜられたのではないかと思われる。大隊の職制は次のとおりであった[7]。

大隊長・大隊ノ長トナリ軍律ヲトリ号令ヲ発スルヲ掌ル、凡隊中ノ事統サルナシ

副大隊長・掌ル大隊長ニ同シ、但左右半大隊ヲ主掌ス

表4－1　常備隊・予備隊と大隊長

（明治2年8月頃）

常備隊	
一番大隊	鍋島市佑
二番大隊	鍋島孫四郎
三番大隊	鍋島孫六郎
四番大隊	村田竜吉郎
五番大隊	多久乾一郎
予備隊	
一番大隊	鍋島伊豆
二番大隊	田中五郎左衛門
三番大隊	（不明）

「肥前藩日誌」より。

伝令・隊中ノ号令ヲ受付シ、且日誌ヲ作ルヲ掌ル
史生・掌ル文官ニ同シ
使卒
司令・一小隊ヲ指揮スルヲ掌ル
副司令・半小隊ヲ指揮スルヲ掌ル
小司令・左右一分隊ヲ指揮スルヲ掌ル
嚮導・左右半小隊ヲ嚮導スルヲ掌ル
斥候・地形ヲ察シ敵情ヲ探リ、凡諸ノ使命ヲ達スルヲ掌ル
哨卒・斥候ノ附属トナリ、凡諸ノ探索ヲナスヲ掌ル
器械幹事・大小銃及ヒ弾薬、凡諸ノ武器ヲ調理配付スルヲ掌ル
輜重幹事・軍資ヲ出納シ食糧ヲ運送シ死傷ヲ知リ陣営ヲ定メ、凡諸ノ建築ヲ掌ル
録事・掌ル文官ニ同シ
史生
器械師・諸ノ武器ヲ製造修理スルヲ掌ル
楽卒・皷笛喇叭凡諸ノ声号ヲ掌ル
護旗卒・本陣ノ大旗ヲ護スルヲ掌ル
砲隊長・合砲隊ヲ指揮スルヲ掌ル
司令・砲隊ヲ指揮スルヲ掌ル
副司令・半砲隊ヲ指揮スルヲ掌ル

このような職制から一大隊の部隊編成を考えてみると、右半大隊・左半大隊・合砲隊によって構成され、さらにそれぞれ二小隊と二砲隊より成っていたのではないかと思われる。元治元年の十六大組制は侍・手明鑓組・足軽組・諸職人組などから編成されていたが[8]、この大隊編成は旧来の格式による編成を否定しており、銃・砲隊中心の近代的な兵制を窺うことができよう。一大隊の人数は一番大隊が「都合兵隊四百人計之由」[9]、五番大隊は「凡人数五百七拾人」[10]とあり、大隊によって異なっているが、四〇〇から六〇〇人の間ということになろうか。

これら大隊に編成された兵隊の銃・砲訓練が陸軍所[11]で行われたが、五月に次の具体的な実施内容が「政府評決」の上布告された[12]。

今度兵隊御編成ニ付、陸軍所定課一ケ月ツ、輪番仕切稽古、且非番之節式日ヲ以テ出席致シ候ニ付テハ、左ノ廉々書載ノ通リ相定メ候方ニハコレアルマシヤ

一大小銃稽古ニ付テ玉薬等ノ儀ハ、総テ陸軍所ヨリ差出サレ候様、尤的前并ニ薬込銃弾等ノ時々隊々（ママ）器械幹事へ、受込切ノ上夫々引合相成候様

一稽古用相渡置レ候小銃相損候節ハ、自分々々ヨリ修覆相整候様

一右同大銃相損候節ハ、自分々々ヨリノ修覆届兼申スヘキニ付、器械方ニオヒテ相整ハレ候様

一順番非番稽古等ニ付テ諸触出シノ筋、隊伍中申合急ニ通達行届ク通リ仕組イタシ置ヘク候へ共、懸隔リタル場所等ハ其運相付兼申スヘク、然ル節ハ御城下一里外ノ場所ノ士分ハ伝令ヨリ、卒ハ伝令属吏ヨリ夫々通達相成ル通相定ムヘク、然ルニ於テハ一大隊ニ伝令属吏両人ツ、命セラレ、右触出ニ付テノ補米何程ツ、カ、伝令並ニ属吏へ相渡サレ候様

一隊々伝令・輜重方・器械方等ノ儀ハ、兼テ筆紙墨等ヲ入用コレアルヘキニ付テハ、其隊ノ輜重方ヨリ現品差出シ候様

一前条ノ通リ相定メラル、ニ於テハ、隊々ノ輜重方へ費銀凡ニシテ差出シ置カレ、手締メノ儀ハ大隊長へ相任セラレ候様

但、右取替へ銀ノ儀ハ、隊々ヨリ凡積リヲ以テ達出相成候様

「定課」は一か月ずつ輪番で行うこと、大小銃の玉薬等は陸軍所から出すこと、小銃修理は各人で大銃は各隊の器械方で行うこと、稽古等についての触のために一大隊に伝令・属吏各二名を置くこと、筆紙墨等の費用はその隊の輜重方から支給すること、各大隊に必要な経費は政府から支出し管理は大隊長に任せることなどである。定課にともなう諸実務が大隊単位で実施されているのがわかる。定課の詳しい内容は明らかでないが、七月には「今般兵隊御編束、隊々順番非番を以陸軍所定課被相定候付、以来諸科試被相始」れている。「諸科試」は大試と小試があり、大試は二月と八月に、小試は毎月二十九日に実施することにしている。[13]

また文官・武官の兼官については次のように達せられた。[14]

今度御軍制改革、常備予備兵隊編成相成候ニ付テハ、人柄ニ依リ文武兼官命セラルヘキ向モコレ有ヘク、右ハ陸軍所順番非番定課ノ間、文官ノ方全ク相闕キ兵隊ノ規則相勤候様、其内役筋ニヨリ順番ノ間タリ共相欠難キ向ハ、兵籍相除カレ候様、尤御側勤ハ別格ニ付、兼官命セラレサル様相決セラレ度事

定課の時には文官ではなく兵隊の規約に服し、それができない役職のものは「兵籍」から除き、「御側勤」は武官を兼官しないようにしている。

この大隊制による近代的軍制を採用して軍事力の一層の強化を図ったのであるが、五月に軍事局は私領主へ物成高と軍資用を含む支出内訳、大小銃弾薬の備高、家来中自分用意大小銃数、家来名前、兵隊編束法、軍事掛人名、調練場箇所などの提出を命じており、[15]私領主の有する軍事力の実態をも把握しようとしている。

こうして大組制から大隊制へと移行していく中で、大組そのものの存続が取り上げられた。大組は藩兵の軍事的

組織であるとともに、家臣団統制の組織でもあった[16]。したがって大隊制が採用されても、家臣団組織としての大組は残っていたのであるが、七月になると大組頭が免ぜられて、「組内」が廃止され[17]、ここに大組が否定されるに至った。そして藩士への通達は政府の司籍所の録事一〇人が、一〇か所の触場を請け持って触れること、諸願の取次はこの録事が行うこと、切米などの支給は諸組の組扱[18]がこれまで取り計らってきたが、今後はこれも録事が行うこと、「御手当ニ付而御書付」（処罰通知であろうか）はこれまで大組頭・組扱から渡してきたが、以後は評定局から渡すことなどが決まっている[19]。

明治二年九月に「編隊規則」が達せられた[20]。

一士卒者十七以上三十以下ヲ常備兵トス、三十一以上四十五以下ヲ予備兵トス、但、職ニ任スルモノハ此限ニアラス

一同年十七以下四十五以上ハ隊外ニ置ク、其炮術歩操共上階ニ上リ、軀幹強大用ニ堪ルモノハ特選ヲ持テ隊中ニ入ヘシ、右炮術ハ射的四百ヤールドヲ免スル以上、歩操ハ撒兵以上ヲ上階トス、五十日業ヲ怠ルモノハ初階ニ復ス

一編隊之後ハ春秋分箇練才力ヲ量リ、勤怠ヲ検シ分ニ随テ出入進退スヘシ

一隊ニ入ルモノ命ヲ受サル三日以上《ママ》ハ、司籍所ノ録事及属吏ヲ呼ヒ内達ス、十日過キ自ラ命ヲ得サルモノ、其故ヲ達スヘシ、事ニ随テ隊ヲ免ス、達セサルモノ亦同シ

一月課ハ文官ヲ兼ルモノト雖モ之ヲ欠ヲ得ス

一官事或ハ旅行ヲ以テ隊ヲ辞スルモノハ、辞書ヲ其長ニ出シ、其長押印ヲ以テ軍事局へ達シ隊ヲ免ス

一病ヲ以テ隊ヲ辞スルモノ前ニ同シ、但、医案ヲ添フヘシ

一免隊ノモノ春秋分箇練之期ニ至ラサレハ再ヒ隊ニ入レス

表4－2　明治3年6月の大隊編成

鳥雲隊（英式）	6小隊（1小隊60名）	総員524名（内卒220）
一番大隊（仏式）	6小隊（1小隊80名）	総員580名（内卒156）
二番大隊（仏式）	6小隊（1小隊80名）	総員580名（内卒190）
＊奇勝隊（英式）	不　明	不　明
砲兵一隊	6　門	総員133名（内卒　1）

「佐賀県史料・六」より。
＊印は『公伝・第六編』521ページより。

一罪アリ隊ヲ除クモノハ大隊長ノ力ニ任ス、兵籍ヲ除クモノハ軍事局ノ権ニ任ス、其式別冊ニ載ス、是ニ過ルモノハ国ニ常刑アルヲ以テ贅セス

一斥候・哨卒・楽師卒ハ別ニ一団トス、其長之ヲ統フ、出軍ノ時ニ更ニ之ヲ大隊ニ分布ス、帰軍ノ上旧ニ復ス、但、楽卒ハ年ノ限ニアラス

一七歳から三〇歳のものを常備兵、三一歳から四五歳のものを予備兵とすることや免除・除隊などが述べられており、この九月には遅くとも大隊の兵卒員は選抜によって行われていたのではないかと思われる。のち明治三年三月には常備員の人選は、「歩操四級ニ進ミ、銃術二級ヲ卒業シ、軀幹強健(健)ナル者」、「楽器喇叭太鼓笛各二級ニ進ミ、小太鼓四級ヲ卒業セシ者」を基準にして行い、また「予備兵ノ秀出ナル者ヲ撰ミ、隔月定日ヲ立テ試験ノ上」で、常備隊に編入することにしている。(21)

大隊の兵員には明治二年の十二月に、「卒ノ兵役ニ堪ヘ入隊スル者ハ軍役米三石三斗」が、給録が九石以下の者には八石以上は五斗、七石五斗以上は一石、七石は一石五斗など高に応じて「入隊中兵食」、士分の次・三男の者にも同じく三石六斗が給せられていた。また士族で家禄三六〇石以上の者にはその十分の一にあたる「軍役米」が、以下五石までのものにも割合をもって課された。(22)

その後明治三年正月に大隊制の変更が行われているのが、次の史料からわかる。(23)

強兵御仕組之儀先年来毎々御栄出相成候得共、現業之場ニおゐて被行兼、然処追年時勢変革、且王政御一新等ニ付而ハ、武備屹度被御行届候半而不叶ニ付、従来之御楯組被相改、士卒之総員より兵隊御編束相成候、就而者御趣意全致貫徹候半

而不相済儀候処、隊数余計ニ有之候迚練兵精密之場ニも不相至、相（打）追被成置候共却而強兵之御仕組不相立ニ付、八大隊之内更ニ四大隊ニ御編束相成、都而常備被仰付儀候、尤減隊之内余員之兵卒者予備卒被命、常備之欠員ニ被相備置事候条、撰兵練隊之筋屹度行届候様、筋々懇ニ可被相達候

つまり、「強兵御仕組」を貫徹するために、八大隊制では兵士の訓練が十分に行えないとして、常備のみの四大隊とすることにした。三月には「隊伍編束ノ法」を変更し、銃兵八小隊、砲兵三分隊によって一大隊としている。[24]明治三年六月当時の大隊編成は表4－2のとおりである。奇勝隊の総兵員数は明らかでないが、鳥雲隊・二大隊と砲兵隊で計一八一七名である。奇勝隊は「英国式により編成したる大隊にて、兵器は最新の施条後装銃を執り、銅製の野戦砲を曳き、弾薬は銅管に雷粉を仕掛けたる円錐弾を配布し、撒兵七連発銃をも執りたるあり」というように、[25]最新式の銃砲を装備しており、他の三大隊も同様であったと思われる。

こうして、銃隊を中心とした大隊の編成が実施されていくと、当然銃の確保が問題となってくる。明治二年二月には軍務方は、「御武具方御囲小銃之儀、地行御装備増も無之而相叶間敷処、奥羽出兵ニ付而最前諸与（組）江、被相渡置候御筒損勝ニ有之、早速御修覆被相整儀ニ者候得共、多分之挺数一時ニ者運相付兼、別而御手薄之儀」であるとし、「旧年於御側御家中拝領買用御取入相成候レミントン銃、当時御有合之分、扨又去秋縫殿助与（組）出勢ニ付、拝領被差出置候百三拾挺共、附属ハトロン等迄皆式、御武具方御引付相成方ニ者有之間敷哉」と、御側のレミントン銃等を武具方へ渡してほしいとの要望が出されている。[26]この結果、レミントン銃八一挺が付属品とともに、[27]のち八月にはレミントン銃一八〇挺、ハトロン六万五〇〇〇枚が武具方へ渡されている。[28]

表4－3　「御城下」（大隊）の銃砲装備状況

歩兵22隊・砲16門
6斤アルムストロング砲6挺・弾薬1,120発
4斤線砲32挺・弾薬2,300発
スペンセル銃1,533挺・銅管860,474
レミントン銃213挺・(記載なし)
エンフィールト銃1,369挺・弾薬397,700発余

明治3年5月「仮日記」より。

このように御側の所有する小銃が藩庁の軍務方へ移管されている。明治三年五月の「御城下」（大隊と思われる）の常備兵の装備状況は表4-3のようになっている。

なお、軍事力の一環として佐賀藩は蒸気軍艦を明治三年五月頃に、安政五年に買い入れた電流丸をはじめ、慶応二年に皐月丸、明治元年に延年丸、明治三年に日進丸を買い入れ所有していた。[29] このほかに慶応四年正月に購入した孟春丸があったが、同年六月に戊辰内乱の従軍途中に陸奥の八戸藩領の鮫ケ浦で座礁した。一一七トンの鉄骨木製で、七〇ポンドアルムストロング砲一挺、四〇ポンド同一挺、二〇ポンド同二挺、スナイドル銃四〇挺、六枚込短筒五挺を備えていた新鋭軍艦であった。[30]

二　地方知行廃止と新給禄

明治二年正月に佐賀藩主鍋島直大は、薩摩・長州・土佐の各藩主とともに版籍奉還を上奏したが、三月に入って佐賀藩の最上級家臣の親類・親類同格・家老らは、「我々儀数代大禄拝領仰付被置、難有存シ奉リ候、然ル処今般上様ニハ版籍御返上アソハサレ、尚又藩国ノ御政体相正サレ、朝命相待レ候旨ノ儀、至極感佩シ奉リ候、就テハ右ノ御目的相達候様、我々ニ於テモ存シ奉リ候、御拝領仰付オカレ候土地人民共ニ返上仕儀ニ御座候」[31]と、地方知行地の返上を申し出た。佐賀藩では近世初期以来の地方知行制が実質的にこの時まで存続していた。[32]

この地方知行返上願に対して藩は、「今度土地人民差上度願ノ趣キ、御感悦ニ思召レ候へ共、当時版籍御返上中ニ付、追テ御沙汰アラセラレ候次第モコレ有ヘク、先以テ打追御預ケナサル旨ニ候」と、返上願を受け入れなかった。ただし、「兵制ノ儀ハ軍務局ニ於テ上下一致、一国一団ニ御申付ラル儀ニ候事」とあるように、「兵制」については藩の軍務局で統轄する方針を出した。[33]

しかし親類らは改めて三月末に返上願を出し、藩も「土地人民返上ノ儀、一国一団ノ趣意ニ相基ツキ、今又願立ノ次第誠ニ以テ感悦ノ至リ、此上ハ願ノ通リ承届ケ候、尤右土地人民ノ儀政府ニ引受、諸事公議ヲ尽シ取計フ儀ニ候」として、四月に入って返上願を認めることにした。この結果一四家私領主らの「家来中」も藩の「御家中」と称するようになり、直臣同様に扱うことにした。(34) のち六月には「藩中」と呼ぶようになった。(35) ここに支藩と同じような領内支配体制によって家臣団を有して、いわば「藩中藩」的な存在であった私領地が否定され、本藩による領内の統一的支配の実現をめざす、佐賀藩政治支配体制の集権化への第一歩が踏み出されたのである。

「土地人民返上」後の措置について次の通達が出された。(36)

諸家返上之土地人民政府ニ引請ケ、諸事公議ヲ尽シ取計フヘク旨、最前相達シラレソロニ付テハ、段々大小ノ仕組被相立ヘク候ヘトモ、差向キソロ廉々先以左ノ通相定義ニ候

一土地人民一切カ、リ郡令所エ相寄セラレソロ事

　但、租税収納ノ義ハ追テ相定メラレソロ事

一士并卒ノ居住ハ打追ノ所ニ於テ、団結ヲ建ラレソロ事

一卒以上ノ名籍ハ司籍所ニ総ヘソロ事

一兵隊ハ軍事局ヨリ総括致シソロ事

一文武ノ課ハ小学校陸軍所相立ラレ、稽古イタシソロ事

私領主の土地人民はその地域を管轄している郡令所の支配下に置き、士・卒は居住している所で「団結」を立てることにするというのである。

明治二年六月に維新政府は薩・長・土・肥の四藩主を始めとする諸藩主の版籍奉還を認め、藩主はあらためて藩知事に任ぜられた。そして藩主の家禄を元治元年以後五年間の収納の平均高の一〇分の一と決めるとともに、これ

まで藩政の担当責任者の名称であった執政・参政を大参事・少参事に改めた。佐賀藩では七月終わりに中野内匠(数馬)・池田文八郎・深江助右衛門・張玄一・江藤新平が権大参事になっており[37]、これまで執政を務めてきた私領主たる最上級家臣が藩政から排除された。そして八月に入ると、「禄高ニ従り蔵米ニ而給禄定メ、土地人民之義者一切於政府致差配」することとし[38]、先述の一四家の私領主のみならず、それ以下の家臣の地方知行をも全て否定して蔵米を支給することにした[39]。

その結果、地方知行地の実態を調査することになり、「物成取中」(地方知行主)へ物成や小物成・夫料・口米・反米・余米などの五か年間の平均高の提出が命じられた[40]。そして「大小配分御支配ニ付、急成取調子之筋有之」として、二名の者が「制度取調方懸り合」に任ぜられた[41]。

地方知行の廃止による蔵米支給の実施に際して、全家臣への禄制改正が行われた。その方法は次のとおりであった[42]。

一地方取ハ地ノ肥瘠歳ノ豊凶ニヨリ、年々収入ノ数斉シカラス、故ニ五年分ヲ平均シテ更ニ石数ヲ算ス、之ヲ現米トイフ、其多少ニヨツテ減禄ノ差等ヲ定ム、之ヲ改正米ト称ス

一蔵米取ハ年々豊凶ナキヲ以テ、従来百石毎ニ弐分六合八杓ヲ官ニ収ム、之ヲ落米ト唱フ、其落米ヲ除キ現米ノ石数ヲ定ム、五拾四石以下小禄ニシテ、従来ノ落米ナキモノハ更ニ落米ヲ課シ、改正減禄ノ等差一《(ママ)》ニ地方取ニ同シ

一卒ハ扶助米トシテ組切米十分ノ四ヲ給シ、金給ノ者ハ六部ヲ減ス

一旧陪臣ノ士卒ニ編入セシ者ノ禄ハ、旧主家ニ於テ各適宜ニ改正法ヲ行フ

地方取は五年間の実収入の平均を「現米」とし、それから減禄を行って「改正米」=新禄高を決め、蔵米取は「落米」を引いたものを現米とし、地方取に合わせて減禄することにしている。

地方取の新給禄は、現米四〇〇〇石以上はその一〇分の一が給禄であって大幅な削減となっている。現米が低くなるほど支給率は増えているが、一一〇石までが半分以上の削減である。蔵米取の落米率は一〇〇石以上は、引用史料にあるように二六・八パーセント、五四石・三〇人扶持以上が一一・八パーセントであり、それ以下の落米率は減少している。当時、佐賀藩の家臣への地方知行高・切米高の合計は三三万九二一二石余であったが、これが現米一〇万九八九二石余となり、減禄によって新給禄米は五万六〇五五石余と、現米の約半分に減っている(43)。

そして「給禄者以来四季ニ被相渡旨被相達」るとあるように、年四回に分けて渡すことにしたが(44)、「今般地方取之儀当秋ゟ御蔵米ニ而被相渡候所、反的小身之面々難渋も可有之、扨又新御家中ニ被相成候人々も同様之儀ニ付、早渡として左之石数先以被差出、難渋之向々江見計を以分配相成候様(45)」と、地方取と新家中には八月に十二月分の「早渡」が実施された(46)。しかし「右丈ニ而ハ譏之事ニ而大節季等相凌兼、諸人甚難渋之趣、就而者於其筋も金配等、手張《ママ》之訳も可有之候へ共、一統之難渋ニハ難被為替筋ニ付」として、十一月中頃には翌年の春・夏分も年内に渡す方針を藩政府は出している(47)。禄制改正にともなって、家臣団が困窮している状況が窺える。

このような禄制改正に際して、旧親類同格の多久家は十二月に次のような要望を藩へ提出している(48)。

御名（多久茂族）家禄之儀、高ニ応三部通十二月渡、御引揚銀米ニ而当節被相渡候段被相達候、併大御変革指付之儀ニ而多端之入費、且又旅地方借財年内仕、聊《ママ》方其外右丈ニ而者何分目論見不相付、殊ニ地行之仕組をも相立兼、旁当惑至極途方暮候参御座候、就而者未自俸高之儀も不相舩候得共、先以凡高之五部通現米ニ而被渡下度奉願候条、前件之事情被御汲分、格別之御慈《ママ》評を以、願之通被指免被下度深重御頼仕候

家禄高の三割を十二月に渡すことになっていたが、多久家は「大御変革指付之儀ニ而多端之入費」、また「旅地方借財年内仕」ったとして、予定家禄高の五割渡しを願っている。なお引用史料中に、「未自俸高之儀も不相舩」とあり、この頃にもまだ旧私領主の家禄高は正式には決まっていなかったようである。

多久家の支配した旧多久私領地に居住していた旧家臣らは、「地方御切米大身小身共同様弐部半相続」と、地方・切米ともに二割五分が給禄とされた。これは「今般御一新、知行御切米無差別、現取納之高ニ依り、藩之凡例を以部懸被相整、給禄被相定候由」とあるように、「藩之凡例」によって決められたということであったが、実際は「諸家来之名目被廃止、御家中ニ被召成、土地人民とも藩ゟ御支配ニ付而ハ、奉遵藩政候義勿論ニ御座候得ハ、給禄而已藩団差別有之訳、決而有御座間敷候、左候ヘ者藩制ニ随、適宜之御取計被相整度」というように[49]、「藩制ニ随」いながらも「適宜之御取計」が行われており、藩の家臣と団つまり多久家旧家臣との間には給禄の決定の仕方に相違があったようである。

以上のように、版籍奉還が行われた前後に佐賀藩では、土地人民返上を契機として、私領主を始めとするすべての地方知行制が否定されていった。特に私領地については、藩政府が各地に置いた郡令所の管轄下に入り、旧家臣は団結に統轄されて私領主との関係は絶たれたのであった。

ところで、徒士・足軽は卒とされたが、従来彼らに渡されていた給米は、「家名」によって禄を与えられていたのではなかった。「一紙筈（支払券をいふ）にて小組頭に渡し、之を年々適宜に配当したるもの」、「毎年一紙筈にて組頭に渡され、毎組の組代、即ち其組の代表人が配当の差当を定め、組頭の承認を得て分配したるもの」であった[50]。したがって彼らは、「先般御改革ニテ元徒以下ノ者卒一格ニ相定メラレ、打追御雇ヒニシテ一代限ノ儀」とされた。そして、「是迄跡代等願出来候ヘ共、今般組相廃セラレソロニ付テハ、以来自分ヨリ願ニ及ハス、人選ヲ以御抱ヘ軍事局ニ於テ精選、政府達出ノ上兵隊ニ被命儀」とあるように[51]、以後卒は軍事局で選抜して兵として雇うことになった。ここに卒の世襲は否定されたのであり、最下層ではあるが武士身分として有していた特権を失うことになった。

この処置に対し、「卒の多数は之を領掌したれど、一部の血気の者は是を不法の暴断となし、頗る不穏の状ありたり」といい[52]、事実九月には、「今般御徒以下之儀嫡子願出候処、軽輩之儀一代之者ニ付、嫡子願不相叶由ニ而被差返、人柄次第被仰付候段被相達候付、不承知ニ相心得、御城下寺方へ数百人相集、御名目差上候通吟味合候」というような状況になっていた[53]。こうした動きを背景として、明治二年における佐賀藩の改革を主導した江藤新平が十二月に東京で襲われるという事件が起こったのである。

なお元足軽並については、「元職人歩行之義其器相応之者召抱」えていたが、「今般御改革ニ付而ハ、右之者共幷被官船頭其外」は、「軍事不用ニ有之、打追給禄頂戴罷在候様無之候付、以来右給禄引揚」げられた。しかし「先般御達之旨を以、一切御廃止相成儀候得共、此まて身分相与(カ)置、格別之功労無之とハ乍申、今日ニ至り全く平人成果候亘り、何分忍兼候情態有之候付、格別之御仁恕を以、其身限打追帯刀被指免、準卒ニ〆被指置度」[54]と、一代帯刀を許されて準卒となった。

三　私領地郡令所と軍団所

旧私領主の知行地は、藩庁が各地に設置した郡令所の管轄下に入ることになっていたのは先述したが[55]、明治二年八月になると、「諸家返上ノ土地人民、政府へ御引受相成候ニ付、新ニ郡令所幷ニ団結所相建」る、つまり旧私領地に郡令所と団結所を新しく置くことになった。郡令所の場所と郡令は表4-4に示したとおりである。郡令には旧私領主の一族やその家臣が任ぜられたようである。この時、「大小配分都而御支配相成、郡令所をも数多被相増候付而者、郡政局之儀猶又御用繁可有之ニ付」として、郡令所を管轄する郡政局の大弁務が一人増やされ、川副郡令であった中山平四郎が大弁務となった[56]。

旧私領地の租税収納に関しては次のように達せられた[57]。

諸家返上之土地人民一切懸り郡令所へ被相寄、惣而租税収納之義、追而可被相定旨最前被相達置候処、今般新ニ郡令所被相建候ニ付、租税之義此迄之御蔵入同様取立相成、惣而納方之義左之通被相定義ニ候

一御取納蔵之義者、元私領蔵等当分御借入相成候歟、又者別ニ御手付相成候歟、現地之振合於郡令所見計を以達出相成候様

一米仕出俵拵、先以是迄私領収納之仕出通ニ〆可然事

一元私領是迄之振合、秋者米夏春ハ雑穀相定候場所も可有之候ニ付、先以打追ニ〆相納候様

表4－4　新郡令所の場所と郡令

場所	旧私領主	郡令
村田	鍋島安芸	大塚勝左衛門
白石	鍋島河内	成富八助
川久保	神代刑部	神代規四郎
久保田	村田竜古	村田右京
須古	鍋島伊豆	須古宮内
多久	多久長門	多久励
武雄	鍋島上総	後藤兵部
諫早	諫早一学	早田頼母
神代	鍋島清吉郎	帆足代五郎
深堀	鍋島孫六郎	田代五八郎

「肥前藩日誌」，明治２年「御意請・下」，『公伝・第六編』（464ページ）より。

租税は「御蔵入」＝藩直轄地同様に取り立てること、納蔵は「元私領蔵」を借用するか別に設けるかは郡令所が決めること、俵拵は従来のままとすること、秋に米、夏・春に雑穀を納めているところは、これまでのとおりとすることとなっている。

のち十月の郡政局からの口達に、「当秋御蔵納米之義、元大小配分当一順郡令所役々ゟ請取、諸家来在来之蔵々へ相納」むとあり、「諸家来在来之蔵々」へ納めることにした。そして「元家来士分ゟ蔵番相成居候ヶ所（ママ）々ニ者打追通ニ〆、戸前封印等之義も郡令所役々立合相整候様最前致御達、其通被仰付置」ると、蔵番には元家来のものを任じた。しかしその後、「依場所大小配分之納米一同相納、俵米見調子等之義、大配分致来之通一概取計兼候振合も有之、手数合之上ニおいても致混雑候由ニ付」として、元家来の蔵番を止めて「郡令所ゟ蔵番扱又納米共一手ニ而相整」えることにした。[58] 元家来

の蔵番を止め郡令所の直轄下に置いたのは、郡令所による旧私領地への統一的な支配強化の一つのあらわれであろう。

しかしながら藩政府による旧私領地への集権的な支配体制が直ちに実現したわけではなかった。次の史料は旧私領地郡令所の財政運営に関する史料である[59]。

白石其外諸団結之内、元諸家来ニ相懸候分ハ、食禄御当介等諸仕組之義、先般其家々ゟ達出有之候知行高目安之内、其主人自俸高并即今政府之御入費、諸官御当介ニ相懸候従前之献米高引残米高を以、元家来倉(蔵)米之宛介、学校兵隊之入費、軍器之料、扨又団結々々ニ相畜(蓄)可申軍用金等夫々区別有之、且郡令所之御遣料ハ夫料口米之内ニ而相整、左候而夫々之仕組相立候義者、政府伺出相成候様、……

旧私領主への「自俸」、藩政府への献米、学校・兵隊の入費、軍用金、軍令所遣料などは、旧私領地を単位とした財政のあり方が続いているのである。

引用史料にあるように、郡令所の遣料は年貢の付加税たる夫料と口米が充てられたが、のちには藩政府から出されることになったようである[60]。しかし郡令所は財政難だったらしく、多久郡令所では明治三年三月に旧私領主多久家へ拝借願を出していることを示すのが次の史料である[61]。

一郡令所ゟ左之通願出相成候ニ付而ハ、旧役ゟ引付相成候銀筋ゟ被差出方ニ而ハ有御座間敷哉、其筋ゟ相伺候様ニと有之申上候処、願通可被差出旨被仰出候、尤員数之義ハ其筋ニ而取調子之上、証文引替ニして被差出候様及返礼候事

口上覚

郡令所之儀、新役場ニ而銀米乏、郷内仕組其外行届兼候故、銀主共へ調達申付候得共、当時柄其儀不相成上ハ当惑之参懸り候、依之御役筋御余金御仕法之筋等御座候ハヽ、千両位ヲ下ニして何程ニ而も宣御座候間、役場

拝借被仰付被下道ハ有御座間敷哉奉願、何卒被指免被下候様、宣御取成可被下義深重致御願候

一〇〇〇両以上の拝借を願ったが、多久家の家従方は「願通可被差出旨」、「員数之義ハ其筋ニ取調子之上、証文引替ニして被差出」ると、額は不明であるが拝借を認めている。

このように多久郡令所が財政援助を旧私領主の多久家へ願い出て認められていることは、藩政府の郡政局の管轄下にあるとはいえ、旧私領地の郡令所の財政は、郡令所単位で実施しなければならなかった。「諸家返上ノ土地人民、政府へ御引受」[62]とはいっても、旧私領地が藩政府の下に財政面で統一的に把握されたとはいえないのである。

郡令所の財政に関していえば、旧私領地では「為民政前方ゟ於農政局、御仕法相成居候田起御救米養育料其外」を農民に貸し付けていた。「土地人民返上」に際してこの貸付元利は旧私領主へ「都而御引揚」げになる筈であったが[63]、結局、「元御私領ニおゐて農政筋御仕法相成居候銀米」は、「其懸郡令所江御引付」とあるように[64]、貸付銀米は郡令所へ引き継ぐことになっているのも、農民への貸付銀米の引揚に応じられない郡令所の財政的事情があったのであろう。

また制度調子所からは村方目安の提出が命じられたが、旧多久私領では明治二年十二月に、「配分給地之儀、数百年来其地頭へ任せ切置、村方目安不相括、自分々々ニ致支配、庄屋共存知之地面ニ而無之候故、坪付之相違或者巡見地改之畝方等、致混同居候向も不少、右を夫々調子付、村方名寄相括候付而不相叶之処、数百人之給地相跨り候村方有之」と、「配分給地」＝地方知行地の調査が進まないとして提出延期願を出しており、さらに翌三年にも三月十五日の締切を末日に延ばすことを願い出ている[65]。

このように旧私領地の土地・物成高等の調査が、私領地内での地方知行地のために円滑に進んでいないのがわかり、「土地人民返上」後の旧私領地に対して、本藩直轄地と同じような支配が直ちに実現したわけではなかった。

なお一般的に旧私領地の地方知行家臣の蔵米支給高は、「現取納高拾弐石以上ハ、其高ニ応し部懸を以被相減、拾

弐石以下者打追之通被相定」るという、本藩の家禄支給の方針に拠っていた[66]。

旧私領地の家臣を組織するところが「団結」であった。明治二年八月に藩政府の軍事局から「諸家返上之土地人民、政府ニ御引請諸事御取計、軍事之儀役内ゟ総括、其ヶ所々ニおゐて団結被仰付旨、就而者其御手筈被相付候半而相叶間敷」と達せられ、旧私領の家臣から一人選んで軍事局の小弁務に任じて、軍事局と団結との緊密化を図っている[67]。また旧家臣の中から各団結毎に「兵隊編束」を行うことにした。一七歳から三〇歳までを常備兵、三一歳から四五歳までを予備兵とする軍事局の編隊規則に準じて旧私領地の兵隊編束も進められた[68]。

そして「兵隊補米之義士卒ニ不相拘、極小身之向并次男三男ヘハ、被差出候様被相定候ニ付、諸団結兵隊之補米をも比竟を以、猶又斟酌之上取計相成候様」[69]と、諸団結の兵隊にも藩政府と同様に「補米」が支給された。こうして採用された団結の兵隊を管轄したのが軍団所である。十月には各軍団所の幹事・録事・史生などの役人が決定している[70]。なお郡令所・団結は初め表4－4のように一〇か所であったが、すぐに一か所増えて一一か所となっている[71]。

明治三年五月当時の佐賀藩の歩兵数をみると（表4－5参照）、「城下」＝大隊が二二隊、各軍団が三八隊である。歩兵隊数は藩庁直属の大隊より各軍団の方が多いが、大砲・小銃の整備状況は（表4－6参照）、圧倒的に大隊の方に多く配備されており、佐賀藩の軍事力の中心はいうまでもなく大隊にあったことがわかる[72]。なお各軍団の中では諫早団が一二隊と多いのが特徴的である。

表4－5　佐賀藩の歩兵

城下	22隊
白石団	2
川久保団	2
久保田団	2
村田団	2
諫早団	12
武雄団	6
多久団	6
須古団	2
神埼団	1
神代団	2
深堀団	1
計	60隊

明治3年5月「仮日記」より。

家臣団に対して明治三年十月に「藩士課程」が出された[73]。

文武之業ハ為士不可偏廃儀勿論候、依之於両道ニ普通不可

表４－６　大砲・小銃備数

	挺　数	内　　訳	
		城　下	諸　団
６斤アルムストロング砲	13挺	６挺	７挺
４斤線砲	44	32	12
スペンセル銃	2,056	1,533	523
レミントン銃	313	213	100
エンフィールド銃	1,929	1,369	560
右の外大小銃廉々有り候へ共，即今取用これ無きに付き略す			

明治３年５月「仮日記」より。

表４－７　折衝隊の編成（明治４年１月）

	士	卒	大　砲	楽卒
久保田団	３分隊43人（他に６人守五郎元士分入）	――	――	２人
武雄団	３分隊50人	１分隊16人	１門（掛り11人）	４人
諫早団	４分隊66人	２分隊33人	２門（掛り23人）	７人
多久団	４分隊66人（兵官６・兵士60）	１分隊17人（兵官２・兵卒15）	１門（掛り12人）（兵官３・砲士４・砲卒５）	５人
須古団	２分隊33人	――	――	２人
神代団	２分隊33人	――	――	２人
深堀団	２分隊33人	――	――	２人
守五郎	６人（久保田団に合兵）	――	――	――
計	５小隊330人	１小隊66人	４門（掛り46人）	24人

多久家文書「折衝隊編束人数割」（仮題）より。

欠之課程、凡左之通相定候条、何も右課《ママ》を遂、弥以精微を究候様心掛肝要候、尤其内ゟ才器ニ応シ専門入科を命候儀も可有之、又銘々之望ニ而専門入科致度向ハ願出可申候

一七歳ゟ小学校ニ入、素読習書等之課程を遂候事

一十五歳ゟ中学校ニ入、和漢西洋之看書《ママ》算術等之課程ヲ遂、側劔術柔等之稽古可致事

一廿一歳ゟ陸軍所ニ入、大小銃之業前歩操之課程相遂、側兵書研究、就中其職掌ニ付而之学科重ニ研究勿論之事

　右課程之儀委細之処、学校軍事掛ニおゐて取調子之上相達候事

右之通被相定候ヘ共、不快等ニ而其年歳ニ至迄課程難相遂向ハ、依願年送ニ可申付、偖又五石已下之小身、両課程難相遂向ハ、兵課一偏ニ而不苦、右等之向者大小銃之業前歩操之課程相遂候ハヽ、十八歳ゟ入隊可申付候

「文武両道」の年齢毎の課程が決められているが、この「藩士課程」は、久保田軍団所で「団中文武課程申合」の廃止を軍事局へ申し出ているように(74)、諸団にも適用されたと思われる。そして「藩士課程」を終えた藩士から「選兵」をした。佐賀藩では先述のように明治三年六月には二大隊と奇勝隊・鳥雲隊があったが(75)、この十月には「兵員之儀兵部省常備之定額ニ基キ、於陸軍所課程相遂、経簡練候人物之内ゟ、常備兵三大隊編束交番相勤候様、其余ハ臨時編制繰練相整、非常之節ハ挙国之士卒皆兵之心得可致事」とあるように(76)、常備兵三大隊を編成し、事ある時は「挙国之士卒皆兵」とされた。

のち明治四年正月に、「今度折衝隊之義久保田・武雄・諫早・多久・須古・神代・深堀団其外合兵編束、追々鳥雲隊為更代東京差立」ることになり、「年齢之義弐拾歳位ゟ三拾才位迄之内ニ而尚又精選」するよう関係軍団へ命じられた(77)。表4－7はその編成内容を示したものである。折衝隊は士・五小隊、卒・一小隊の計六小隊より構成される計画であった。各軍団が折衝隊に吸収されてしまったのではないが、こうした合兵編束によって解消していく方向にあったといえよう。

佐賀藩の家臣団組織としての「大組制」は明治二年七月に廃止されたが[78]、その後「組」が設けられており、明治三年十一月には各組を統轄する「組扱」に、藩士一軒について銀八匁の「補金」が渡されている。「諸団与扱」とあるように軍団所も一つの単位として編成されており、合計二一の組ごとに藩士の軒数が決められ「組扱補金」が支給されていた[79]。

明治四年四月頃に久保田団が銃隊半小隊（兵士三〇人）、神代団が砲一門（砲士六人・砲卒四人）と銃隊半小隊（兵士三〇人）・卒一分隊（兵卒一五人）に「編束直シ」が命ぜられており、諸団兵の再編成が行われたようであるが、詳細は不明である。

この頃村田団と神埼団から土着願が出されている。村田団では五〇名の連名で、「一統小身逼迫不如意之者勝ニ而届合不申、甚難渋至極之参掛」として、一人につき山野一町から二町に増やし、村田近在の朝日山五四町、所熊山二八町、薄尾山一三町、野田山五町の計一〇〇町の下げ渡しを願い出ている[80]。すでに明治二年九月に、「士分小身之向々ニ者、田畑なれハ五段山林なれハ一町を頭として、食禄之内ゟ相渡漸々致候義、部り小弁務郡令江仕組、土着相定候様被仰付」とあるように、土着の問題が取り上げられていた[81]。

そして明治四年六月には「管内呟《ママ》野空地木山共、不差支場所者、士分其外土着用、一戸ニ地面壱町を限、請地ニ被差出」れ、荒地の場合は以後一〇年間無税、木山は相当の税をかけるとしている。試験的に諫早郷の多良山周辺の空地に五〇戸を建てることを計画している。「当節郡務掛江開墾所被相属、士分其外土着之仕与等、追々御栄出可相成」しとあるように、積極的に土着政策を推し進めることにしている[82]。

また、家臣の給禄については、明治三年十一月に「昨年御改正相成候得共、役場之勘定合相混候義ハ勿論、金穀数度ニ被相渡、士卒共不便利有之趣、且又百姓共一切御蔵納いたし候様相成、俵拵等も難渋可有之」として、その支給は給禄の三割を「米蔵筈」（米蔵切手のこと）で九月に、二割半を代金で十月に、二割半を代金で十二月に、

残りの二割を翌三月に「米蔵筈」でそれぞれ渡すことにしている。(83)

明治三年十二月になると、「諸隊炮隊歩操其外、兵事之諸稽古専務之筋」のために陸軍学校を設置しているが、(84)翌四年の正月には「今度徴兵編制之儀仏式被相改」るとして、諸隊・諸団兵ともにフランス式に改めるため、諸隊・諸団兵・楽隊を「当分休兵」とし、陸軍学校教官・諸隊・諸団兵の中から一五〇名、喇叭卒四〇名を選んで、「伝習」のため東京へ派遣することにしている。(85)また「陸軍予備生徒」も「仏式伝習」のため大坂へ出かけ、のち三月に「今般予備隊御編束」が行われ、「毎月下旬於陸軍学校、歩操的前之稽古」が命ぜられており、(86)明治四年の初めに兵制改革が行われたようであるが、詳細は明らかでない。

表4－8　二大隊兵員割り当て

	士族数	大隊徴兵数
佐賀	2,210人	294人
白石	175	24
川久保	186	25
久保田	187	27
村田	119	16
武雄	337	42
諫早	431	58
多久	268	36
須古	188	25
神埼	133	18
神代	142	19
深堀	121	17
鍋島守五郎	129	17
鍋島良一	124	16
鍋島縫殿助	120	15
大隊	（1割3分3厘余）	649人

前出「庁其外達帳写」より。

明治四年六月に始まる改革の一環として、「今般兵制御改革、常備二大隊御編束、余者地方順次ニ予備兵御編束」とあるように、兵制改革を行って、常備二大隊と各地に置かれた予備兵に編成しようとした。大隊は「凡入隊ハ士族を以先とし、其人を不得時ハ卒族之俊秀ナル者定用スルハ可然」しと、士族を優先して入隊させることにしている。大隊を構成する兵員は表4－8のように、佐賀を始め各地の組の士族数に一割三分三厘余の率で割り付けられ、総勢六四九人であった。予備隊は「土着之制を以、地方順路ニより数十番之小隊相立置、臨時発征之用意ニも可相成」しと、士族土着と関連させながら、小隊で編成されて臨時の出

表4－9　多久団の大砲・小銃数（明治2年12月か）

大　　砲		
長忽微砲	1挺	（ランケ）
六角銃六封度	1	
アルムストロング六封度	1	
六施条四封度	4	（4封度半銃）
三百目	1	
二百目	1	
百　目	1	
山戦銃三封度	3	
十三寸臼砲	4	（モイチール）
小　　銃		
向込エンフィールド銃	446挺	新御備共261挺 仕直し185挺
雷　銃	153	
ヒポティ銃	96	
線　銃	4	
ヘンディ銃	37	
八角銃	1	
スターフ銃	1	
馬乗筒	2	

多久家文書「多久家大砲小銃帳」（仮題），「多久家大砲小銃附属品帳」（仮題）より。

表4－10　武雄私領銃砲数

（明治4年6月）

大　　砲	門
6ポンドアルム銃	4
6ポンド線銃	2
4ポンド（線銃カ）	3
24ポンド臼砲	2
12ポンド臼砲	1
3ポンド（臼砲カ）	4
8ポンド線銃	1
小　　銃	**挺**
スペンセル銃	340
レミットル銃	60
跡込線銃	130
向込線銃	20
雷銃	300

武雄鍋島家文書「大小銃并付属品仕分帳」より。

動に充てられた。

したがって旧私領地に置かれた軍団は、藩庁の軍事掛の管轄下の予備隊に編成されたのであり、「軍団所之儀軍事掛出張所之名目」に改められた。そして軍事掛出張所が白石・神埼・川久保・多久・武雄・須古・諫早・神代・深堀の九か所に置かれた。なお村田軍団は白石軍団、久保田軍団は「御藩下」（佐賀城下住の家臣団）に合併された[87]。このような新兵制の編成の中で各軍団は解体され、さらに旧私領地に対する藩庁の集権化が進んでいくことになる。この点は同年六月に始まった改革の一つの重要な内容を示すものとして注目されよう（明治四年六月の改革については第三章「行政機構の改編」参照）。

なお、明治二年末頃の多久団の大砲・小銃の所有状況は表4－9、明治四年六月の武雄団のそれは表4－10のとおりである。廃藩置県後の明治四年九月の旧佐賀藩の大砲・小銃調査によると、旧藩政府管轄の武庫囲が大砲一〇一門と小銃四三九四挺、東京囲が大砲六門と小銃七四挺、大坂囲が大砲六門と小銃一七挺、諫早・深堀等の旧軍団が小銃二六九七挺（大砲数は不明）であった(88)。

おわりに

佐賀藩では明治二年三月の藩治規約による改革が始まった頃に、兵制改革に取り組み始めていたが、翌四月に従来の大組制に代わって大隊制が採用され、常備五大隊、予備三大隊の計八大隊制となった。いうまでもなく、これは銃砲中心の軍事編成へ移行したことを物語っているが、同年九月には遅くとも兵員の選抜が行われているのが確認できる。

明治三年正月には兵士の訓練強化のために、八大隊制を常備四大隊、十月には常備三大隊としたが、翌四年六月には旧私領地の藩士をも対象として常備二大隊に編成替えした。ここに佐賀藩全域にわたる新兵制が実現したのである。こうして明治二年から四年にかけて、佐賀藩では藩内の統一的、近代的兵制を採用して軍事力の増強を行っていったのであり、軍事力としては幕末の段階よりも一層強化されたと思われる。

明治二年四月に地方知行が廃止され、各私領地には郡令所が置かれたが、郡令には私領主の一族やその家臣が任ぜられてその地域の支配に当たった。そして財政的には私領地を単位とした運営が行われ、また各私領地に団結が置かれたことにみられるように、藩内の中央集権的な支配体制が実現したわけではなかった。

この私領地郡令所が明治三年十月の「藩治職制」の下でどのように変化したのか明らかでないが、明治四年六月には新兵制採用に伴い、各地の軍団が解体されて軍事掛出張所となり藩庁の直接管轄下に入った。廃藩置県後の八月末にはこの軍事掛出張所が、「先般常備兵之儀元団士其外混同ニて、如形御編束相成候ニ付而者、兼而練兵之設等於出張所不相及方ニ可有之」として廃止され、出張所の武器類は藩庁の武庫所へ引き揚げることになった[89]。

このような軍団所をめぐる動きのように、私領地郡令所においても藩庁による統一的支配の方向が進められたと思われるが、それが最終的に実現するのは、明治四年四月に明治新政府が出したいわゆる「戸籍法」を受けて行われた、同年七月の大・小区制の採用によってであった。その内容は「一郡ヲ分チ凡二千戸内外ヲ以テ第何番大区トシ、八百戸或千戸ヲ以テ何番小区トシ、五十戸或百戸ヲ以テ何番組ト定メ」るというものであり、藩全域を三四大区に分けることにしていた。大・小区制は私領地郡令所の存在を否定するものであったといえるが、その方針が出されたのは明治四年七月の廃藩置県直前のことと思われる[90]。

（1）以上の慶応期の佐賀藩の軍事的課題の内容については、拙著『幕末期佐賀藩の藩政史研究』第十章「文久・慶応期佐賀藩の富国強兵」（九州大学出版会、一九九七年）参照。

（2）鍋島文庫「肥前藩治規約」（鍋島報效会蔵・佐賀県立図書館寄託）。以下断らない限り引用史料は鍋島文庫である。なお明治二年三月に始まる改革については本書第三章「行政機構の改編」参照。

（3）前掲拙著第九章「幕末期佐賀藩の軍制改革」三八九～三九一ページ。

（4）明治二年「日記」（鍋島市佑家）。

（5）『鍋島直正公伝・第六編』四六四ページ（侯爵鍋島家編纂所、一九二〇年）。以下『鍋島直正公伝』は『公伝』と記す。

（6）『多久の歴史』二一二ページ（多久市役所、一九六四年）。

（7）「肥前藩日誌」。

（8）元治元年「佐賀藩拾六組侍着到」。

(9) 明治二年「日記」（鍋島市佑家）。

(10) 多久家文書慶応四年九月より「御納戸方日記」（多久市立郷土資料館蔵）。

(11) 明治二年二月に火術方を陸軍所と改称した（明治二年「請御意」）。

(12) 「肥前藩日誌」。

(13) 慶応四年九月より「触状写」。

(14) 「肥前藩日誌」。

(15) 前出多久家文書明治二年四月改「御勝手方日記」。

(16) 『公伝・第一編』七三ページに「元来藩の組織は家中の士卒を十五組に編成し、大組頭の下に諸組頭ありて、之を寄親組子《よりおやくみこ》と称へ、恰も家族の如くに家中は団結親和したり」とある。

(17) 「肥前藩日誌」。

(18) 組扱について『公伝・第三編』二五ページに、「組扱は大組頭の書記にして、組内の雑務万般を処弁し、諸役所に往復し、布達を為す等繁劇なる職にして、平士の才幹ある者を選用す」と述べている。

(19) 明治二年「日記」（鍋島市佑家）。

(20) 前出多久家文書明治二年九月「軍事局日記」（明治二年八月中「家政局日記」所収）。この九月に軍事局は常備五大隊と予備三大隊に隊監を二人ずつ置くことにしているが（明治二年「御意請・下」）、その職掌内容は明らかでない。

(21) 「佐賀県史料・六」（内閣文庫「府県史料」、国立公文書館蔵）。なおこの十月に、「炮術之儀是迄、蘭式ニ依稽古有之候処、先般御軍制英式ニ被相定候付而者、一刻も右伝習無之而不相済」とあるが（明治二年「御意請・下」）、詳細は明らかでない。

(22) 右同。但し家禄・給禄は地方知行の廃止と関連しているが、そのことはここでは触れない。

(23) 明治三年正月より十二月迄「達帳　家事職」。

(24) 前出「佐賀県史料・六」。

(25) 『公伝・第六編』五二一ページ。なお表4－2中の鳥雲隊は「本佐賀藩鳥雲隊之義、博多鎮台江出兵之隊費、辛未十月以後之分御下渡相成度」と佐賀県から大蔵省へ願い出ているように〈佐賀県明治行政資料明治五年六月より九月迄「官省進達」〈佐賀県立図書館蔵〉〉、廃藩置県後に博多鎮台へ派遣されている。

(26)明治二年七月より「日記　家令録事」。

(27)明治二年正月より「日記」。

(28)明治二年七月より「日記」。

(29)明治三年五月「仮日記」。なおこれらの軍艦の買入年月や積高、装備銃砲については、拙稿「佐賀藩における明治二年の藩政改革」(『香川大学教育学部研究報告』第I部八一号、一九九一年)の表15に示しておいたので参考にしていただきたい。

(30)『佐賀藩海軍史』二二八、三六一ページ(知新会、一九一七年)。

(31)「肥前藩日誌」。

(32)佐賀藩の家臣団と地方知行との関係については、黒田安雄「佐賀藩における知行地の存在形態」(『九州文化史研究所紀要』第二六号、一九八一年)、高野信治「幕末期における佐賀藩家臣の構造」(『九州文化史研究所紀要』第三一号、一九八六年)、同「近世中期地方知行(給人知行)に関する一考察―佐賀藩『切地』・『上支配』政策の分析を中心に―」(『史淵』第一二五輯、一九八八年)がある。なお佐賀藩の幕末の家臣団知行をみると、地方知行は高二五石(物成一〇石)までであるが、このほかに切米・扶持米知行があり、切米は二〇〇石(知行高五〇〇石)から一〇石(同二五石)まで、扶持米は四十人扶持米七二石を最高に、最低は五人扶持米九石となっている(嘉永四年「分限着到」)。

(33)「肥前藩日誌」。

(34)右同、武雄鍋島家文書「御書付写」(武雄市図書館・歴史資料館蔵)。なお佐賀藩には小城・蓮池・鹿島の三支藩があったが、この頃本藩は支藩の存在を否定して「藩の統一的統治機構の樹立」を行おうとしたという(長野暹「肥前蓮池藩の藩体制とその解体過程(二)」〈佐賀大学〉『法経論集』第一〇巻第二号、一九六二年。のち『「佐賀の役」と地域社会』所収。九州大学出版会、一九八七年)。

(35)前出多久家文書「諸触達控帳」。

(36)「肥前藩日誌」。
(37) 右同。
(38) 慶応四年九月より「触状写」。
(39) のち九月に「今般大小配分被相止候、土地人民一切郡政局ニ被相総候ニ付」として、大庄屋・境目庄屋・大小山留が廃止されている（佐賀市野中萬太郎氏蔵「御改革ニ付巳九月以後諸達帳写」）。
(40)「肥前藩日誌」。
(41) 明治二年「御意請・下」。
(42) 前出「佐賀県史料・六」。
(43) 右同。
(44) 前出武雄鍋島家文書「巳諸控」。
(45) 慶応四年九月より「触状写」、前出多久家文書明治二年八月「家政局日記」。
(46) 前出「巳諸控」。「早渡高」米八〇石が白石・武雄・諫早・多久、米六〇石が久保田・川久保、米五〇石が村田・須古・主水殿・神代・深堀、米二〇石が守五郎殿・監物殿・縫殿助殿、一人に付四俵（約米二〇〇石）が元地方取五〇石以下となっていた（慶応四年九月より「触状写」、前出多久家文書明治二年八月「家政局日記」）。
(47) 前出「巳諸控」。
(48) 前出多久家文書「佐賀藩政府へ口達控」（仮題）。
(49) 前出多久家文書「諸控」（仮題）。
(50)『公伝・第六編』四二一・四二二ページ。
(51)「肥前藩日誌」。
(52)『公伝・第六編』四二二ページ。
(53) 明治二年「日記」（鍋島市佑家）。

(54)前出「佐賀藩政府へ口達控」(仮題)。
(55)「肥前藩日誌」。引用史料中の「団結所」は以後の史料には「団結」とあるので、以下団結とする。
(56)明治二年「御意請・下」。
(57)前出多久家文書明治二年九月より十二月迄「役所日記」。
(58)右同。
(59)前出武雄鍋島家文書「巳諸控」、前出多久家文書明治二年九月より十二月迄「役所日記」。
(60)郡令所の遣料については十二月の史料の中に、「夫料口米之義一般共御取納之上、郡令所御遣料之義者被差出義ニ候事」とある(前出明治二年九月より十二月迄「役所日記」)。
(61)前出多久家文書明治三年正月より「中館日記」。
(62)「肥前藩日誌」。
(63)前出多久家文書明治二年九月改「御家従方日記」。
(64)前出明治三年正月より「中館日記」。なお旧私領地多久領における農民への郷内仕法金米貸付高の金四四四両余・米一九九四石余が「諸郡令引付筋」となっている。
(65)前出「佐賀藩政府へ口達控」(仮題)。
(66)前出明治二年九月より十二月迄「役所日記」。
(67)明治二年「御意請・下」。
(68)前出多久家文書明治二年九月「軍事局日記」(明治二年八月中「家政局日記」所収)。
(69)前出明治二年九月より十二月迄「役所日記」。
(70)明治二年「請御意」。
(71)先述したように八月から軍事局小弁務を一人ずつ選んだ時は一一人となっているが、どこが増えたのか明らかでない。のち十二月には「軍団」として一〇か所の団結のほかに「神埼団」が記されている(前出「佐賀県史料・七」)。

(72)『藩制一覧・二』四三〇ページ（東京大学出版会、一九六七年）によると、当時の佐賀藩の兵力は六大隊で、砲三六門、士官八六四人、砲士一八〇人、兵士一四四〇人、砲卒一〇八人、兵卒二六〇人、楽卒一二〇人となっている。
(73)前出武雄鍋島家文書「庁其外達帳写」。
(74)前出佐賀県明治行政資料明治四年九月より十二月迄「達帳」。
(75)表4－4参照。なお奇勝隊は明治三年五月に皇居守衛のために上京しており、鍋島閑叟の前で操練を行っている（『公伝・第六編』五二一ページ、「直正公御年譜地取」〈『佐賀県近世史料・第一編第十一巻』。二〇〇三年〉）。また鳥雲隊は同年十二月に東京に出張している（前出「直正公御年譜地取」）。
(76)前出「庁其外達帳写」。
(77)前出多久家文書「折衝隊編束人数割」（仮題）。
(78)「肥前藩日誌」。
(79)前出「庁其外達帳写」。なお各組の組扱の補金の内容については、拙稿「明治初年の佐賀藩における地方知行廃止と『藩治職制』」（『近世日本の政治と外交』。雄山閣出版、一九九三年）の表13で示しておいたので参考にしていただきたい。
(80)以上、前出明治四年九月より十二月迄「達帳」。
(81)前出「巳諸控」。
(82)前出「庁其外達帳写」。なお明治四年以後の士族土着については、長野暹「佐賀地域における明治初期の士族授産」（佐賀大学地域文化総合研究会『地域文化研究・Ⅰ』、一九八七年）に詳述されている。
(83)前出「庁其外達帳写」。
(84)右同。
(85)前出佐賀県明治行政資料明治四年正月より四月迄「達帳」。維新政府は明治三年十月に各藩に対して、陸軍をフランス式に編制するように命じており（「太政官日誌」明治三年第四一号〈『維新日誌』第二巻。名著刊行会、一九六六年〉）、これを受けての措置であったと思われる。なおここにいう諸隊とは徴兵によって編成された大隊ではなく、先述した折衝隊・長城隊・勇方隊・雷震隊を指していると思われる。折衝隊は諸団の混成隊であったが、その他の隊の構成は明らかでない。

(86) 右同。

(87) 以上、前出「庁其外達帳写」。なおこの時の兵制について前出「佐賀県史料・六」には、「陸軍二大隊砲兵一小隊ヲ精選シテ、常備隊ヲ編成シ、余ハ予備兵トス」とある。

(88) 前出佐賀県明治行政資料明治四年七月より十二月迄「官省進達」。

(89) 前出「庁其外達帳写」。

(90) 「七月」と記されている「戸籍編製」の達の中に、「藩庁ヲ根軸トシ」という文言がある（前出「庁其外達帳写」）。

第五章　財政構造の変質

はじめに

幕末期における佐賀藩財政にとっての大きな課題は、文政末から天保初年にかけてみられた、年貢収納を基本とする近世的な藩財政の実態とは程遠く、大坂・江戸などの商人からの借銀に依存しなければ藩財政を維持できないという、藩体制の存続にも関わる破滅的な財政状態の克服にあったといえよう。(1)そしてその克服のための基本的な方向は、年貢等の米収納を基盤として藩財政が維持できるような、「有米遣合」体制を作り出すことにあった。負債整理にともなって、弘化に入って藩財政が立ち直りの様子を見せ始める中で、嘉永六年から有米遣合の実現を目指して具体的な財政政策が実施されていった。(2)

佐賀藩では近世初期以来、藩財政とは別途会計で小物成方の管轄する収入が御側の懸硯方に納められており、これらは軍事・非常用に充てられ機密的な性格をもっていた。もちろん藩財政への補塡が行われる場合もあったが、原則は藩財政とは独立した、いわば懸硯方財政とでもいうべきものであった。この意味で佐賀藩財政のありかたは、藩財政と懸硯方財政という二元的財政構造をとっていたのである。

幕末期とくに嘉永以降において長崎警備体制の強化にもとづく軍事力増強が取り上げられてくる中で、その財源確保のために、懸硯方に納められる小物成方収納高の増加・拡大の方針がとられるとともに、白蠟・石炭・茶など貿易品の確保やその流通統制、懸硯方管轄金の貸付運用による収益など、いわゆる「懸硯方仕組」が積極的に実施された。

こうして軍事力増強のために、懸硯方のもとで諸収益の確保・増大を第一義的に実施していくことを目的とする、「懸硯方体制」が強化されていったのである。そして藩財政に残金があれば懸硯方へ納め、その代わり不足が出た場合には懸硯方から藩財政へ廻すという、「過不足共懸硯方引合」の方式が嘉永五年からとられている。これは従来の藩財政と懸硯方財政という二元的財政構造を修正したもので、懸硯方が藩財政の運営と深く関わってきており、藩財政はそれ自体として自立しえずに懸硯方の管轄下に組み込まれたといえよう。この懸硯方中心の財政運営は安政末で中止されたようである(3)。

これ以後も懸硯方が佐賀藩の軍事力強化に大きな役割を果たしていくのはいうまでもないが、一方、これまでも当然のことながら軍事力増強の費用が出されていた藩財政においても、従来より一層軍事支出を増やしていく方向をとっている。そして慶応二年には「軍国備仕組」を実施して、毎年恒常的に一定額の軍事費を拠出する状況を作り出そうとしており、佐賀藩財政は軍事的色彩を強く帯びることになった(4)。

以上述べてきたような特徴をもつ幕末期の佐賀藩財政が、徳川幕府の崩壊、戊辰内乱の勃発、維新政府の成立という激動を経て、行政機構の改革(5)、藩兵組織の改編、近世初期以来続いた地方知行制の廃止(6)などが実施されていく中で、どのような変容を遂げていくのであろうか。明治初年における佐賀藩財政のあり方について、藩財政の具体的状況や懸硯方財政との関連を踏まえて検討してみようというのが本章の課題である。

表５－１　慶応４年閏４月以後の戊辰内乱佐賀藩出動人員（9月4日現在）

1,926人	当閏４月より野州今市口出張 内　400人・奥州白河口へ精選出張 470人・多久与兵衛一手右同断 300人・野州今市口出張 756人・休兵仰せ付られ候得共，打追出張
2,851人	羽州庄内出張 内　1,060人・去７月家老鍋島上総羽州出張 （兵隊 760・兵夫 336・武具方其外役々 18） 1,094人・去８月羽州出張 （兵隊 606・兵夫 488）
584人	少将（鍋島直大）供廻り
計 5,361人	

鍋島文庫明治元年９月「日記」より。

一　戊辰内乱と藩財政

慶応四年正月三日の鳥羽・伏見の戦いに始まる戊辰内乱に対して、佐賀藩が維新政府軍の一員として積極的に参加していったことはすでに指摘したところであるが[7]、同年九月に維新政府へ提出した閏四月以降の佐賀藩の出動状況は表５－１のようになっており、合計五三〇〇人余の動員を行っている[8]。これらの出動に要する費用としては、鍋島孫六郎と鍋島上総の「北越出張之兵隊賄料其外」が、それぞれ金一万二〇二六両余と一万二五二六両余になっており[9]、全体的には莫大な出費になったと思われる。藩財政とは別途会計の御側に属する懸硯方が管轄し、軍事用に充てられる蔵納金[10]のうち慶応四年の支出分は表５－２のようになっているが、軍用金として多くが出されており、二月十九日の「両替用下金」、閏四月十八日の「外向振替」も軍事のためのものだったであろう。

このような戊辰内乱への佐賀藩の動員体制の下で佐賀藩財政も圧迫されており、藩主鍋島直大の横浜裁判所副総督としての横浜滞在費についても、「横浜御遣料御手支之処、当今銀配無之ニ付、

表５－２　慶応４年の懸硯方蔵納金支出

年　月　日	項　目	金　高
慶応４年２月19日	両替用下金	金小判15,000両
慶応４年２月19日	軍用下金	一分銀2,000両・二分金50,000両
慶応４年閏４月10日	軍用下金	一分銀21,000両
慶応４年閏４月18日	軍用下金	金小判7,000両・一分銀8,000両
慶応４年閏４月18日	外向振替	一分銀10,000両
慶応４年５月26日	軍用下金	一分銀9,000両
慶応４年６月11日	軍用下金	金小判8,000両

「御蔵納帳」より。

諸役所節《(マヽ)》前渡備銀之内ゟ一先御振替被差越」という状態であった[11]。そして閏四月に領民へ、「御目安向之儀追年大御臨時打続、莫太《(大)》之御明目相立、当今運之道無之」として「永納調達」を命じ、千両の調達をしたものには返済までの間米二〇石宛毎年渡すことにしている[12]。

また当時大砲の鋳造が必要であったがその財源にも不足しており、「大銃方御遣料之儀御銀繰無之、当折柄鋳造方等致遅々候而者不叶儀ニ付而者、左之役所役内銀之内書載之通一先取替ニ〆、御蔵方江差出相成候様」として請役所金一二〇両、弘道館五〇〇両、宗門方三〇〇両、勘定所一六〇両、盗賊改方四八〇両、諸代官所一〇〇〇両の計金二五六〇両が大銃方へ廻されている[13]。代官所からの「取替」が多いのが注目される。

会計年度が慶応三年から明治元年にかわる十月より、次の方針の下に藩の各役所の支出削減を図ることにした。

当今之時勢御軍資専務之義ニ而、如睦之筋可成丈簡便を以御取計可相成、今般官制被仰出局々被相寄候、就而者上々様御遣料諸役所遣料之義、去ル亥年被相定置、一昨寅年猶又御仕組被相達置候得共、御入増而已達出相成候、其通ニ而者決而不相済、当節之義左ニ書載之通被相定候条、屹度御省略相成、御仕成来之筋たり共被相替、万端御仕組通行届候様役々差部相整、一ヶ年遣余御仕組所達出相成候様、自然御入増等達出相成候共不被差出義候、将又御臨時筋之義ハ其時々御仕組所ニおいて、御吟味相成義候条

筋々懇ニ可被相達候

引用史料にある「今般官制被仰出局々被相寄」るというのは、八月に行われた藩行政機構の改編のことである。[14] また「亥年」＝文久三年と「寅年」＝慶応二年にも諸役所遣料の削減が実施されていた。[15]

新たに決められた諸役所遣料のうちで、「打追之通」とあるのは前年の通りということであるが、この中には「諸寺社祭料」と「御祈祷料・御仏具料・御法事料」に、「右両廉之儀、寅年御仕ニ而御減略相成居候ニ付、打追之通」とあるように、寅年＝慶応二年の「軍国備仕組」[16] によってすでに減らされたものをも含んでいる。したがってこの明治元年には「軍国備仕組」で実施されなかった項目が削減の対象となったと思われる。

「寅ゟ卯見合」は慶応二年の仕組を基準にしてということであるが、その方法は「諸般凡半減之楯組」とされており、[17] おそらくこれを適用して決められたのであろう。そのほか「辰十月以後御定」とあるのはこの十月に新しく決められたことを示しており、また「六部通」・「弐部通」・「五部引」などがある。支出が増えているのは御納戸の銀一五〇貫で、理由は「大坂航海船賃高直」、「不時往来相増」というものであった。[18] このように明治元年十月に始まる諸役所遣料の削減は、基本的には慶応二年の軍国備仕組の方針が踏襲されているといえよう。

なお諸役役料は「打追之通」とされたが、十月に入ると「当折柄之時勢ニ付、御親類始役料之儀、一先被相省方可有之吟味」があり、その支給中止が検討されている。そして結局は「当節御仕組付而ハ格別骨折候処、役料不被下候通ニ而ハ不相済、今一往遂吟味候様被仰出、難有儀ニ御座候得共、諸方出勢も被仰付、右ニ付而ハ御軍用も時々被御行届兼候御半、何分如睦之役々打追頂戴難仕」として、親類から着座[19] までがこれまでの三分の一、侍が半分に減らして支給されることになっている。[20]

藩財政収入の中では家臣団からの献米が重要な部分を占めていた。[21] 慶応元年の藩財政予算書では三万三〇二六石余が見積もられ、収入予定の二一パーセントとなっている。この献米の率は家臣の知行高により、またその年により異なっていたが、明治元年分については「御家中差上候献米之儀ニ付御目安向取調候処、諸御遣料格外御省略被相整候而も、当春以来御両殿様御上京を始、様々大御臨時之筋其外取束、莫太(大)之御不足高と相成、其上御臨時御備一向無之ニ付而者、是又金高之御備相成居候半而不相叶、彼是御運振別而御六ヶ敷有之候付」と、戊辰内乱時の莫大な臨時の出費を理由として、昨年通りの献米を実施することにしている。[22]

この時「当今非常之折柄ニ付而、御軍用金莫太(大)之御入用」に充てるために、領内の天台宗東西門中から金六〇〇両、川上実相院一派中から金二六〇両の献納が行われているが、[23]十二月には「御軍用金、御懸硯方御米代金等大坂表預金より、壱万八千両請込御軍用筋取計」とあり、懸硯方管轄の米代金などの大坂預金《あずけきん》から一万八〇〇〇両廻すことにしている。[24]戊辰内乱にともなう軍用金の確保が大きな課題であったのがわかる。

この十二月には以後三年間の藩主一族の支出抑制を行う次の方針が出された。[25]

当春以来御出勢其外、誠ニ莫太(大)之御用途ニ而、御内外共御運必止与御差支相成、不被得止処より、御金庫をも御啓相成候程之儀ニ付而者、万般尚又出格之御省略相成、第一御身許御仕成を始、上々様并御連枝方御取合向等、全破格相成候様被思召候付而者、先以向三ヶ年之所、年始暑寒其外表向者勿論、御内々取合向ニ而も一切御取止相成候様、尤御親子之御情合等ニ而、不被得止御振合も有之節者、其時々達出相成候様被仰付儀候

「御金庫をも御啓相成」るとあるのは、先述した懸硯方蔵納金の支出を指しているのであろう。「万般尚又出格之御省略」、「年始暑寒其外表向者勿論、御内々取合向ニ而も一切御取止」という徹底したものであった。

明治二年に入ると三月に、鍋島閑叟と藩主鍋島直大の東京での滞在費が問題となっていることを示す次の史料が雑務方から出された。[26]

昨年来御両殿様御上京御遣料を始、大御臨時打嵩、御目安向莫太(大)之御不足相立居候処、今又御両殿様東京被遊御越候、御用途取束候而者、別紙御目安書副之通御不足相立、何れと御差繰之筋無之ニ付、大坂商法会所其外

ニおいて、月々御用途之金高銀調相成候通、御手筈被相付方ニも可有御座、併莫太《(大)》之金高何分届合可申哉、更以目計不相立御苦配之御事候、然所御両殿様東京御越御遣料、当時御目論見相付居候金数ニ而ハ、漸御旅中を入れ弐ヶ月位之御用途ニ相当事ニ而、自然前断銀納不届合儀共有之候ハヽ、到其期御不興相成候儀眼前ニ而、誠以恐縮之次第ニ候、就而ハ何れ之通御運被相付候而可然哉、厚御讃談有御座度、政府被相達方ニ者有之間敷哉之事

戊辰内乱開始以来の支出増加のため、「目安向莫太《(大)》之御不足」であり、「更以目計不相立御苦配之御事」といい、予定の金高では二か月分くらいにしか当たらないとしている。なお引用史料中に、月々の金高を「大坂商法会所」で調達するといっているが、前年の十二月に「大坂商法筋金穀等之出入、初発ゟ当九月迄目安納帳、向巳二月十五日迄之内皆式相済候様之事」とあり(27)、明治元年九月以前からすでに大坂商法会所が活動しているのがわかる。

明治元年八月の官制改革でこれまで御側で取り扱ってきた「国産仕組」を、すべて御側から離して藩政府の臨時方の管轄下に移しているが、藩財政とは別途会計になっていた御側管轄の懸硯方収納金についても、明治二年正月に職制改革の一環として「御金庫幷御収納筋之儀一切於政府取計候様」と、「御金庫」＝懸硯方収納金も藩政府の管轄に移す方針が出された(28)。しかし以後も懸硯方収納金が御側の管轄下にあったことは、明治二年六月の次の二つの史料が物語っている(29)。

羽州被差越候蓮池兵隊軍資及払底候付、早急被差越度旨申越候、然所内庫銀之儀も昨年来莫太《(大)》之軍資被差出、当今更ニ御銀繰不相付由、去迚可及遅延筋ニ無御座ニ付、今又一課御金庫より左之員数被差出、左候而今般内庫ゟ雑務局ニ引付之御備籾一万七千石余被御売払、代銀を以備返候通、取計相成候方ニ可有御座と吟味仕其通申達候、右者可奉伺之処前書之次第、至急之事情不得止取計為申儀ニ御座候、此段達上聞候

保字判金五千枚

去春以来羽州其外ニ出勢被仰付候者共ニ、最前御加勢米被為拝領、尚又当節被渡下候増米代銀、且上総其外江被為拝領候白銀等之儀、凡左之員数致不足候見渡ニ付、今又御府庫より被差出方ニ可有御座と其通取計、夫々被為拝領候通申達候、右者可奉伺之処、一条ニ付而者初発訳而被仰出置候振合も有之、遅延仕候而者御趣意不相振候訳ニ付、無余儀右之通取計為申儀ニ御座候、此段達上聞候

保字判金二千五百枚

前の史料は奥羽へ出兵した支藩蓮池藩兵への軍資金として、「内庫銀」＝懸硯方収納金から「保字判金五千枚」を出すことにし、今度「内庫」＝懸硯方から藩財政へ廻した備籾一万七〇〇〇石余を売り払った代銀で返済することにしている。後の史料は奥羽その他へ出兵したものへの「御加勢米」・「増米代銀」や鍋島上総らへの拝領銀などの不足分として、「御府庫」から「保字判金二千五百枚」を出すことに決めている。本来は「可奉伺」、つまり藩主の裁決を受けなければならないが、前の史料にあるように、「至急之事情不得止取計」として決定したといっている。このことから従来のとおり藩財政とは別途会計である懸硯方の体制が続いているのがわかる。

二　統一的藩財政への志向

明治二年九月に、この三月に出された「藩治規約」の方針に沿った具体的改革の方針が「民政仕組」として達せられたが[30]、藩財政に関しては同年四月の私領主の「土地人民返上」の許可、さらに八月の私領主のみならず全地方知行が否定されたことによって[31]、全藩的に統一された藩財政構造を確立することが大きな課題であった。ほかに戊辰戦争への従軍にともなう軍事的支出増大による藩財政悪化の克服とともに、版籍奉還により藩主家政が藩政から分離され、藩主家禄が藩財政収入の一〇分の一とされたことによる、家政財政の緊縮化にも取り組まねばならな

かった。

藩主家政の藩政からの分離はすでに前年の明治元年十月に維新政府が出した「藩治職制」の中で触れられており、佐賀藩の明治二年正月の「職制」改革は、御側管轄の藩政の公的運営に関する役局を藩政府へ移すなど一部それを実施していたが、同年三月の「藩治規約」の公布に際して御側は家事職と名称を変えており[32]、ここに藩主家政を藩政から分離する方針が打ち出されたといえよう。そしてこのことは近世初期以来の藩政府・御側の二重的行政機構を否定し、ひいては藩財政と御側懸硯方財政という二元的財政構造を一元化させていく第一歩であった。

明治二年度の会計年度が始まる十月からこれらの問題を解決していく形での具体的な藩財政の運営が検討されたと思われるが、「今般御藩政之御楯与相成候ニ付」との文言がみえるのみで[33]、その内容は明らかでない。しかし少なくとも「今度御家禄御引分ニ付而者、御側細大之御用途一切被御取賄、勿論非常之御貯も無之而不相済ニ付、乍恐上様御始御不自由無御厭、御節縮被遊候付、諸役尚又加省略、聊御費無之御趣意致貫徹候様、下々迄懇ニ可被相達候」とあるように[34]、「家禄引分」という事態の中で、御側の倹約を始め藩財政全般の緊縮が問題となっていた。

九月に藩政府は「銀米出納方法」を改定しているが、その中に新しい藩財政運営に関すると思われる箇所を抜き出してみたのが次の史料である。

一御家禄ハ雑務局ヨリ御定ノ通引分差上候事
一各局御遣料皆式金渡之事
一官俸ハ等級ニ随ヒ月給、皆式金ニテ翌月頭々に被相渡候事
一旅勤ハ月給ノ上ニ支度料、扨又一日ニ路用何程滞勤料何程ト、等級に随被相定、別段補御合力等無之候事
一御蔵米ノ内ヨリ御家中切米被相渡候事
一切米高百弐拾俵以下ハ半高現米半高代金、百弐拾俵以上ハ六拾俵現米其外ハ代金ニテ被相渡候事

一米渡方ハ四季ニ相調候事
一金ノ儀ハ何レモ雑務局ヨリ被相渡候事
一多久・武雄・諫早・白石・神代・深堀・川久保・須古・久保田等団結之士卒ハ、其場所々々等へ御蔵被相建、其所々々ニテ月割之通渡方可相成、尤金渡方之義ハ郡令所ニテ雑務局ヨリ其時之請込渡方相成候事

藩主家禄は雑務局から渡すこと、各役局の遣料は金で渡すこと、官俸は月給として渡すこと、旅勤めは従来のように「別段補・御合力」ではなしに支度料や滞勤料を渡すこと、家中への切米は蔵米から渡すこと、切米は現米と代金で渡すこと、旧私領地の士卒へは該当する地域の蔵から月割で、金の場合は郡令所から渡すことなどがわかり、また米は九月・十二月・三月・六月の四回に分けて渡すことにしている。一定額の家禄が藩主へ渡され、また旧私領地の武士団には藩政府から米または金での支給が行われており、新しい財政運営の一端を知ることができよう。この十月からは十二等官制を採っている。[35] なお「藩治規約」では藩行政の職階は七等官制であった。[36]

ところで、懸硯方収納金については、先述のように明治二年正月に藩政府の管轄に移すという方針が出されていたが、明治三年正月からそれが具体化していることを示しているのが、内庫所の山崎忠兵衛から出された次の史料である。[37]

当春御金庫を始、御懸硯方銀米不残外向被差出、御側御入用之分ハ引分差上候様被仰出置候処、今般御家禄御定相成候ニ付而者、右御入用引分御取納可相成様無之、惣而者此後於御側も不意之御臨時も難計候処、一金之御貯も無御座而者、時ニ依り御手支も可有御座ニ付、御金庫其外現米銀ニ而被差出候外、帳面前残銀丈之処者、打追御側被御囲置儀候

「御懸硯方銀米」はすべて藩政府へ差し出すが、御側の臨時の出費もあるので「現米銀」以外の「帳面前残銀」、つまり現在運用中のものについては、御側の管轄下に残しておくというのである。「帳面前残銀」を除くという限定

はあるが、懸硯方収納金がここに藩政府へ移管されたのである。なおこの時どの程度の銀米が移されたのかは明らかでない。

この明治二年度の藩財政の決算書が表5－3である。（イ）の歳入では「正税」が七六パーセント、「臨時納」が一五パーセント、「小物成」が六パーセントで、その他に「諸運上」と「返納」が計上されている。小物成と諸運上はこれまで懸硯方に納められるものであったが、藩政府の財源へ移管されているのが確認できる。臨時納は前年残金一五万九八五三両と大坂前年残金八万一〇五〇両が多く、両者で約三五万両のうち二四万両余を占めている。この「残金」が黒字の繰越分であるのかどうかは検討を要するところであろう。

（ロ）の歳出では、「家禄」が三七パーセントで最も多く、「陸軍費」二〇パーセント、「諸借財元利払」一一パーセント、「臨時雑出」五パーセント、「官禄」四パーセントの順となっている。五パーセント以上を占める項目の内訳をみると（（ハ）参照）、家禄は藩知事家禄と家臣団家禄があり、藩知事家禄は金換算すると一八万八三〇三両となり、歳入総金高二二三万一六一四両の一〇分の一の二二万三一六一両よりも約三万五〇〇〇両少なくなっている。陸軍費では奇勝隊・勇方隊・鳥雲隊の東京出兵費が多く合計金二二万九〇〇四両、次いで旧私領地の諸団所関係が金に換算して一〇万七〇一六両、諸大隊其外兵給代金が金九万八二四八両となっており、諸大隊の維持費と東京への出兵費用が多額を占めている。

諸借財元利払のうち「物産所費用」が多い。物産方は明治元年九月に臨時方が名称を改めたもので[38]、この物産方で必要とする資金を借り入れた分の返済に充てられたのであろう。「大坂年賦金渡リ」が約一万六〇〇〇両となっている。臨時雑出の中に大砲・小銃等の武器の買入費がみられない。陸軍費の中にもないことは、この年に全く武器を買い入れなかったとは思われず、藩財政とは別の財源から支出されたのではないかと思われる。

以上の検討からわかるように、明治二年十月以後の藩財政においては、私領地を始めとする地方知行地廃止後の佐賀藩の全藩的財政の実現、また御側の懸硯方収納である小物成・諸運上の藩財政への組み入れにみられるように、藩財政の二元的構造の解消を図ろうとしているのが窺える。しかし物産方の活動内容や武器買入の事情など、藩財政にははっきりした形で表われない部分がまだ残っていることも事実であった。なお明治二年度の雑税収入銀は一〇〇二貫となっていた(39)。

明治二年六月に版籍奉還を認めたとき、維新政府は各藩へ領国内石高や租税高、諸役所一か年費用、藩士卒数及びその禄高などを調査して、この十月に提出することを命じたが(40)、佐賀藩は翌三年四月頃に報告している。このう

表5－3　明治二年度の歳入・歳出決算書

（イ）歳入の部

項目	米（石）	金（両）	総金（両）	％	内訳
正税	一九〇、七三五		一、七一六、六一五	七六	口米・反米入テ
小物成	一五、一九八	一三、七一〇	一五〇、四九二	六	米一五、一八三石・郡継宿継料其外 同一石・神代郷須杭成 同五石・須古郷竈成
計	二〇五、九三四	一三、七一〇	一、八六七、一一六	八三	
内売米	六七、八九〇	代金六四六、六六三			但石ニ付九両替
石代納	一七、二九〇	代金一六一、〇七九			但石ニ付九両替
差引残	一二〇、七五三				
諸運上		一五、二四二	一五、二四二		
返納		一、一六八	一、一六八		金一一八両・勇方隊ヨリ官俸取納越返納 同一、〇五〇両・仮渡金返納

	臨時納	総計
	二七七	二二二、〇三一
	三四五、五九五	一、一八三、四五八
	三四八、〇八八	二、二三一、六一四
	一五	
	米一五五石・前年残米 金一五九、八五三両・前年残金 米二二石・大坂前年残米 金八一、〇五〇両・大坂前年残金 米四〇石・大坂見差米納 金三五〇両・京都前年残金 金四、五〇〇両・東京同 米五九石・県地見差米納 金四、三〇八両・羽州出兵ニ付大蔵省ヨリ御下渡金 金一六、七七〇両・前知事ニ御賞典米代金大蔵省ヨリ同 金三一、〇二一両・勇方隊官俸其外兵部省ヨリ同 金七、五七二両・勇方隊兵食料同 金四、四九五両・延年艦費用同 金一、一一六両・東京邸献邸ニ付同 金四八五両・決算局ニ於テ諸局ノ官員米金取納越等ノ分ヲ取越分ヲ納 金一八七両・諫早永昌官宅仕払代金納 金一、四二一両・不用官物仕払代金納 金三三九両・元長崎邸不用官物仕払代金納 金一、五四八両・人工調貫米代金納 金一九、三六八両・囲籾払下代金納、但籾摺米二一、二三三石代金一八九三九両内納 金一一、〇〇六両・同上、但米八一〇石代金七、八四一両内納 金二〇〇両・売米	

（ロ）歳出の部

官禄		一〇一、五八一	一〇一、五八一	四
家禄	六六、一二五	二四七、八八四	八四三、〇〇九	三七
庁中諸費		六、四三六	六、四三六	
諸出張所	三、〇三四	三一、一二四	五八、四三〇	二
諸料米	五、四八〇	三、二三四	五二、五五四	二
路費		五九、二二八	五九、二二八	二
陸軍費	一一、五一四	三五〇、一〇四	四五三、七三〇	二〇
海軍費	一、〇〇〇	一五、三六八	二四、三六八	一
学校費	一、六二〇	七、〇九五	二一、六七五	
池川堤防土木費	四七一	二六、六五八	三〇、八九七	一
駅逓	九四七	二、五五六	一一、〇七九	
営繕費	四三八	二三、三七二	二七、三一四	一
貧民救助	九三九		八、四五一	
貧民エ賃下	五、四二一	七、一二八	五五、九一七	二
運輸賃并ビニ欠米	一一〇	二三、二五二	二四、二四二	一
社寺・町人用達エ下サル	四、八九三	九七六	四五、〇一三	一
拝借筋上納		二八、二二三	二八、二二三	一
諸借財元利払	一六、四七〇	一〇八、八九一	二五七、一二一	二一
臨時雑出	一〇八	一一四、五五八	一一五、五三〇	五
諸番人給	九二	八九八	一、七二六	
牢舎費用	一六七	四二三	一、九二五	
納滞	八一〇	二四、五六二	三一、八五二	一
総計	一一九、六四七	一、一八三、四五八	二、二六〇、二八一	
差引　残米一、三八三石（一、三〇〇石・庚午へ越、八二石・大坂残米庚午へ越）				

（八）家禄・陸軍費・諸借財元利払・臨時雑出の内訳

家禄	前知事家禄　米一八、七四九石・金一九、五六二両 元国老及ビ士族卒給禄　米四五、四四五石・金二二八、三三一両 賞典米ノ内渡リ　米一、九三〇石
陸軍費	諸団所陸軍費　米四、六七五石・金一、四三〇両 諸団所兵給　米六、八〇九石・金二、二三〇両 陸軍学校費　米三〇石・金六、一九〇両 鳥雲隊東京出兵□賃金　金五、〇〇〇両 武庫費　金一、五九〇両 諫早団兵隊長崎エ出兵費　金九、五六九両 奇勝隊東京出兵ノ船賃　金四、八一三両 奇勝隊東京出兵費　金三四、二三〇両 東京ニ於テ奇勝隊出兵費　金一八、五〇三両 勇方隊東京出兵費　金一三七、一四七両 鳥雲隊東京出兵費　金二九、三一一両 諸大隊其外兵給代金渡リ　金九八、二四八両 諸大隊巡羅費用　金一、八四〇両
諸借財元利払	永納調達利米渡リ　米八六〇石 大坂年賦金渡リ　金一五、七四三両 物産所費用　米一五、六一〇石・金九一、一三四両 調達金払下　金二、〇一三両
臨時雑出	銀札製造費　金一二、五二〇両 金預同断　金三、三三一両 降伏人預ニ付テ居宅修覆及賄費　米一六石・金一、四一三両 炮術伝習英人雇給金　金一、二〇〇両 異宗ノ者護送ニ付テノ費　金一、二〇三両

献納ノ陶器灯炉代　金二〇〇両	
北海道開拓費及官員旅費等取替　金一六、九七三両	
元国老諫早豊前家来中島官右衛門其外、蒸気船買入破談ニ付取替　金三、五六四両	
洋行取替　金七五九両	
士族取替願ニ依リ出切　米四〇石	
褒美米　米二三石	
用地地料米　米二七石	
司厩費用　金一、八八三両	
精錬費用　金五四八両	
小物成方費用　金五二八両	
大河内陶器製造費用　金一、〇二〇両	
雑出　金一、八九四両	
従二位上京中諸費　金六七、五一四両	

明治五年六月より九月迄「官省進達」より。
＊米は石、金は両まで。それ以下は切り捨て。
＊「総金」は売米代を基準として米一石＝金九両として計算。
＊％は小数点以下切り捨て。

ち藩財政関係を整理したのが表5－4の「明治三年四月頃の藩財政見積」である。この表のうち「支配地高」から「〆取納現米」までと「雑税納高」は、『藩制一覧・二』（日本史籍協会叢書）所収の「佐嘉藩」の数字と一致する。以下明治二年度の藩財政に関連して表5－4について若干説明をしておこう。

総石高七二万四七三九石の内訳が支配地高二一万一一五九石と新田高五一万三五八〇石に分けられているが、なぜこのような記載になっているのか明らかでない。正租収入の取納米高は二一万七七八九石であった。正租収入が充てられる支出は合計米二五万三七三七石が必要であり、収入との差米三万五九四八石は藩士の給禄からの出米

表5－4　明治3年4月頃の藩財政見積

支配地高 新田高	211,159石 513,580石
弐口合米	724,739石 元治元年より明治元年まで5か年平均免2部9合4勺3札7才9,329
正租納高 物成米 永納・金納 銀	 213,348石 御座無く候 444貫　但し米4,441石代
〆取納現米	217,789石
内 家禄 藩士・卒禄 官廨費用 社寺扶持米	 21,778石 107,411石 123,011石 535石
計	253,737石
不足米	35,948石 右の通り旧来目安不足相立つ故,年々藩士申し合わせ,給禄の内より凡そ4万石，出米致すを遣い合わせ来る
雑税納高 金 銭	 10両 99,831貫
大坂其他外国人借銀前	金 150万両

明治3年4月「仮日記」より。
＊米は石，金は両，銭は貫まで。それ以下は切り捨て。

（先述の献米にあたる）で補うことになっている。支出のうち家禄は藩収入の一〇分の一に計算されている。藩士・卒の禄米一〇万七四一一石が計上されているが、藩士が六四〇四人で「従前禄高」三〇万九三四石が八万八五八九石、卒が一万二一八五人で六万三九四〇石が一万八八二二石に減少している。なお「藩治規約」により徒士・足軽が卒とされた。

「官廨費用」は諸役所の経費であるが、合計米一二万三〇一一石となっている。最も多いのは東京・京都・大坂藩邸での費用で二一パーセントを占めており、次いで「陸軍所・諸団費用」の一五パーセント、「海軍所費用」の一一パーセントと軍事関係費が多くを占めている。一一パーセントを示している「定額外不時費用」はいわゆる臨時費であるが、その内容は明らかでない。「家禄」と「藩士・卒禄」が合計一二万九一九〇石となり、支出高の約五〇パーセントの多くを占める予定であった。そしてこれらの支出とは別に「大坂其他外国人借銀前」に当たる金一五〇万両が必要であったことも当時の藩財政の置かれた状況を示している。(41)

この明治二年七月に維新政府は知事・正権大少参事制にすることを府・県・藩につたえており、(42)以後それまでの執政・参政に代わって大参事・少参事が置かれることになった。明治三年四月頃の等官制の職員の状況をみると、二等官の権大参事は張玄一を除いて、いずれも明治二年四月の参政にその名がみえることから、参政が権大参事に名称を代えたのであろう。(43)

藩主家禄の引分けという事態のなかで、御側関係たる家政機構の整理が必要となった。当時の家政機構の全体的な状況は史料的に確認できないが、明治二年九月には御側関係の役人が三六人、(44)十月には侍員六人と録事一人が削減されるとともに、新たな方針のもとに機構の改変が行われている。(45)そして十一月には家政役人の名称が改められ、元御側頭であった内弁務が家扶などになった。(46)翌年六月には内庫小幹事山崎忠兵衛以下一三人が削減された。

ところで、懸硯方収納金に関して先に引用した明治三年正月の通達は、内庫所から出されていた。これから半年後の七月に、「内庫所録事森山利三郎御仕法筋之儀ニ付而、出坂被仰付ニ付而者、左之者儀被相含御用有之、一同被差越方ニ者有御座間敷哉」との願いが出され、家令録事・家小監察請持の田代十郎が同行することになっているが、ここにも内庫所の存在を確認できる。森山利三郎が大坂へ出かける理由の「御仕法筋之儀」がどういう内容のものなのかははっきりしない。

これに関連して次の史料がある。(47)

一内庫所ゟ左之通

役内録事森山利三郎就御用大坂被差越候付、右代当分史生被仰付度致御達候処、当御半柄御吟味難被相付旨ニ而書付被差返、然処役内之儀御変革以来御用筋格別相増、地行勤人数ニ而者御用支勝ニ有之候央、前段出坂其外差明、其上当節諸返上筋御猶予被仰付、右者数多之帳面一時之致事、何分打追之人数ニ而相整不申、総而役内御用弁之遅速、依諸役所手捌ニも差構、旁必止と差支候条、自余不相双格別之訳を以、当分史生壱人被仰付道者有之間敷哉之段

一右之末左書載之名前差出成ル

石井嘉右衛門

録事森山利三郎の留守中の処置として史生一人を置くことを願って認められたのであるが、そのほかの理由に「御変革以来御用筋格別相増、地行勤人数ニ而者御用支勝ニ有之」、「当節諸返上筋御猶予被仰付、右者数多之帳面一時之致事、何分打追之人数ニ而相整不申」とある。前の部分についてはなぜ変革以来仕事が増えたのかその内容が明らかでないが、後の部分の「諸返上筋」というのは、懸硯方から家臣への貸付の返済のことをいっているのであり（詳細は後述する）、内庫所が以前の懸硯方の職務を担当しているのがわかる。先に触れた「御仕法筋之儀」というのは、これまで懸硯方で管轄してきた大坂での仕組に関することであったのかもしれない。

以上、明治二年秋から三年にかけての藩財政の状況を検討したが、統一的な藩財政を実現することが課題とされながらも、それは容易には達成されるものではなかったと思われる。次に翌三年度の藩財政についてみてみよう。

三　明治三年度藩財政と内庫所管轄金

明治二年秋から藩財政の収入と支出のあり方に関して、久米丈一郎を中心として庶務方の大弁務相良宗左衛門、郡務方の中山平四郎らによって検討が進められていたが、明治三年度に入る前に、久米は権大参事中野内匠（数馬）らに三箇条の提案を行った。その内容は第一は本年度から各役所より経費予算を出させ協議して決めること、第二は各役所で月別の支出内訳を作成し各年度の終わりに決算書をつくって一か月以内に提出させること、第三は「金庫貯蓄金」（懸硯方管轄金のこと）はすべて藩主家政を司る家事職に引き渡すことであった。第三の件は軍用として蓄えられたものであるから藩知事の私有すべきものではないとして否定されたが、第一、第二の点は新年度から採用された。しかし新しい方法である月毎の支出内訳の作成は思うようには進まなかった。[48]

明治三年閏十月に「歳入歳出取調子書」が作られたが、その前文によると、昨年度はこれまでの方針で租税関係の徴収を行ったが、「諸家取納ノ振合区々ニテ、不都合ノ取納而已之アル」という状態であり、このままでは今後の財政運営に差し支え、「会計ノ筋ハ百度ノ根元に候処、年々因楯押送候テハ、御改革ノ詮何迄モ不相立」といっている。全藩にわたる統一的な藩財政の実現が困難であった様子が窺える。

具体的な点に関していえば、旧地方知行地については「諸配分地物成取納ノ入割、……、内実之処ハ或ハ増夫料ヲ小物成ト唱エ、貫米ヲ成上ケト唱へ、或ハ新田ト唱へ候モ、聢ト地所モ無之、或ハ雑税ヲ米ニテ取納シ小物成ニ相立候抔、色々不分明ノ廉有之、弐重ノ取納ニモ相成候筋有之」という状態であった。しかし蔵入については「御蔵入之義、是迄外向御取納御側御取納ト両様相分レ居候得共、已ニ雑務局一手ニ御引付相成上ハ、何モ一規ニ取計可然哉、御山方里御山方地之義、諸郡令御引付相成候上ハ、是又何モ一規に取計相成可申哉」と、また運上等の雑税についても「郡政局御引付相成候唐物税銀、扨又伊万里住ノ江旅船運上等モ取調フヘキ事」、「右ノ外諸運上類諸官府ニテ役内銀ニ相成居候廉ハ、一々取調へ此ニ相立へキ事」、「運上其外税銀ニ拘ハラス、総テ官法ヲ以テ官へ収ムル銀ハ、皆雑税ノ部類ニ付是又取調へ、一々御目安ニ立込ムへキ歟」と新しい方針を出して積極的に徴収しようとしているのがわかる。

そして「抑農事ヲ重ンシ工商ノ末作《ママ》を抑へ候ハ、政治ノ通法ニ候処、農民ニハ形ノ通リ賦歛相掛リ、工商ノ運上ハ聊ノ御取納ニテハ、本末顚倒ノ様ニ相考ヘラレ、殊ニ先年来金銀ノ相場格外ニ下落、諸色ノ直ヒハ八倍十倍ニモ相及ヒ候ニ付テハ、従来ノ御定ニ付テモ、四倍五倍ノ御取納相成ル共、過歛トモ相見ヘ不申、其上当今形ノ通商法隆盛ノ世トナリテハ、工商ノ両徒ニ於テハ屹度御規則相立テラレ、為替会所商人会所新聞紙局飛脚屋等、筋々便利ヲ付ラレ候ハヽ、其上ニテ税則ヲ定メ取締リ相付度」との[49]、諸運上に関する史料から窺えるように、「工商」からこれまで以上に税金を取り立てようとしているのは、本年貢を中心とする近世的な財政構造のあり方から脱却しようとしている動きとして注目されよう。

明治四年七月十四日に廃藩置県が断行されたが、明治三年十月から翌四年七月十四日までと、翌十五日から九月晦日までの、それぞれの歳入・歳出を記した史料がある。七月十四日までは藩、十五日以後は県ということで別々に作成したのであろうが、一年間の財政状況をみるためにこの二つの史料を一つにまとめて整理したのが表5－5である。歳入では米収入は二二万二〇七二石であり、金収入が一一万五六四七両となっているが、金収入の内三万五〇三四両は「東京出張鳥雲隊・長城隊兵給兵部省ヨリ請取」分であって支出が決まっており、また三万五四九八両も「前知事エ賞典米残リ」であり、いずれも本来藩財政収入とはいえないものである。歳入の中に借銀収入が全

表5－5　明治三年度の歳入歳出決算書

（イ）歳入の部

項目	米（石）	金（両）	総金（両）	%
正租	二〇七、四五八		一、二四四、七四八	八五
夫料	一三、二〇九		七九、二五四	五
須古竈及ビ費地代米	二三		一三八	
大坂表古米残リ	八二		四九二	
己巳（明治二）仕払残リ	一、三〇〇		七、八〇〇	
雑税		一七、七二二	一七、七二二	一
前知事エ賞典米残リ		三五、四九八	三五、四九八	二
東京出張鳥雲隊・長城隊兵給　兵部省ヨリ請取		三五、〇三四	三五、〇三四	二
不用ノ官物等売価ヲ以テ請込		二七、三九三	二七、三九三	一
計	二二二、〇七二	一一五、六四七		
内　売米	（一一三、八四七）	七四四、一七〇		
租入石代納	（三三、三七九）	二〇七、三四九		
差引	六四、八四七	一、〇六七、一一六	一、四五六、二四八	

（ロ）歳出の部

項目	米（石）	金（両）	総金（両）	%
海軍資金年分ノ内大蔵省納メ		二六、九〇八	二六、九〇八	一
右同断巳年分前同断		二、一一一	二、一一一	
石高拝借年分前同断		二四、〇〇〇	二四、〇〇〇	一
前知事家禄渡リ	一、三一九	一三〇、七四〇	一三八、六五四	九
東京出張所諸費		一五、六〇五	一五、六〇五	一
庁中諸費		一、九四〇	一、九四〇	

大坂西京諸費		七、一六五	七、一六五	
官人旅行渡金		五三、五三四	五三、五三四	三
陸軍費	一一、五五八	一九四、七六八	二六四、一一六	一八
海軍費	三六〇	五、九七〇	八、一三〇	
学校費	一、二四七	三九、八二一	四七、三〇三	三
臨時賜	五	五九	八九	
池水堤防土木費用	三五〇	一三、六〇二	一五、七〇二	一
駅逓費	七五〇	五五九	五、〇五九	
郡務費	三九九	一三、九七五	一六、三六九	一
営繕費	一八一	七、七四九	八、八三五	
貧民救助	三一九	一	一、九一五	
運輸金欠米	一一六	三四、八五〇	三五、五四六	二
社寺・町人用達エ下サル	三、二六三	四、〇二二	二三、六〇〇	一
借財利払	一、〇六六	二五、七七〇	三二、一六六	二
牢舎費用	一九五	三、三七七	四、四八七	
監察費		一、一五二	一、一五二	
官俸・兵給		一一四、一一四	一一四、一一四	七
給禄	四〇、九九四	一九一、五二六	四四一、九七七	三〇
東京出張所間潰金		三三九	三三九	
臨時雑出	二、六八七	八七、三八一	一〇三、五〇三	七
諸取替仮渡リ	一、三四七	六四、〇一六	七二、〇九八	四
計	六六、一六三	一、〇六八、〇六九	一、四六五、〇四七	
不足米・一、三〇六石　但、本条不足米、辛未十月以後ニ振替差出置候分、同年租入米ヲ以テ、返弁致スベキ事				

明治五年六月より九月迄「官省進達」より。
＊米は石、金は両まで。それ以下は切り捨て。
＊「総金」は売米代を基準として米一石＝金六両として計算。

く計上されていないことに注意しておこう。

歳出では「給禄」が三〇パーセントを占めていて最も多い。次いで「陸軍費」が一八パーセントとなっている（詳細は後述する）。「前知事家禄渡リ」は九パーセントであるが、基準とされた藩収入の一〇分の一には達していない。その次は「官俸・兵給」と「臨時雑出」が各七パーセントとなっている。官俸については先に明治二年九月に決定されていたことは述べたが、この明治三年十月には一等官にあたる大参事は初め月給五〇両であったが、その後四八両になり、この十月にはさらに四三両二合に減らされている。「臨時雑出」は各種の臨時支出である。「物産所」へ最も多く金九五六九両が支出されているのが注目される。おそらく領内の産物生産に関係して使用されたのであろう。その他「物産軍備米」、「東京ニ於テ孟春艦修復費」、「東京小銃持越費」などの軍事関係があるのは注目される。

「借財利払」が二パーセントとなっているが、明治四年七月から九月までの内訳は「永納調達十石以下并利米」二二五石・金一万四六二八両、「東京借財利金」金一三〇両、「大坂借財利金」六八一両である[50]（米は石、金は両まで、以下は切り捨て）。ここにいう永納調達は明治元年閏四月に領内に命じたことをさしていると思われる。明治二年度の「諸借財元利払」が米一万六四七〇石・金一〇万八八九一両で、歳出の中で一一パーセントを占めていたことから考えると（表5－3（ロ）参照）、大幅に借銀関係の支出が減少しているのがわかる。このことは歳入のところで借銀関係の収入が計上されていないこととも関係している。表5－5によるかぎり、明治三年度の藩財政は借銀をしなくても不足がわずか米一三〇六石あるのみで、藩財政が円滑に運用されるようになっていると理解できる。

ところで、軍事費関係の支出であるが、維新政府へ納める海軍資金[51]や陸軍費、海軍費を合計すると、三〇万一二六五両となり、全支出の約二〇パーセントを占めている。これらのうち陸軍関係費用の内訳が表5－6である。こ

表 5－6　明治 3 年度の陸軍経費内訳

米 9,856 石・藩高割合陸軍費
勇方隊・金 4,350 両
長城隊・金 46,771 両
砲隊・金 106 両
折衝隊・金 6,051 両
雷震隊・金 966 両
1 番大隊・金 1,313 両
2 番大隊・金 709 両
奮武隊・金 628 両
武庫・金 43,694 両
合薬費・金 1,993 両
鳥雲隊・金 104,260 両
陸軍学校・金 7,433 両
諸団・米 11,558 石金 8,085 両 白石　団費米 252 石金 446 両・兵給米 517 石 川久保　団費米 146 石金 446 両・兵給米 425 石 久保田　団費米 193 石金 311 両・兵給米 704 石 村田　団費米 99 石金 175 両・兵給米 240 石 武雄　団費米 602 石金 1,065 両・兵給米 774 石 諫早　団費米 1,333 石金 2,388 両・兵給米 1,679 石 多久　団費米 1,086 石金 1,921 両・兵給米 888 石 須古　団費米 158 石金 279 両・兵給米 407 石 神埼　団費米 212 石金 376 両・兵給米 643 石 神代　団費米 335 石金 592 両・兵給米 266 石 深堀　団費米 151 石金 268 両・兵給米 434 石
合計　米 11,558 石 金 226,364 両（此米 36,451 石，但 1 石ニ付金 6 円 21 銭替）
総計　米 48,010 石
差引不足米　38,153 石

明治 5 年 6 月より 9 月迄「官省進達」より。
＊米は石，金は両まで。それ以下は切り捨て。

れは明治五年八月に作成された、明治三年度の陸軍関係費の決算書である。支出財源は米九八五六石であったが、決算書では総支出は米四万八〇一〇石で、三万八一五三石の不足となっている。先にみた表5－5によると、陸軍費は米一万一五五八石と金一九万四七六八両であり、米高は一致するが、金高は表5－6では二二万六三六四両で、三万一五九六両多くなっている。このことは金約三万両が陸軍費として決算書に計上されずに、次年度に繰越されたことを示している。したがって表5－5にあったように、明治三年度の藩財政の赤字は米一三〇六石だけではなかったのである。つまり陸軍費は実際は決算書よりも約三万両多くかかっていた。この意味で藩財政は決算書では円滑な運用、健全化の内容を示していたが、実情は陸軍費が藩財政を圧迫する傾向にあったといえよう。

陸軍費の内容を検討すると、鳥雲隊の一〇万四二六〇両が一番多く、旧私領地の「団費兵給」米一万一五五八石・金八〇八五両、長城隊の四万六七七一両、「武庫」の四万三六九四両の順となっている。鳥雲隊は博多・信州へ、長城隊は東京へ出動したために多額となっている。そのほか表5－6の中に勇方隊・雷震隊・振武隊などの名がみえるが、その性格は明らかでない。「武庫」の費用の中に「大小銃買入等費」として、二万八四五〇両が計上されており、武器の買入が行われているのがわかる。[52] 明治三年十月に佐賀藩は三大隊制をとっており、[53] 一番大隊・二番大隊ともう一大隊がどの隊に当たるかということであるが、明治三年六月の大隊の中に鳥雲隊が挙げられていた。[54]

以上述べてきた明治三年度の藩財政は家臣団への支給たる給禄が三〇パーセントの多くを占めていること、そして軍事関係も二〇パーセントとなっていることが特徴的である。これら二つで全支出の半分を占めている。また先述のように陸軍費はこの年度の財政で充当することができておらず、実際は軍事関係費はもっと多額となっていたのである。そして大砲・小銃の買入費が陸軍費の中に計上されていたが、これら以外にも軍艦の買入を始めとする軍事力増強の方針がとられているのであり、藩財政に計上されない部分での軍事費のことも考えておかねばなら

ない。(55)

さて、御側の懸硯方管轄金については、明治三年正月に運用中のものは除いて藩政府の管轄に移したことは先述したが、同年十月に藩主家政機関の家事職へ金六〇六六両余・正銀七五貫・判銀三〇〇枚・白銀三〇〇枚・正銀三五〇枚・古大判六枚・金地金秤目一四九匁余等が移管されており、(56)額はそう多くないが藩主家政で管轄する財源があったことを確認できる。藩主家政管轄金の整理に関連して、懸硯方から家臣団への貸付が行われていたが、この懸硯方拝借銀について次に述べておきたい。

明治元年の暮れに家臣から「当時勢柄ニ而何時出勢可仕哉難計ニ付、スヘンセル銃取入相成候処、莫太(大)金高ニ相揚大借相及甚当惑之半、打続凶変等ニ而不少入費相嵩、当暮必止と差支難渋至極之参懸ニ付」として、「役内（懸硯方）返上銀」の一か年延期の要望が出され、「千部料」は納めたが「別段拝借銀其外」が「壱ヶ年御猶予」されている。(57)翌二年の暮れには旧私領主の多久家から「内庫所其外拝借返上之儀」について、「早速相納候半而不相叶儀御座候得共、地行指支之上昨年出兵ニ而過分之出費相立、殊当御変革ニ而家禄相減家計必止ニ指逼、何分其義不任所存、当惑千万之参掛御座候」と窮状を述べ、「就而者当家禄ニ而返上之手段相付兼、取調子出来候迄先以、御猶予被成下道者有御座間敷哉、格段之御評儀(議)を以何れとそ被仰付被下候様有御座度」と、知行地返上後の家禄削減という事態の中で返済の猶予願いが出されている。(58)

この年に猶予願いが出されたのは多久家に限られていなかったらしく、藩政府では次のような方針をとった。(59)

御側諸返上筋之儀、今度公子列同様之御方始減禄相成一統難渋有之由、然処御家禄御定相成、諸事被御引更候付而者、廉々御入目案外相増、何分御目安相立兼候御半ニ候得共、前断難渋之振被聞召、格別之以思召去秋返上筋、左之通御猶予被仰付儀候

一千部料其外御益不相付拝借筋之儀、年割前壱ヶ年猶予

一法花料其外御仕法銀拝借筋之儀、御益銀丈御取納、元銀壱ヶ年御猶予

つまり「千部料其外御益不相付拝借筋之儀」については返済一か年猶予、「法花料其外御仕法銀拝借筋之儀」は利子だけ納めさせて、元金は一か年猶予させることにした。この方針は翌三年秋にも引き継がれている[60]。

そして廃藩置県直後に「諸返上筋御差捨」（返済免除のこと）について、「当今之形勢草業近前(カ)ハ勿論、土着之覚悟無之而不相叶候処、近来諸返上筋過分ニ有之、僅之給禄ゟ相弁候ニ而者、何分志操有之向も可行届義無之候条、当節御改革格別之訳を以、左ニ書載之通御差捨相成方ニ者有之間敷哉」と、「土着」、「諸返上筋過分」、「僅之給禄」などを理由として検討が始められた。返済免除が検討されたのが全ての返上金なのかどうかははっきりしないが、引用史料中にある「左ニ書載之通」をみると、合計二二万八二七三両が返済免除の検討の内容であった。その中に約一万八〇〇〇両の物産所からの返済が含まれているのが注目される[61]。諸産物の生産資金確保のための貸付だったのであろう。

この結果、具体的な決定として「御手許諸返上銀、書載之通御捨被相達候」として出されたが、「法花料拝借」、「武器拝領買其外諸拝借筋」、「元御蔵方御取替」は「御差捨」となった。そのほかについては「四ヶ年目ゟ御差捨」、「年割通御返上」と種類によって相違があり、全てが返済免除されたわけではなかった。先に指摘した物産所への返済に当たるのは「元手用扨又家仕払代等、一切商賈筋相整候拝借」であると思われ、これは始めの方針とは異なって免除とはならず「取納」となった。免除とならなかった分については引き続き、県庁において徴収されていったと思われる[62]。

藩主家政の管轄金が廃藩置県後に明治政府に上納された。時期ははっきりしないが、明治五年六月に「元佐賀藩旧知事献納金四十万両」とあり[63]、これ以前であることは間違いない。この「献納金」は別の箇所に「元佐賀藩知事祖先ヨリ之遺金納方」ともあり[64]、維新以前からの御側の懸硯方収納金にあたるものであったといえよう。

この献納金四〇万両のうち、三分の一についてはどう措置されたのか明らかでないが、残りの三分の二については明治政府への上納のありかたをめぐって問題が起こっている。次の史料は明治五年六月二十九日の、佐賀県権令多久茂族から大蔵大輔井上馨への伺書の冒頭にある一節である。

元佐賀藩知事遺金納方之義ニ付伺

元佐賀藩知事祖先ヨリ之遺金納方之義、兼而四十万金三分二、弐十六万六千六百六十六両永六百六十六文六分之内、士族土着用或ハ藩債支消等ニ御採用被下度、其他云々ヲ以差引献金之上、先般御届仕候処、右御下戻相成、束テ上納可仕旨御差図ニヨリ、内金十三万八千三百二十三両壱分永百三十二文八分先以上納仕、残金之分県地江可申遣旨、於東京五月廿九日申上候処、書面之趣被聞届、右高出納寮へ可相納残金十二万八千三百四十三両・永二百八十三文九合、尚早々上納可致段、六月十三日御沙汰相成奉承知候

佐賀藩では二六万六六六六両余のうち、「士族土着用或ハ藩債支消等」に充てる額を差し引いて上納しようとしたが、大蔵省は「束テ上納」つまり全額を一括して上納するよう命じ、すでに上納された一三万八三二三両余の残りに当たる一二万八三四三両余を速やかに上納させることにしているのである。この残り金のうち士族土着用等を除いた一〇万四七五両は一度東京へ送られてきていたが、「租税ハ不及申、準備金等ニ悉皆上納之末、於県一金之貯蓄無之、唯藩製楮幣而已ニテハ、素リ他之通融ヲ塞」ぐとの理由で県地へ戻していた(65)。

この「遺金」の処置内容が表5-7である。一三万八三二三両の上納のほかに、金一万一五〇〇両は旧私領主鍋島孫六郎の給地の炭坑開発の補助金として、孟春艦の代金の半分に充てようとしていた「準備金の内」から廻したのでその補填、一万一〇五〇両は明治二年当時佐賀藩御用達であった町人森栄左衛門(66)への調達金の返済に「準備金の内」から廻したのでその補填、「士族土着用」として五五〇〇両がそれぞれ充てられていた(67)。この「祖先ヨリノ遺金」の結末は、明治五年に上納された分は藩債返済に充てられ、一万一〇五〇両は当初のとおりに準備金へ、一

表5-7　前佐賀藩知事「遺金」の処置内容（明治5年7月現在）

金 266,666両	前知事祖先ヨリノ遺金40万両ノ内3分ノ2
内 金 138,323両 金 11,500両 金 11,050両 金 5,500両 〆金 166,373両	 壬申2月上納 元国老鍋島孫六郎給地所深堀高島，先年来石炭小砿数多相開き，毎年数千金の益を以て家来中扶助ニ差当居る処，戊辰西洋竪砿相開，後竪砿え致障碍，訳を以て已前よりの小砿取止，尤も補いとして出炭益金の内，相応の金数差出すべき談決の末ニ付き，孟春艦代金払入の半高，本文去辛未10月準備金の内より振替差出置候ニ付き，右ニ返弁前 元厳原藩田代より用度不足に付き，金1万両借用致し度く懇談これ有る処，此の許にも会計相立兼の事に付き，辛未出来米引当を以て，佐賀町人森栄左衛門其外へ調達相整，同4月彼藩役々え貸渡，当10月迄期限相満つ共，返弁の手段相付ざる趣，去り迚金主へ対し其儘打捨差置様これ無きニ付き，止を得ず1歩半利息相副，本文金数準備金の内より，振替差出置ニ付き，右ニ返弁前 士族土着用，去辛未8月より当壬申3月迄の内相渡置分
差　引 残金 100,293両 外ニ 金 181両 〆金 100,475両	 当2月東京ニ於て，小判金を官札ニ両替相整え間金請込 当節県下え返送分
金 1,310両 計金 101,785両	通貨ニ換へ間金

明治5年6月より9月迄「官省進達」より。
両まで。それ以下は切り捨て。

表5－8　元佐賀藩藩札準備金目安（明治5年5月）

金　456,667両	準備金届高
内 金　92,981両 金　27,339両 〆金　120,321両	 諸取替偖又物産基立へ差出金数，最前届前の通り二廉分取束，金264,616両の内，追々返済金171,635両差引残り取替本文の通り，尤も此の内当正月以後返納の分，凡そ5万余これ有候ニ付き追て上納 引換紙幣ニ付き，林大蔵少丞差図ニ依り焼捨仕る
差　引 残金　336,346両	
此内 金　8,813両 金　2,345両 〆金　10,528両	 準備金の内，去戊辰年古金銀と通貨との比較改正ニて，本文の員数潰金相立つ事 当5月準備金上納用，大坂為替方へ差出金員の内悪金嫌出の分，同所ニ於て精金引換の処，本文の通り潰金相立つ事
差　引 残金　325,817両	
右の内 金　131,952両 金　193,865両	 壬申3月上納 同5月上納

明治5年11月「官省進達」より。
両まで。それ以下は切り捨て。

万五五二一両は諫早開墾・士族土着の経費へ廻された。そして残り一〇万一七八五両が佐賀藩へ下げ渡され、士族土着資金として運用されることになった(68)。

表5－7にあるように明治五年七月に佐賀県で、鍋島孫六郎の炭坑開発に伴う補助金と、佐賀町人森栄左衛門調達金返済の計二万二五五〇両に予定されていた「準備金」というのは、藩札発行の胴銀にあたるものである。明治五年五月の調査によれば、銀札が四万二〇九二貫余、維新政府が発行した太政官札を胴銀として明治二年に発行された金預札(69)が四〇万九一三八両余、金にして合計一〇二万八一三九両余が当時流通していた。これらの準備金の内銀札分の金五七万一四七一両余が日進艦等代金と奥羽出兵費用に支出され、残っていたのは四五万六六六七両余であった(70)。

なお、藩札準備金は、「諸取替偖又物産基立江差出候金数」二六万四六一六両余の返済残りの九万二九八一両余やその他を除き、三二万五八一七両余が明治五年五月までに明治政府へ上納された（表5－8参照）。藩札準備金から軍艦買入資金や奥羽出兵費、「物産基立」＝産物生産資金としての貸付などが行われていることは注目されよう。

四　軍事力増強と財源の確保

佐賀藩における軍事力増強は天保改革以来の幕末期を通じての大きな課題であったが、戊辰内乱への参戦を経験していく中で、軍事力強化推進の必要性は一層強く認識されたと思われる。慶応二年十月頃に藩政府に設けられた臨時方の中に軍艦取入方が置かれ、ここで軍艦のみならず大砲や小銃の代価に充てる国産品（これを代り品という）の確保が行われていた(71)。明治元年八月になると軍艦取入方が廃止されているのが次の史料からわかる(72)。

近年臨時御用途打湊、打追之楯ニ而者御運相付兼候付、形之通臨時方役局被相開夫々御取計相成、就中御軍艦大小銃其外御取入ニ付而者、成丈代り品を以御弁利御引合無之而不相叶、右御取入ニ付右役局御軍艦御取入方名目ニ而、地行致事混雑無之様別局被相建置候得共、其通ニ而者銀子駆引不弁利之筋も有之候付、矢張御臨時方ニおゐて惣括、諸事致一貫候通被仰付儀候条、此段筋々可被相達候

その理由は「銀子駆引不弁利之筋」ということであったが、以後「御軍艦大小銃其外御取入」は臨時方が直轄することになった。

明治元年八月の官制改革に際しては臨時方は独立した一部局として位置付けられ[73]、「御国産之儀是迄仕組筋品々有之候得共、今般官制改革ニ付右仕組之義御側ニおゐて被相整候筋たり共、都而臨時局に於て取計相成候様」[74]と、これまで御側の管轄であった「国産仕組」が藩政府の臨時局の管轄に移っており、軍事力増強に関する財源は臨時方で積極的に確保していくという方向が取られた。九月下旬に臨時方は物産方と改称したが、明治二年三月の「藩治規約」では独立した部局ではなくなり、雑務局に属することになった[75]。しかしこれは物産方の重要性が薄らいだことを示しているわけではない。

この物産方の職務内容等が窺えるのが明治元年十二月に物産方から出された次の史料である[76]。

一元御臨時方金穀等出入納帳、寅ゟ卯扱又卯ゟ辰共、向巳正月中皆式相済候様之事
　附り、卯年雑務方ゟ示談ニより、御用達共より御買上之米者別段之事
一元御軍艦御取入方初発より当九月迄金銀出入納帳、向巳二月十五日迄之内相済候様之事
　附り、旅勤等ニ而居合不申、又者謂有之取船難相成廉者引離、銘々手捌相付候様
一上海運用方初発より両度之航海、金銀出入目安納帳、向巳正月中相済候様之事
　附り、大木丸に相懸候出入之節者、当分取船出来申間敷候条、其分引離追而納帳之事
一大坂商法筋金穀出入、初発ゟ当九月迄目安帳、向巳十五日迄之内皆式相済候様之事

一高島立石炭坑初発ゟ向巳正月まで、諸入費筋横帳面ニ相記し、炭坑略図相副巳二月十五日迄之内、差出相成候様之事
一於長崎日進丸・延年丸代器械代等、現金代品ニ而当十二月迄御払入相成候、向巳正月中目安并向々受取ニ訳書相副差出相成候様
一以来之儀旅地方共二月ゟ五月迄一切、六月ゟ九月迄一切、十月ゟ正月迄一切、都合年ニ三度仕切勘定、翌一ヶ月中ニ取舩目安納帳之事
一役内御仕法胴金受払
一同御誂代金受払
一同祠堂銀受払
　右三段ニ仕分不相混候様之事
　右之通被相定、自然日限一日ニ而も於延引ハ、受持役々勤上り被御付候様
右之通役内仕与被仰付候方ニ者有御座間敷哉、此段致御達候、以上

元臨時方・元軍艦取入方の職務の引き継ぎ、「上海運用方」、「大坂商法筋」、「高島立石炭坑」の運営、長崎での日進丸・延年丸代等の支払いなどに当たっているが、注目されるのは物産方で取り扱ったものは、年三回に分けて「仕切勘定」をし、それぞれ勘定期限の翌月に「目安納帳」をさせていることである。これは軍事費等重要な資金を扱うことが多いため、正確な運営を図ろうとしたためであろう（上海運用方など注目すべき事柄があるがここでは触れない）。

明治元年の正月にイギリス商人グラバーから孟春丸、九月にはオランダ商人アデリアンから延年丸の二艘の軍艦を買い入れており、軍艦の買入が活発となっているが、明治二年三月現在の外国商人から買い入れた軍艦や大砲・

表5－9　外国より買入品代金払残高（明治2年3月現在）

金　43,750両 金　16,896両	孟春丸代，英商ガラブルへ払残り，来午12月迄の内3度にて皆済前 前条利足右同
洋銀　70,000枚 洋銀　3,700枚	延年丸代，蘭商アデリアンへ払残り，当巳12月迄の内月割にて皆済前 前条利足右同
金　33,200両 金　3,988両	スペンセル銃1,200挺并びにガルトリッチ30万ツ代，英商ガラブルへ払残り，当巳12月迄の内皆済前 前条利足右同
洋銀　8,000枚	大砲代，英商オールトへ払残り，当巳5月迄の内皆済前
金　30,162両	秋芳丸・金花丸・小蒸気船代，オールトへ払残り，来午12月迄の内皆済前
金　3,000両	ハトロン銅鑵製造器械亜商ウヲルスへ誂置き代，当巳6月比皆済前
洋銀　200,000枚	軍艦1艘蘭国へ誂置き代払残り，尤も廻着の上ならでは銀高差極らずに付き，凡そニして当巳12月比迄の内皆済
洋銀　1,688枚	大砲弾丸代，英商ガラブルへ払残り，当巳5月皆済前
計　金130,996両・洋銀283,388枚	

明治2年5月「仮日記」・「肥前藩日誌」より。

小銃等の支払い残りの内訳は表5－9のとおりである。合計で金一三万九九六両・洋銀二八万三三八八枚となっている。これらのうち「軍艦一艘蘭国へ誂置き代払残り」と、「スペンセル銃一二〇〇挺并びにガルトリッチ三〇万ツ代、英商ガラブルへ払残り」の件について、代金支払の方法やその財源などに注意しながら検討してみよう。

オランダへ注文した軍艦というのは日進丸のことで、「誂」とあるので新建造船である。その契約は慶応三年二月に佐賀藩聞役重松善左衛門・納富六郎左衛門とオランダ人のボードインとの間で「条約」を作成して行われている。当時オランダの海軍で使っているものと同じ高性能の戦艦の建造を要望している。大砲は二〇〇ポンドのライフル二挺を始め計八挺を備えており、二年後に長崎で引渡し、代銀は長崎までの諸経費を入れて洋銀二五万枚で五回に分けて支払い、代価に充てる代品については白蠟ほかを用意する、というのが主な内容であった[77]。

表5－9によれば明治二年三月現在、「軍艦一艘

蘭国へ誂置き代払残り」として洋銀二〇万枚が計上され、同年十二月までに支払うことになっていた。条約によると二五万枚を五回に分けてということであるので、平均すると一回に支払う額は五万枚になる。二〇万枚は「払残り」とあるので、これ以前に五万枚を支払っていたようである。日進丸が長崎へ着いたのは予定よりも一年ほど遅れ、明治三年二月であったが[78]、同年四月には日進丸の代金として洋銀一〇万六四九六枚余を翌四年三月までに支払うことを、松林源蔵はボードインに伝えている[79]。

明治三年六月に物産局から維新政府へ提出した、外国商人から買い入れた孟春丸・秋芳丸・日新丸の代銀の払残りの内訳を示した史料があるが、日進丸の項をみると、代金は洋銀二八万一〇七〇枚であり、これに明治二年三月から同三年四月までの利子や諸雑費を加えて計洋銀三一万三二二五枚の支払いとなっている。このうち注文してから明治三年四月までに支払った分を引いた残りの金額、先の一〇万六四九六枚を五月から翌四年三月までの間に利息を付けて返済する予定であった[80]。

日進丸の支払いに当てられた財源としては、明治三年二月にオランダ商人のハンデルクックから洋銀六万枚を借用している例があり[81]、また藩札準備金で触れたように準備金のうち金五七万一四七一両余が、「日進艦其外代并戊辰己巳二ヶ年ノ内、奥羽出兵費用等差出置」くとされており[82]、日進丸の代金に準備金の一部が充てられていた。先にみたように慶応三年二月の条約に代品として白蠟などが挙げられていたが、日進丸の支払いに藩内の産物が実際に代品として充てられたことを示す史料は見当たらない。そして「日進丸御払入方唐津石炭上海被差廻ニ付」とあるように、隣領唐津藩産石炭の上海での売り払いによって行うことになっていた[83]。表5－9の孟春丸の残金四万三七五〇両については、「去巳春より高島石炭売立代金を以、払入の定約ニ相成居候」としており[84]、その代金に高島炭坑の石炭の売払代金が充てられていたのであり、軍艦買入の財源として石炭が注目されていたのがわかる。

次にスペンセル小銃一二〇〇挺の買入についてみてみよう。元軍艦取入方付役であった林清左衛門[85]の佐賀県令北島秀朝への提出書の中に、スペンセル銃買入の経緯を知ることができる部分がある。

一軍艦取入方在勤中慶応三丁卯年十二月、英商カラフル商社ヘスヘンセル小銃千弐百挺并ニハトロン三拾万ツ、期限辰八月持渡ニシテ誂ノ条約相整、物代価四万九千八百両ノ内、三分一ノ手付金壱万六千六百両、長崎出張松林留公（ママ）へ仕向、同人ヲ以右社へ渡方相成候

一右誂之義旧佐賀藩役場ゟ直向キ代価取組候而者、高価ニ相当り候都合等有之候ニ付、坂田伯孝（此一時変名坂田十兵衛）小部彦六両人、仮りニ商人ノ名目ニテカラフルニ応対直組取極メ、口銭トシテ金弐千弐百両ノ内其節千両受取り、残り千二百両ハ追而可相渡旨カラフルより証書差出候ニ付、右金千両并ニ証書共、翌明治元戊辰年一月五日軍艦取入方へ納方相成タル儀ニテ、其後ハ両人共此事件ニ関係無之候

慶応三年十二月にイギリス商人グラバーと来年八月に持ち渡ることで契約し、代金は金四万九八〇〇両で三分の一の一万六六〇〇両は手付金として松林源蔵から渡したが、この時坂田十兵衛と小坂彦六が佐賀藩とグラバーとの仲介に立ち、「口銭」二二〇〇両のうち一〇〇〇両受取と残りの一二〇〇両の証書を、翌年一月に軍艦取入方へ提出したというのである。軍艦取入方の管轄下に長崎にいる松林源蔵を中心にして進められたのがわかる。(86)

しかし期限の明治元年八月には到着せず十二月頃に長崎へ着いたが、明治二年三月に代金残三万三二〇〇両を月一部半の利息を加えて、十二月中に支払うことにしている。(87) このスペンセル銃等の代金の支払いをめぐって、時代は下るが明治八年秋に紛議が起こっている。代金四万九八〇〇両のうち二歩金七四三八両が返済未納であるとして、オランダ商人ハンデルホットが明治政府へ訴えたのである。(88) 本来この件はグラバーが関係していたのであるが、何らかの理由でグラバーの資産をハンデルホットが引き継いだのであろう。明治二年十二月までに払われた分は長崎出張物産局詰であった渋谷八蔵から渡されていた。(89)

口銭の払残一二〇〇両を除いた返済未納の六二三八両は明治三年三月に六〇〇〇両、五月に二三八両が「物産

局」から松林源蔵に送られたが、松林がグラバーに立て替えていた五三〇〇両と引き合わせて、残りを高島炭坑へ廻したという。したがってこれは「松林存意ヲ以高島炭坑費へ振替」、つまり松林の個人的な措置とされた(90)。高島炭坑は明治元年閏四月に佐賀藩とグラバーとの共同経営を行うことが決定していた(91)。高島炭坑は勿論物産局の管轄下にあり、物産局の元でスペンセル銃買入代金の問題と高島炭坑にみられる領内産物生産のあり方が、微妙に関わっていたことを窺わせる。

この「和蘭商社ハンデルホットヨリ旧佐賀藩ニ係ル小銃代価滞一件」については、県令北島秀朝から次のような最終的な報告が大蔵省へ行われた(92)。

……去ル明治三年三月中、金六千両佐賀物産局ゟスヘンセル代トシテ、長崎在勤松林公留へ向ケ送金致シ、同五月中金弐百三拾八両五合并口銭請取、残金千弐百両ノ証書共、惣計金七千四百三拾八両五合ヲ、スヘンセル代ニ払入決算可致旨、本局ゟ松林江申遣シ候趣ニ候、然ル処同人ニ於而金円手支候ゟ、一己之存意ヲ以小銃ニ者不払入、高島炭坑費ニ充テ候趣ニ有之候、然レ共去ル五月中松林ゟ改テ、差入候証書之文意ニ因テ考レハ、スヘンセル小銃代ハ其節決算シ、七千四百三拾八両五合ハ、松林更ニ借用致シ候義ト被存候、左スレハ松林之私借ニテ其実ハ炭坑費ニ充テ有之候、尤同人ゟカラハ江取替金五千三百両、并口銭請取残金千弐百両ヲ以而、スヘンセル代ニ差別計算スレハ、金九百三拾八両五合ハンテルホットへ払不足有之候、然レ共右九百三拾八両五合之金額ハ、渋谷八蔵計算書付ノケ条ニ因レハ、鉱山寮ゟ出金可相成筋ト被存候

つまり不足金に当たる七四三八両余は物産局から送金して決算済みであり、松林が改めてグラバーから借用した「私借」である。が実際は「炭坑費ニ充テ」られており、ハンデルホットには松林のグラバーへの取替金五三〇〇両と口銭一二〇〇両を引いた残りの金九三八両余支払う必要があるが、これは鉱山寮から支払われるべきであるといっている。高島炭坑の経営に参画し、スペンセル銃買入に中心的役割を果たし、また先の日進丸の代金に関して

も名を出している、松林源蔵の存在が注意を引くところである。

以上、明治初年の佐賀藩における軍事力強化の内容とその代金をめぐる問題について概観したが、軍事力強化への積極的な姿勢が認められることはいうまでもないが、それを推進する核となったのは物産方であったことが理解できたであろう。御側が藩主家政として公的な藩政から分離され、これまで軍事力増強の財源を管轄していた御側の懸硯方が解体していく中で、藩政府に属した物産方にその権限が移っていった。その意味で明治元年八月の官制改革で、御側の物産の仕組が藩政府の臨時方（のち物産方）へ移管されたことの意味は大きいといえよう。そして物産方は軍艦や大砲・小銃の買入に取組み、他方でその財源としての「物産仕組」を展開していくことになるのである。(93)

おわりに

以上、佐賀藩の明治初年の藩財政の実態について考察してきた。検討すべき問題点は多く、結論めいたことを指摘することはできないが、戊辰内乱を境として佐賀藩の財政構造がどのように変化したのかという点について二、三整理しておきたい。

戊辰内乱直前の、軍事的傾向を強めていく慶応期の藩財政との相違について、慶応元年度藩財政予算書と明治三年度藩財政（表5－5参照）とを比較してみておこう。(94)歳入では慶応元年度には「献米」があり収入の二一パーセントを占めているが、地方知行廃止による新給禄採用後の明治三年度には、当然のことながら献米はみられない。この献米を除いた米収入は一一万八〇〇〇石余であるが、明治三年度の米収入は二二万石余であり約一〇万石増えている。これは地方知行地を藩の直接的支配下に組み込んだために正租収入が増えたのである。慶応元年度には計上されていない懸硯方収納となる小物成の雑税が、明治三年度には計上されている。
歳出では借銀返済が慶応元年度には支出の一五パーセントであり、明治三年度の「借銀利払」の二パーセントより占める率がかなり高い。この慶応元年度の借銀返済の中には軍事関係分が少なくとも五七パーセントあった。軍事支出については慶応元年度が軍事関係借銀返済分も含めて支出の一六パーセントであったが、明治三年度では約二〇パーセントとなっており、慶応期以上に藩財政の中における軍事費の比重が高まっており、一段と軍事的色彩を強めているのがわかる。

明治三年度では家臣への「給禄」が支出の三〇パーセントと多くを占めていた。これは地方知行であった家臣へも給禄として米や金で支給することになったためであるが、地方知行と切米知行の併存していた慶応元年度では「諸切米」が支出の二五パーセントになっている。地方知行が廃止されても全家臣への給禄の支給がそれほど増えていない。地方知行地の藩による直接的支配のため、藩の正租収入が増えて財政規模が変わっているので簡単には比較できないが、それにしても給禄支給の割合があまり増えていないということは、給禄の決定に際し禄高が修正され減禄が行われていることが窺えよう。[95]

次に検討しておかねばならないのは懸硯方についてである。戊辰内乱に際して蔵納金を始めとする懸硯方の蓄《たくわえ》金が、軍事関係に支出されていたことはすでにみたところであるが、戦時という非常事態の中で、軍事資金を管轄する懸硯方が藩政府とは別の御側に属するという状況は、迅速な事態への対処を困難にすることが多くあったと思われる。したがってここに佐賀藩幕末期の軍事力増強を推進した、いわゆる「懸硯方体制」の存続そのものが問われてくることは十分に考えられるところであり、懸硯方を解体する方向へと進んでいったのである。そしてまた藩主家政の藩政からの分離という維新政府の方針と相まって、懸硯方が属していた御側の存在もまた弱体化していくのであり、藩政府・御側という二重的権力構造が否定されていくことでもあった。

戊辰内乱の中でどのような形で懸硯方を解体する方向が出てくるのか史料的に裏づけることはできないが、明治二年三月に御側が家事職に変更になったことは本文で触れておいた。この時におそらく懸硯方は内庫所に変わったと思われる。この変更は単に名称だけのことにとどまるのではなく、その背景には本文でも指摘したように、明治元年八月に御側の懸硯方で取り扱ってきた「国産仕組」がすべて藩政府の臨時方へ移されたことや、翌二年正月に懸硯方収納金も藩政府の管轄へ移す方針が出されていることなどにみられるように、懸硯方のもっていた権限を藩政府へ集中し、懸硯方の存在を否定する方向がとられていたのである。藩主家政の藩政からの分離、御側機構の改編・縮小という中で懸硯方そのものも否定されていったといえよう。

懸硯方が管轄してきた職掌のうち、藩政の公的運営に関するものや軍事関係などが藩政府へ移され、藩主家政に関する一部の職掌が内庫所に残されたと思われる。近世初期以来、佐賀藩が取ってきた藩政府と御側という二元的行政構造が否定され、藩政府へ一元化されたのである。御側の懸硯方収納金が藩政府へ移管されたのは明治三年正月頃であったことは先に述べたが、明治二・三年度の藩財政決算書等には何らそのことに関するような内容の記述はなく、それがどう処理されたのか明らかでない。

戊辰内乱後の政治的変革を経た明治三年十月に始まる明治三年度の藩財政は、明治初年の佐賀藩財政のあり方の一つの到達点を示していると思われる。その内容の特徴は、一つは借銀支払いがわずかにある程度で借銀収入が全くみられないことである。借銀整理をして藩財政が相当に健全化したとはいえ、借銀依存を断ち切ることができなかった幕末期の藩財政のあり方とは大きく変わっていることである。

二つめは家臣への給禄が支出の三〇パーセントと高く、藩主家禄と合わせると約四〇パーセントに達することである。家禄・給禄が藩財政の多角的・円滑的運用を妨げているといえる。いずれ家禄・給禄の整理が必要となることが予測できよう。

三つめとして軍事関係費が約二〇パーセントの多くを占めていることである。戊辰内乱前よりも支出に軍事費の占める割合は高く、軍事財政的色彩を一層強めて藩財政を圧迫する状態にあったといえよう。しかし、一部が陸軍費に計上されているが、軍艦や大砲・小銃の買入などの軍事力増強費の全体的内容についてはもちろん明らかでなく、これらを考えると軍事費は厖大な額に達したであろう。

明治初年の佐賀藩財政の実態は、地方知行制廃止による全藩的な徴税体系を確立し、また懸硯方財政の存在を否定して、一元的な財政構造を創出する統一的藩財政の実現を目指していたといえよう。そしてそこには軍事重視の傾向が強く出ており、藩軍事力の強化に大いに努めているのである。こうした軍事至上主義とでもいえる藩財政のあり方は、明治初年の佐賀藩における藩政の基本的方向に強く規定されていたと思われる。

（1）拙著『幕末期佐賀藩の藩政史研究』第一章「佐賀藩天保改革における藩財政と長崎警備」（九州大学出版会、一九九七年）参照。
（2）右同、第五章「嘉永・安政期佐賀藩の農村支配と藩財政」参照。
（3）以上、右同、第六章「嘉永・安政期佐賀藩の懸硯方」参照。
（4）右同、第十章「文久・慶応期佐賀藩の富国強兵」参照。
（5）本書第三章「行政機構の改編」参照。
（6）本書第四章「家臣団体制の解体」参照。
（7）本書第二章「維新政府と佐賀藩」参照。
（8）明治元年十二月に戊辰内乱への出兵に対して加勢米の支給が行われているが、その中に鍋島上総・多久与兵衛の親類同格の私領主の他に、鍋島鷹之助組・鍋島左馬之助組・鍋島監物組・鍋島縫殿助組が挙げられている（鍋島文庫明治元年「達帳　政府」

鍋島報效会蔵・佐賀県立図書館寄託）。なお佐賀藩の家臣団の軍事編成は慶応元年にそれまでの十六大組制を改編して十三大組制にしている（梶原良則「佐賀藩における慶応軍制改革」〈『九州史学』第一〇三号、一九九二年〉）。

（9）鍋島文庫明治二年五月「仮日記」。なお以下断らない限り引用史料は鍋島文庫である。

（10）前掲拙著第六章「嘉永・安政期佐賀藩の懸硯方」参照。

（11）明治元年「達帳　政府」。のち九月に入った頃に大坂藩邸へ、「江戸御屋敷詰深川亮三ゟ出兵之向々御遣料、先以三万金丈仕向申来候得共、先達而御仕向金御米代取束、弐万金被相弁候処、跡一万金之儀御遣料柄、早急御銀配仕向相成候半而不相成」と、出兵遣料が一万両不足していることを伝えているし、また「御軍用金若松追撃方、莫大之御物入に而、御差支相成候由ニ而」という状態であった（慶応四年八月ヨリ「東京御上京日記」）。

（12）右同。なお明治二年に入って「去春奥羽御出兵ニ付而者、不少御費用之趣奉承知」として深川栄左衛門の金一〇〇両をはじめ八人が計五〇〇両の「献金」をしている（明治二年「御意請・上」）。

（13）右同。

（14）右同。諸役所遣料の個別の削減内容の一覧については、拙稿「明治初年における佐賀藩の財政構造」（『香川大学教育学部研究報告』第Ⅰ部第八七号、一九九三年）の表4にまとめておいたので参考にしていただきたい。詳細は本書第三章「行政機構の改編」参照。

（15）文久元年と慶応二年の遣料削減の詳細については前掲拙著第十章「文久・慶応期佐賀藩の富国強兵」参照。

（16）この「軍国備仕組」については右同拙著第十章参照。

（17）慶応二年「軍国御備御仕組一通　御仕組所」。

（18）明治元年「達帳　政府」。

（19）佐賀藩の最上級家臣団の序列は、親類・親類同格・連判家老・加判家老・着座の順となっていた。

（20）明治元年「達帳　政府」。

（21）「慶応元年十月ゟ同二年九月迄凡略目安」。

(22) 明治元年十月より同二年一月迄「日記」。なお石高別の献米率の内訳については前掲拙稿「明治初年における佐賀藩の財政構造」の表5に示しておいたので参考にしていただきたい。
(23) 明治元年「達帳　政府」。
(24) 前出「日記」。なお十月には、「軍用金壱万五千両之儀ハ、古川善左衛門其余ニ而東京被差越儀候」とある（同「日記」）。
(25) 明治元年「達帳　御側頭役所」。
(26) 明治二年「請御意」。
(27) 明治元年「達帳　政府」。
(28) 慶応四年九月より「触状写」。「御金庫」を藩政府の管轄としたことについて、『鍋島直正公伝・第六編』三二七ページは「御金庫の字を加えたるは冗文といふべく、貯金は会計に属し、土地人民租入と並ぶべきものならず、……旧貯金は家政に引き継いで不可なきのみならず」と疑念を呈しており、当時簡単に実施できることではなかったと思われる。なお明治元年十二月に鍋島上総・御加勢米四七四六石（別段一五〇石）、多久与兵衛・御加勢米二九〇二石（別段一五〇石）、鍋島鷹之助・御加勢米九六六石（別段一〇〇石）、鍋島左馬之助・御加勢米一四一六石（別段一二〇石）、鍋島監物・御加勢米三五四石（別段七〇石）、鍋島縫殿助・御加勢米八四石（別段三〇石）について、「乍御留主中も御金庫相開、差出候様被為在御沙汰候事」とあり（明治元年「請御意」）、藩政府の「御金庫」への関与が窺える。
(29) 明治二年「御意請・下」。引用史料中に「内庫銀」とあり、当時懸硯方に代わって内庫所が置かれていた（注37参照）。
(30) 本書第三章「行政機構の改編」参照。
(31) 本書第四章「家臣団体制の解体」参照。
(32) 「肥前藩日誌」。
(33) 明治二年九月より「政府ゟ之達帳　家令録事」。
(34) 「直正公御年譜地取」明治二年十一月二日条（『佐賀県近世史料・第一編』第十一巻九五二・九五三ページ、二〇〇三年）。
(35) 「佐賀県史料・一二」（内閣文庫蔵「府県史料」所収）。十二等官制の月給定では一等官五〇両、二等官二五両、三等官二〇両

で、十二等官は二両となっている（「諸仕組達帳」）。
(36) 本書第三章「行政機構の改編」参照。
(37) 明治三年正月より十二月迄「達帳」。なお内庫所の文言は明治二年六月にみえている（本書第七章「維新期の多久私領」注91参照）。
(38) 明治元年「達帳　政府」。
(39) 明治三年閏十月四日「歳入歳出取調子書」。明治二年度の小物成所の運上・冥加等の収納の内訳が「歳入歳出取調子書」に記載されている。項目は文久頃のものと全く一致しており、それ以後新たに運上・冥加が取り立てられた形跡はなく、取納高も項目により増減はあるが、それほど際立った変化はみられない。ただこれまで本来懸硯方の収納であったにもかかわらず、藩財政補塡のため「是迄外向ニ御取納ノ数」つまり藩政府の収入とされていた「増俵銭」五五貫が、小物成収納に加えられているのが注目される。なお「増俵銭」については前掲拙著第六章「嘉永・安政期佐賀藩の懸硯方」参照。
(40) 「太政官日誌」第六八号（『維新日誌』第二巻一八〇ページ）。
(41) 以上、明治三年四月「仮日記」。なお「官衙」の内訳については前掲拙稿「明治初年における佐賀藩の財政構造」に表11として示しておいたので参考にしていただきたい。
(42) 『明治史要』一五二ページ。
(43) 明治三年四月「仮日記」。
(44) 明治二年七月より「日記」。
(45) 右同。
(46) 明治二年「御意請・下」。
(47) 以上、明治三年正月より六月迄「日記」。
(48) 『鍋島直正公伝・第六編』五五〇～五五六ページ。
(49) 以上、明治三年閏十月四日「歳入歳出取調子書」。

(50)明治三年度の「臨時雑出」・「借財利払」の内容は、佐賀県明治行政資料明治五年六月より九月迄「官省進達」（佐賀県立図書館蔵）による。なお以下「官省進達」は佐賀県明治行政資料である。

(51)ここでいう海軍資金は、明治三年九月に維新政府が「藩制」の中で藩の陸軍費の半分を納めさせることにしたが、これによる上納と思われる。

(52)佐賀県明治行政資料明治五年六月より九月迄「官省進達」（佐賀県立図書館蔵）。折衝隊については本書第四章「家臣団体制の解体」で説明したが、博多、信州への出動の経緯については未調査である。維新政府は明治四年四月二十二日に西海道鎮台を設置し、佐賀藩一大隊をこれに詰めさせることにし、佐賀藩元権大参事の前山清一郎を兵部省出仕として博多分営への出張を命じており（佐藤誠朗『近代天皇制形成期の研究』二五六～二六〇ページ。三一書房、一九八七年）、鳥雲隊の博多出張はこれに関係したことかと思われる。なお表5-6の陸軍経費の各項目の内訳については、前掲拙稿「明治初年における佐賀藩の財政構造」の表18を参照していただきたい。

(53)武雄鍋島家文書「庁其外達帳写」（武雄市図書館・歴史資料館蔵）。

(54)本書第四章「家臣団体制の解体」参照。

(55)軍事力増強と藩財政との関連については本章第四節で述べる。

(56)「御蔵納帳」。なお蔵納金の詳細については前掲拙著第六章「嘉永・安政期佐賀藩の懸硯方」を参照していただきたい。

(57)慶応四年九月より「触状写」。

(58)多久家文書「佐賀藩政府への口達写」（仮題）（多久市立郷土史料館蔵）。

(59)明治三年正月より十二月迄「達帳　家事職」。

(60)右同。

(61)前出「庁其外達帳写」。

(62)右同。

(63)明治五年六月より八月迄「官省進達」。

(64) 明治五年六月より九月迄「官省進達」。
(65) 以上、右同。
(66) 「肥前藩日誌」。
(67) 佐賀県における士族土着の問題については長野暹「佐賀地域における明治初期の士族授産」(『明治国家初期財政政策と地域社会』〈九州大学出版会、一九九二年〉) に詳しく述べられている。
(68) 前出「佐賀県史料・二二」。
(69) 『鍋島直正公伝・第六編』四三一～四三五ページ。
(70) 明治五年十一月「官省進達」。
(71) 幕末期佐賀藩の軍事力増強の具体的内容については前掲拙著第九章「幕末期佐賀藩の軍制改革」参照。
(72) 明治元年「達帳　政府」。
(73) 本書第三章「行政機構の改編」参照。
(74) 明治元年「達帳　政府」。
(75) 本書第三章「行政機構の改編」参照。
(76) 明治元年「達帳　政府」。
(77) 明治三年六月「仮日記」。
(78) 右同。なお明治三年五月「仮日記」には明治三年四月に買い入れたとある。
(79) 渡辺文庫「高島炭坑資料・松林氏文書」(長崎県立図書館蔵)。
(80) 明治三年六月「仮日記」。提出した書類には「銀銭六万枚……、右者元利当午（明治三）九月迄之内払入之条約前」とあるが、同「仮日記」に「日進丸代銀洋銀六万枚御払入期限差延一条ニ付テ、佐野栄寿左衛門・福谷啓吉横浜表被差越、当九月七日限御払入之定約相整、新証文差入古証文差戻候由ニ而」とあり、「銀銭」は洋銀のことである。
(81) 明治三年五月「仮日記」。

(82) 前出「高島炭坑資料・松林氏文書」。
(83) 明治五年十一月「官省進達」。なお「唐津石炭仕組」については、本書第六章「『物産仕組』の展開」、梶原良則「殖産興業政策の展開」(『続佐賀藩の総合研究』〈吉川弘文館、一九八七年〉)参照。
(84) 明治三年六月「仮日記」。
(85) 慶応三年「請御意　御仕組所」。
(86) 明治八年「官省進達」。他の県令への届書にも「彼地(長崎)在留松林源蔵主ト成リ、カラフルヨリ取入之定約」とある(明治八年「官省進達」)。
(87) 前出「高島炭坑資料・松林氏文書」。
(88) 明治八年「官省進達」。なおスペンセル小銃等代金支払い内訳の詳細については、前掲拙稿「明治初年における佐賀藩の財政構造」表26を参照していただきたい。
(89) 右同。
(90) 右同。
(91) 梶原良則前掲論文。
(92) 明治八年「官省進達」。
(93) 先述した高島石炭を始めとする当時の佐賀藩の「物産仕組」については本書第六章「『物産仕組』の展開」で述べている。
(94) 慶応元年度藩財政予算書については前掲拙著第十章「文久・慶応期佐賀藩の富国強兵」収載の表10－5参照。
(95) 本書第四章「家臣団体制の解体」参照。

第六章　「物産仕組」の展開

はじめに

天保初年の佐賀藩では「御国産は米より外に無之、次は陶器ばかりなり、その他種々あれども、他邦に売弘めて益になる程のものなし」と[1]、領外への移出品は米が中心であり、その他に陶器があるのみといわれている。しかし天保二年には「塩仕組」によって伊万里近辺で生産された塩を藩が買い上げ[2]、また同十年に「石炭山一式御仕与」を実施し、石炭の領外移出を禁止している[3]。さらに紙の生産についても天保十一年に紙と楮の領外移出を禁じ、翌年には「楮仕組」によって楮の増殖が奨励されている[4]。これらはいずれも塩・石炭・楮の生産を藩が統制し、その領外移出を藩の主導の下に行おうとしているといえよう。このほか天保十四年には佐賀藩東部の養父郡江島村の犬丸市之助に筑後の田主丸から櫨苗二万五〇〇〇本の買入を命じており[5]、櫨の栽培を奨励し蠟の製造を盛んにしようとしているし、また天保十年頃には綿の植付と、甘蔗栽培による砂糖製造の奨励が行われていた[6]。

このように天保期とくにその後期に陶器以外の商品生産の奨励と統制に乗り出してきているのがわかるが、殖産奨励が本格化していくのは嘉永二年に御側に国産方が独立して設置されてからのことである。これは「領民自給」のために広範囲に国産の生産を奨励するものであったが、同時に領外移出品をつくり出して「一際之御国益」をも図ろうとしていた。そして安政元年には蒸気船買入の代価に充てる産物を取り扱う代品方が置かれ、代品として石炭・白蠟・小麦・瀬戸物が取り上げられた。国産方は安政四年に廃止され、国産の奨励は各地の代官の管轄となったが、(7)以後石炭・白蠟それと茶が長崎での外国貿易品として注目され、蒸気軍艦や蒸気鑵、銃砲の買入の代価に充てられ、軍事力増強の財源として重要な地位を占めることになった。(8)

一方、鳥羽・伏見の戦いによる維新政府の成立から廃藩置県までの時期において、佐賀藩は積極的に藩政改革を実施していった。明治元年八月の官制改革、明治二年正月の職制改革、明治二年三月の藩治規約の公布、同年四月の大隊制の採用、同年八月の地方知行制の廃止、同年九月の民政仕組の公布、明治三年閏十月の「藩治職制」、明治四年六月の改革などを挙げることができる。こうした一連の改革は維新政府の下での佐賀藩体制の軍事化、集権化を図ろうとするものであった。(9)

この間の佐賀藩の財政構造に関しては、藩財政とは別途会計であり幕末期佐賀藩の軍事力増強に大きな役割を果たした御側管轄の懸硯方が否定され、藩財政と懸硯方財政という二元的藩財政構造が一元化する方向が取られたことが注目される。そしてこれまで懸硯方で取り扱ってきた「国産仕組」が藩政府の臨時方の管轄となり、また軍事関係の財源も藩政府へ移されている。そして明治三年度の藩財政の支出の中で軍事費が二〇パーセントに上っているように、藩財政に占める軍事費の割合が戊辰戦争前よりも増えており、軍事財政的色彩を一層強めていった。勿論軍事費に計上されていない軍艦や銃砲の買入もあり、これらを加えると軍事費は膨大な額に達したと思われる。(10)

本章では、幕末期において軍事力増強のための国産政策を積極的に展開していった佐賀藩が、明治初年の藩政改革によって軍事的色彩を一層強めていく状況の中で、軍事力増強の財源となる国産に対する統制が具体的にどのようにして実施されていったかということを分析しようとするものである。しかしながら史料的制約のためその全貌を明らかにすることができず、素描に終わらざるを得ないことを断っておきたい。

一　物産方の設置

慶応二年十月にオランダへの軍艦の注文に際して、臨時方の中に軍艦取入方が設けられた。軍艦取入方は軍艦買入の代価に充てる「代品」の確保のために置かれたが、軍艦だけではなく大砲・小銃等の買入も取り扱った。臨時方は恒常的でない臨時の財源を確保するために設けられたと思われるが、軍艦取入方の設置に見られるように、軍事関係の財源を主として扱っていたのであろう。(11) なお明治元年八月には軍艦取入方は廃止され、その職務は臨時方が取り扱うようになっている。(12)

明治元年八月の官制改革が実施された時に、臨時方は独立した一部局とされ、これまで御側の管轄であった「国産仕組」が臨時方の管轄に移っている。九月下旬に臨時方は物産方と改称し、翌二年三月の「藩治規約」では雑務方に属することになったが、(13) これは物産方の重要性が薄らいだことを示しているのではなく、物産方における国産仕組は積極的に推進されていった。

明治元年十二月の物産方の職務内容をみると、臨時方の「金穀出入納帳」や軍艦取入方の「金銀出入納帳」の決済、「上海運用方」、「大坂商法筋」、「高島立石炭坑」などの運営、長崎での「日進丸・延年丸代器械代等現金代品」の支払いなどの他に、「役内御仕法胴金受払」、「同御誂代金受払」、「同祠堂銀受払」があった。注目されるのは物産方で取り扱ったものは、年三回に分けて「仕切勘定」をし、それぞれ勘定期限の翌月に「目安納帳」をさせていることである。軍事費等に関する重要な資金の正確な運用を図ろうとしているのである。(14)

これらのうち、「上海運用方」については、「初発より両度之航海、金銀出入目安納帳」を翌年の正月までに済ますようにというものであるが、その詳細は明らかでない。(15)「大坂商法筋」に関しては、明治元年二月に摂津の灘御影宿加納屋次郎右衛門を、「旧年来大坂表ニおゐて、御臨時方江数度大金御借入相成、向以御用可相立者」として「御館入」を許していることや[16]、同年七月に丸屋喜右衛門が肥前米一五〇〇俵の売却決算を大坂の「肥州御商会」へ行ったこと、翌二年四月に佐賀商人武富八郎次が大坂の「肥州商会」へ取引益銀を納めていることなどがある[17]。明治二年初め頃に当時物産方附役頭取であった加賀権作が大坂へ赴き、また三月には藤瀬孫太郎が「大坂物産方当分兼帯」となっており[18]、大坂で「商法筋」が実施されているのが窺えるが詳細は不明である。

高島石炭については後述するが、明治元年三月に大隈八太郎（重信）が、のち十二月には馬渡八郎が「石炭仕組方懸り合」を命じられ[19]、翌年正月には松村文亮が「物産方懸り合高島石炭坑重ニ請持」に任ぜられている[20]。

明治二年正月に物産方は日進丸の代金支払いに関連して、佐野栄寿左衛門を長崎へ派遣することを計画しているが[21]、結局佐野は大坂へ出かけている[22]。長崎派遣が実施できなかった理由は明らかでないが、当時長崎にも「佐賀藩物産局長崎出張所」が置かれており、明治五年五月には引き払われている[23]。

なお時期は明らかでないが、横浜に商会が置かれており、明治二年八月には「横浜表江商会被相開、録事其外出張被仰付儀候処、同所売買筋日ニ増繁栄之由ニ付而者、御用弁之振合も可有之」として、横浜商会へ勤め「商法筋等事馴」れている坂田源之助を雑務局小弁務に兼任することになっている[24]。

明治元年十一月に、「物産方ニおゐて仕組相成候石炭蠟茶等、専郷内ニ相懸り候義ニ付、左之人々右役内懸り合被仰付」として、皿山代官・川副代官・横辺田代官・市武代官・諫早代官・上佐嘉代官の六人の名が挙げられており、石炭・蠟・茶などの仕組に在住代官も参画させて実施しようとしている[25]。この頃の佐賀藩の物産高を示しているのが表6－1である。石炭・蠟・茶のほかに陶器と素麺・搯海老・酒・米が挙げられている。

明治二年十月に紀伊の和歌山藩が佐賀藩の米買入を計画している史料がある[26]。佐賀藩の蔵米三万六〇〇〇俵を、明治二年十月から翌三年九月にかけて毎月三〇〇〇俵ずつ和歌山へ送り、米買入資金は和歌山藩の曾野元十郎と佐

表 6－1　佐賀藩産物高（明治 2 年 4 月に維新政府へ提出）

素麺	108 万斤
米	92,719 石 4 斗
酒	13,988 石 8 斗
摺海老	4,550 斤
茶	50 万斤
蠟	80 万斤
石炭	3,600 万斤
陶器	2 万俵余
右の品々凡そ調べ，尤も年に依り増減これ有り候	

『藩制一覧・二』（東京大学出版会，1967 年，68 ページ）より。

賀藩の松林源蔵が用意し、買入と運送を委任された西原太郎次へ渡し、利益金のうち三分の一は西原太郎次へ与えることにしている。曾野元十郎は紀伊藩会計通商局、松林源蔵は佐賀藩物産局に属しており、両局の商会が長崎に置かれていた。[27] 藩際交易の一つの事例として注目されるが、その後のことは明らかでない。

また北海道の箱館に商会を置いているのが、明治三年四月に物産局から出された次の願書によってわかる。[28]

一与兵衛殿再府便ニ而左之通

今度於箱館表商会被相開候付、地所壱ヶ所御願請相成度、別紙写之通物産局ゟ達出、無余義次第ニ付、相達通被仰付ニ可有之吟味奉伺候処、其通被仰付候、右者於其許御願立相成方ニ可有之候条、御文面等加吟味取立御趣意相達候様、精々取計可被申候旨、権大参事中ゟ岩村右近殿其外江

付紙

今度箱館表江商会被相開候処、同所之儀手狭場所ニ人家稠密相詰り、蔵敷員（ママ）等別而高直之由ニ付、最前遂御達置候通、追々之都合ニ寄り土蔵壱軒被御取建候付、地面壱ヶ所御願受相成度、就而者同所築島と申所江当時異人館其外取建罷在、相応之塁地有之趣ニ付、此御方蝦夷開拓方兵糧其外御囲之訳を以、弐千坪丈之地所御願請相成候様有御座度、追々異人館等建方地所相詰り候由ニ付、一刻も御願立相成度、此段致御達候条尚宜被遂御吟味候、以上

つまり商会の場所が狭くまた蔵敷料も高いので、異人館などのある築島の土地二〇〇〇坪を購入して、佐賀藩の「蝦夷開拓方兵糧其外御囲」の場にしたいというものであった。

表6-2　物産基立貸付金目安（明治5年5月）

金　16,164 両余	辛未9月元ニして高島石炭坑用松林源蔵え取替
12,000	辛未6月加賀権作サンフランシスコ行ニ付大坂物産基立金ノ内出方
5,315　余	辛未3月嬉野郷武雄郷茶仕組用
3,100	白石焼陶器偖又炭焼用取替
1,980	辛未3月横辺田西郷焼米石炭部入用
235　余	辛未4月山代郷長崎村庄屋伊助へ塩仕与用
2,000	庚午8月神埼宿素麺仕与用
15,000	庚午3月楠久牧島石炭掘仕組ニ付郡令百武作右衛門え取替
3,338　余	佐賀用達武富八郎次返上残元
11,500	辛未5月6月両度ニ佐賀町人横尾七三郎え小城蔵当切手引当貸渡置

明治5年6月より9月迄「官省進達」より。

佐賀藩の北海道での物産取引については、「蝦夷は物産交易に極めて便利を具したるを以て、田中、武富両人の間に計画の讃談大に熟し、資本金に兵庫の北風に託したる海軍仕法金の融通を請ひ、早くより釧路、十勝地方に船を回して彼地方の物産を採収すると共に、内地にその居住地を占めて開墾植民の策をなしたり」とあって、積極的な活動を行っていたのがわかる(29)。

ところで、佐賀藩が明治に入って発行した藩札の準備金四〇万九一三八両余のうち七万五一一六両余が、明治五年五月当時「是ハ貸付金并物産基立等差出置候」となっていたが(30)、この頃の「物産基立貸付金」は表6-2のようになっており、貸付金の内容は大体理解できよう。高島石炭・楠久牧島石炭が多額であるが、そのほか嬉野郷・武雄郷の茶仕組、白石焼陶器関係、山代郷長崎村塩仕組、神埼素麺仕組などに支出されている。明治四年六月に物産掛役局から佐賀町人横尾七三郎への貸付に関しては次の史料がある(31)。

金四千五百両、御役内御仕法銀之内より、慥ニ受取奉拝借候義実正ニ御座候、但御益月壱部ニして、当九月限り元利御返納可申上候、尤為御引当牛津蔵米千二百石相納置申候ニ付而者、聊御返納相違無御座候、為後証一札如件

前月の五月にも七〇〇〇両を物産掛から借用しており(32)、表6-2中の一万

一五〇〇両が、物産掛の「役内仕法銀」の中から貸し付けられているのが確認できる。

二　高島炭坑と木須炭坑

幕末の佐賀藩においては、安政元年に高島・香焼島の石炭が長崎でオランダ人へ売り渡されて以来、長崎における佐賀藩の重要な貿易品であったが、慶応三年頃には高島産出の石炭の評価が高く貿易品として注目されていた。(33)明治元年二月になるとグラバー商会との共同経営で、高島炭坑の開発が行われることになり、同年閏四月にグラバー商会と佐賀藩との間に条約が締結され、洋式坑法によって高島の石炭採掘が本格的に始められることになった。この高島炭坑の経営内容や石炭の販売計画等については既に分析がなされているので、(34)ここでは高島石炭と軍事力増強との関係にしぼって述べてみることにしたい。

明治元年二月に高島石炭仕組の中心人物であった松林源蔵は、「一躰御船御取人其ノ外代金御引合方等ニ付而、何れ之道私一人ニ而者何分行届兼」るとあるように、「御船御取人」に携わっており、高島石炭仕組が蒸気船の買入と関係していたことを窺わせるが、翌月の高島石炭仕組の詰め役人等の計画をみると、役人の一人は「右者ガラブル商社組合商法方ニ付万事主と成、御軍艦御取人方其外とも請持候事」とあり、高島石炭の発掘は軍艦買入と深く関わっていたのである。

そして「彼等ゟ御取替金弐拾万両之内、拾万両丈ハ差付蒸気船等ニ而御請取相成、残拾万両之儀ハ追々之都合ニ依り、大小銃等誂可相成旨」と、高島炭坑発掘に際してのグラバーから佐賀藩への調達金二〇万両のうち、一〇万両は蒸気船、残り一〇万両は大砲・小銃の買入費に充てる予定であった。(35)しかし結局二〇万両は一〇万両となったが、その使用方法は孟春丸代金に二万両を充て、残りをスペンセル銃等の支払いに回し、一〇万両の支払いの財源には高島石炭を売り払った代金を充てることにし、高島石炭の売り払いに上海その他で至急取り掛かるようにしている(36)。しかしこの計画がどういう結果になったのか明らかでない。

このグラバーと佐賀藩の高島炭坑開発の経過は次の通りであった(37)。

> 慶応四年辰正月於高島石炭坑開基之儀、英商ガラブル組合ニ〆被相整度ニ付、得失之振合取調子致御達候様御内々被相含候ニ付、英人を御雇入相成候而、御一手ニ而西洋風之坑被相開候而も可然、又ガラブルと御舫ニ〆被相開歟、両条書取を以相伺候処、矢張組合ニ〆被相整之旨被相達、惣而右ニ付而者金拾万両高程前以調達、武器等を以ガラブルゟ差上候様可談取旨御内達ニ付、段々談判取懸り、金弐拾万両分蒸気船等を以調達差上候而、一体之条約者別紙イ印之通ニ相決、既ニ其通御取組可相成処、弐拾万金高と候而者余り金高手太ク、又蒸気船等を以差上と申儀、直段合等ニおゐて過当之儀申立、面倒引起候恐も有之趣を以、右者過半取組置候得共被相廃、其代孟春丸代金之半高四万三千七百五拾両、辰六月廿日迄ニ御払方相成候半而不相叶を、向弐ヶ年之間無利息ニ〆調達可相整旨、被相達候ニ付其通談替、則ロ印条約面之通ニ御座候

高島炭坑開発の方式は結局、佐賀藩の一手経営ではなくグラバーとの共同経営になった。そしてグラバーから佐賀藩への調達金二〇万両に相当する蒸気船を用意する方針であったがこれは取り止めて、その代わりに孟春丸代金の半高に当たる四万三七五〇両を二年間無利息で調達することになっている。

しかし実際は、明治元年六月に孟春丸の代金四万三七五〇両をグラバーに支払わねばならなかったため、月に利子一分半で十二月まで延期し、十二月には利子分四五九三両余をグラバーから借用して払ったことにしている。そして翌二年五月には元利合計金四万八六一一両余を明治四年六月までに支払うように取り決めている。その引当は「肥前政府付属高島之出炭を以テ、政府之ためガラブル社中別格之猶予ヲ成ス」とあるように、高島の石炭が充てられた(38)。

高島炭坑の採掘は明治二年四月に厚さ八尺の炭層へ掘り届いており、「蒸気器械居付等取懸り、ポンプ其外可也ニ致成就候事」、つまり近代的な設備によって本格化していったのは同年十一月頃で、「八尺之炭一昼夜ニ付、弐百噸或八三百噸位出炭之積ニ〆、凡拾ヶ年位ハ掘方出来可申見込」ということであった(39)。そして今後の高島石炭に関して、石炭売り払いのために「異国形帆船先以二般」を買い入れること、売払高の二分五厘を口銭としてグラバーへ渡すこと、横浜・神戸においても売り払うこと、上海での売り払いはグラバーに任せること、「石炭益金」は三か月毎に物産局権大参事までその内容を伝えること、等の方針が出されているが(40)、これが実施されたのかどうか定かでない。

この高島石炭の売り払いに関連して、四月に次の意見が高島詰役人荒木大作・井手与八から出されていた(41)。

……石炭売捌方之儀、是迄纔之高さへ吐口六ケ敷、数十ヶ月出炭其儘相囲置候事勝ニ有之、然ルニ此節御仕与之坑者莫大之出炭候処、御一手ニ而者捌方迚も行届候見渡無之候、兎角日本人ハ、売買共異人ニ便り候半而商法出来不申、夫故聊之品たり共、彼等へ益を与候上ならて、日本人之益と者相成不申、右者専日本人普通之商法出来兼候故ニ御座候、依之以後彼等同様ニ各国通商をもいたし候通、習熟之人出来候半而者、節角御仕組相成候坑方、後々廃坑相成候外無之候、依而先当今ゟ上海長崎江商館被相啓、順々手広彼等同様之商法相整、右入費矢張石炭御益之内ゟ四分之壱丈年々出捨ニ〆被差出、存分之商法相整候様御委任被仰付度、……

つまり日本人も外国人並みに「商法」に「習熟」することが必要であり、そのために上海と長崎へ「商館」を建てることを主張している。

そしてこれにもとづいて物産方から長崎・上海での「商会」設置の具体案が示されたが、そこでは「順々西洋之法与等呑込出来候上、ホンコン其外江段々手広ク、外国人江も懇意を結、彼ニおゐて相応いたし候品者、彼等より之布告を以相運、又此方江相応いたし候品者彼ゟ送来」るとあるように、石炭のみならず広く各種の取引を行おうとしていた。しかし「御誂武器躰扨又金子御調達等ニ至迄、一際商会ゟ御受合出来候通手広ク相整度候事」とあるように、武器の買入が商会の重要な仕事であったことはいうまでもない(42)。

この頃高島石炭の益金の使用方法については、高島炭坑の状況は「一ヶ年成共打栄見候半而者、目論見相居兼候得共、格別相減候儀有之間敷、尤地震等不意之災害出来、及破坑候儀ハ格別之事ニ御座候」との見込の下に、益金は「全く御成目外臨時之御得分」であるとして、その四分の二を有明海の干拓費等、四分の一を長崎・上海・ホンコンに設立する商会の費用、残りの四分の一が軍艦その他の武器買入費とされている(43)。ただし、長崎・上海等での商会設立については一度藩政府は決済を下したが、その後「此簾見合相成候様」と方針を変えている(44)。

上海には明治元年夏に、田代屋慶右衛門が陶器店を開いたが、明治二年五月頃は閉店状態であった。ここに物産方の役人が出張して、「商法ハ勿論高島石炭売捌等之振合等、呑込候通無之而不相叶ニ付、得失等調子合候通被仰付方ニ者有之間敷哉」との伺いが出されており、また「今度上海江被差越候付調子合之簾々」、「別紙於上海之商法筋取調子候凡目的」などの史料が残っていることは(45)、上海における石炭をはじめとする物産交易を物産方が注目していたことを物語っている。

高島炭坑の発掘が本格化した時期の半年間の収益は表6－3のとおりであるが、孟春丸代三万六〇〇〇両をグラバーへ返済してもなお八万四七〇〇両の利益が見積もられている。もっともこのうちから地主納金、外国人給金、高島詰役人給金、長崎運上所税金などの支出があったが、それにしても莫大な利益が見込まれていた。しかし明治四年二月には雑務掛は松林源蔵の要請を請けて、五〇〇〇両の振替の方針を出しており、必ずしも高島炭坑は順調にいっていなかったのではないかと思われる(46)。

高島石炭の発掘が軌道に乗る以前から注目されていたのは唐津石炭であった。これは唐津領内にある炭坑を、採掘権を獲得して佐賀藩が採掘したものや、唐津領内から買い入れた石炭などであり(47)、明治元年閏四月には兵庫へ運

表6－3　高島出炭益金凡見積（明治2年7月から12月までか）

1昼夜ニ付 1ケ月ニ付 凡7月より12月迄 代洋銀　252,000枚	出炭　　200噸 同　　6,000噸 同　36,000噸 　但1噸凡7枚替ニ〆
内 洋銀　36,000枚	雑用，1噸ニ洋銀1枚の積ニ〆
残洋銀　216,000枚 　但洋銀1枚9合替ニ〆 代金　　194,400両	
此内 金　25,000両	昨年已来入費，扨又此後鉄路仕懸其外共凡積前
残金　　169,400両 　　二割ニ〆取納前 　金　84,700両	
金　36,000両	地主納金として1噸ニ付金1両ツヽ，ガラフル一手より差出候筈ニ付取納前
合益金　120,700両 　　内 　金　36,000両	孟春丸代，ガラフルへ返金前
舩益金　84,000両	
外ニ 一地主納金孫六郎殿へ渡方の多少 一高島詰異人給金未一定仕らず候事 一同所詰役々右同断 一長崎運上所ニ税金未一定仕らず候事	

「高島炭坑資料・松林氏文書」より。

んでいるのを確認できる。(48)そして明治二年五月の史料に、「於上海和蘭陀岡士タルスと申者心配ニ而、日進丸代御払入方、唐津石炭上海被差廻ニ付、去夏彼地江田代屋慶右衛門、陶器店相開候付、夫を先ツ商館之姿ニ〆、出役相成居候処」とあるように、(49)日進丸の代金に充てるために唐津石炭を上海へ運び、田代屋慶右衛門の陶器店を商館として、ここで取り扱わせようとしていた。

明治二年三月には先込エンフィールド銃二〇〇挺代の借金の返済として、同年十一月に唐津石炭と高島石炭を引き渡すことを、山崎竜吉と林政六はグラバー社のグンブルと取り交している。(50)日進丸といい先込エンフィールド銃といい、唐津石炭が軍事力増強のために使われているのがわかる。なおここに出ている高島石炭は佐賀藩とグラバー社との共同経営の炭坑の石炭ではないと思われる。先の引用史料にもあったように、共同経営による高島石炭が本格的に採掘され始めるのは明治二年十一月からである。したがってこの明治二年三月段階での高島石炭というのは、共同経営以外の炭坑の石炭のことをいっていると思われる。

次の史料は高島の共同経営ではない白麻崎坑に関するものである。(51)

高島白麻崎坑、微塵粉を除候竹越之石炭出高、皆以貴商へ売込ニ付、条約左之通

一石炭壱万斤ニ付代金三拾五両替之事

一延年丸代金払方ニ当毎月五百噸ツヽ、唐津石炭可差入条約いたし置候得共、性合不思和敷、請取不相成ニ付、其更りニ高島石炭入込之節者、半高現金ニ而受取、残半高を延年丸代ニ引合可申、尤洋銀替之儀新聞紙等慥成相場を以、月々談決可致事

一唐津石炭、右条約通五百噸受取相成候半者、高島石炭之儀、皆以現金ニ而請取申儀ニ候事

一高島石炭渡方代銀受取方等之儀、小山秀之進へ申付置候条、左様心得可被申候事

一右条約中国君用向ニ而、万一外商会江差向候半而不相叶義有之候節ハ、右条約破談可致ニ付、其通承知相成候

様之事
右之通相違無之候、仍而条約如件
三月四日　　　　　　松林源蔵
アテリアン商会
シキフ君

唐津石炭に代わって延年丸の代金に充てようとしていること、もし唐津石炭を延年丸代金に充てる場合には、白麻崎の石炭は現金で売り払うこと、白麻崎石炭の代金等は小山秀之進が取り扱うこととしている。小山秀之進は白麻崎坑の「請元」であったが、のち明治二年十二月に「我慾之働方」をしたということで、白麻崎坑を取り上げられている。(52)なお唐津藩以外でも幕領唐津の下谷・山上の「極上品」の石炭一五〇万斤を、佐賀藩の長崎商会が四月二日から五月二十九日までの間に長崎で買い入れようとしているが、(53)その使途は明らかでない。

明治二年七月にフランス帆前船アッシューレンス号の船長ホンテーンと松林源蔵は取り決めをし、「当港（長崎）唐津亀ノ浦乗廻、同所ニ而船内江相当積入候丈之石炭積込、横浜江乗廻同所ニ而石炭渡方可致事」と、アッシューレンス号を洋銀一七六〇枚（石炭四四〇トンに相当）で借り入れて、唐津石炭を横浜へ運ぼうとしているし、また翌月には北ヂェルマンノ帆前船ミランダ号を借り入れ、同じく唐津石炭を横浜へ運ぶことにしている。(54)横浜へ唐津石炭を運んだ理由は明らかでない。

明治に入って炭坑の開発に着手したものに伊万里の木須石炭坑の例がある。明治三年三月に松林源蔵は長崎県庁へ、「支配所伊万里石炭坑其外為見聞、御当地居留之英国モリス并同国リーズ与申者、鉱山功者ニ付召呼度」として、モリスとリーズの六か月間の佐賀行きの許可を求め、これが認められている。(55)炭坑開発について明治三年三月に佐賀藩有田郡令百武作右衛門とモリスとの間に結ばれた条約は次のとおりである。(56)

支配所松浦郡伊万里郷ニおいて、石炭堀働之為、同所郡令百武作右衛門藩知事之命を受、英人モリスト盟約を取結事如左

第一ヶ条

坑山必用之諸器械職人等まて、一切何品ニよらす郡令より相弁候事

第二ヶ条

モリス義右坑山堀働方之惣支配となし、或者相当之代人を相用可申、自然右代人江郡令何歟故障之筋等有之節者、何時も取除別人相用可申事

第三ヶ条

右ニ付而者坑山出炭之十分一者モリス江相渡、月末毎ニ勘定相整候事

但、十トン之石炭より一トン丈者、モリス支配たるへし

第四ヶ条

有田郡令掛り所ニおゐて何品ニよらす、モリス見出候場所、又者是迄堀来らさる鉱物類者、爾来右之約定ニ而堀働可申事

第五ヶ条

此条約、出炭之当日より五ケ年目ニ取止、其間モリス者代人共坑山近所へ住居可致候事

右之盟約を証する為、皇暦明治三庚午三月廿五日、洋暦千八百七十年第四月廿五日、双方自筆自印を相据置候者也、

炭坑開発の経費はすべて郡令つまり佐賀藩から支出すること、モリスは炭坑の「惣支配」とすること、出炭の一〇分の一はモリスへ渡すこと、当条約は出炭から五年目に取り止めることなどとなっている。

ところで長崎県から許可されたモリスらの伊万里滞在は六か月間であったが、佐賀藩とモリスとの取り決めは出炭から五か年目に取り止めることになっていたように、実質的に伊万里滞在は六か月をはるかに超えるものであった。この点については改めて東京へ願い出ることになり、明治八年三月までの五か年の雇い入れとなっている[57]。のち明治三年八月に「当三月条約相整候書面、少々当今御規則ニ相触候簾も有之、御聞済出来兼候」と、三月の取り決めの修正が行われることになっているが[58]、最終的に結ばれた内容は不明である。

この八月頃の木須炭坑の予測は、「当時石切共一昼夜ニ弐間ニ三間之立坑を、深サ弐三寸位ならて堅岩故堀下り出来兼候得共、跡ニ而者余程工合宜敷趣ニ而、モリス其外相歓相部候模様ニ而、存分出炭之処ニ而者高島ニ不相劣見込罷在、尤石炭之上品下品之工合者有之趣申聞候事」と、高島炭坑に劣らない出炭が見込めるとしている[59]。

廃藩置県後の明治五年の初めに、県庁から「木須石炭坑ニ付伺」が明治政府の工部省に提出されたが、これによるとこの段階でもまだ炭層に達しておらず、木須炭坑の開発が成功するかどうか危ぶまれており、また炭坑開発に官費を使わないという政府の方針が出されたこともあって、当分木須炭坑を閉坑にしたいといっている[60]。

一緒に提出された木須炭坑の経費状況を示す史料をみると、開発を始めた明治三年二月から四年十二月までに金三万一四一九両余かかっており、一度開発を中止し再度始めて炭層に達するまでに六二〇八両必要であるという。また木須炭坑の開発に成功した場合の初め一か月の利益は、金一六三二両余と見込まれていた。しかし明治五年正月より木須炭坑は閉坑となっている[61]。のち明治七年十一月に「木須坑ハ本月ヨリ三ヶ月間ニ立錘相初メ、一ヶ年間行業」を行おうとしたが、その経費はすべてモリスの負担であった[62]。こうして佐賀藩における木須炭坑の開発は成功することなく終わったが、その狙いとするところは高島炭坑の開発と同じように、軍艦や武器等の購入のための財源の確保にあったことはいうまでもなかろう[63]。

表6－4は明治九年頃の旧佐賀藩の外国債の返済状況とその財源を示したものであるが、そのうち高島炭坑関係

表6－4　旧佐賀藩の外国債（明治9年頃）

負　　　債　　　高	負　債　の　内　容
洋銀28,958弗33セント	明治3年7月買入の神行丸代価滞残，蘭商ファンテルタックへ5年2月中償却
金　11,500円 　此利　2,300円（年6朱ノ利40ケ月分） 〆金13,800円 　内116円67銭ヲ減シ下ノ金高ニテ償却 　金13,683円33銭	明治3年蘭国において築造の軍艦買入のため，和蘭商社総代ボートインより佐賀藩松林公留へ係る貸金，6年10月中償却 償却高
洋銀400,000弗	高島炭坑掘稼約定破談金并びに其所属の諸物品買上金，7年3月中ゴロウル社中へ外務省渡
洋銀1,110弗86セント	英商ボーイトより元皿山郡令百武兼貞へ貸付の木須・久原炭坑付属物代価，7年4月中外務省渡
金　20,000円	英人モリス旧佐賀・小城両藩内木須・久原炭坑器械代価其外一切の費用給半見込を以て，8年4月外務省渡
洋銀1,821弗74セント （此通貨1,897円94銭9厘）	独乙キニツブル商社より旧佐賀藩松林公留和歌山藩曾野元十郎へ係る負債，示談の上償与相済す，8年6月中同人へ渡済
総計　金465,650円46銭9厘	償却高
内	
金　138,309円58銭3厘	外債支消のため，前知事鍋島直大祖先より遺残金献納，5年7月中上納の分
金　67円50銭	高島炭坑費遣払残金，8月6月中工部省納
金　140円	和蘭商社取引金，米国領事官裁判の末同社より差出金，工部省納
金　53,000円	蒸気船神行丸，5年11月中郵便蒸気船会社へ払下げ年賦返納の分
洋銀1,821弗74セント （此通貨1,897円94銭9厘）	和歌山県曾野元十郎年賦上納の筈
小以193,405円3銭2厘	
差引残金272,245円43銭7厘	償却高
木須・久原両炭坑附属物品	御払の上代価収入の分

「旧藩外国逋債処分録」（『明治前期財政経済史料集成・第9巻』〈原書房，1979年〉）より。

が洋銀四〇万弗、木須・久原炭坑関係が洋銀一一一〇弗余・金二万両の返済が計上されている。返済財源の一部として、「前知事鍋島直大祖先より遺残金献納」、つまり藩財政とは別途会計であった藩主直轄の懸硯方の蓄金が充てられているのが注目される。(65)

三　皿山陶器仕組

佐賀藩では幕末において領内の特産品であった陶器に対して、嘉永二年から「江戸大坂為登荷拝借」・「蔵納見為替」が実施され、江戸・大坂への陶器の積み送りを積極化させようとした。(66) そして新たに陶器大坂蔵元に久富太兵衛・新宮屋半兵衛を充て、また兵庫での売捌を計画し肥前屋粘右衛門を蔵元にした。(67) 江戸でも当時板倉伊三郎を蔵元にしていたが、嘉永五年からは伊万里の陶商犬塚駒吉が江戸蔵元になった。(68) のち安政五年からは大坂では鴻池庄兵衛が「国産陶器蔵元并売支配御用」となっている。(69)

一方、長崎では天保頃から有田の豪商久富与次兵衛が佐賀藩から鑑札を与えられて、陶器をオランダ・中国向けに輸出したといわれるが、(70) 安政三年からは田代紋左衛門が「今般唐紅毛之外異国向之陶器、長崎売込商人方へ私より一手株にして売込候通依願被差免」と、(71) 久富与次兵衛に代わって陶器長崎売込商人との取引を独占していた。のち慶応三年に田代紋左衛門の取り決め違反に対して、窯焼の反対運動が起こった結果、新たに田代紋左衛門の他に九名のものに長崎での陶器貿易許可の鑑札が与えられた。(72) なおこの年に支藩小城藩所有の大木丸に和紙・松板・石炭や有田焼を積んで上海へ渡航し取引を行ったという。(73)

明治元年閏四月に、「皿山陶器之儀近年別而不景気之末、旧冬以来吐口相絶山中一般詰り合、釜焼共職方取止候形行候」と、政治的混乱の中で陶器の取引が停滞していたが、不景気脱出のため長崎での貿易が注目され、「長崎表之儀異人商法追年相開、左之者共儀売込職株相願候得共、職株之儀者難被差免、前方見合を以一先代官限免札差出相成候様」と、一〇人の者に「代官限免札」が与えられ[74]、「異国向陶器於長崎表売込之儀差免」となっている[75]。なお、この年夏に田代屋慶右衛門が上海に陶器店を開いていたことは先述したが、その具体的内容は明らかでない。

こうした陶器取引の不況の状態に対して、皿山代官百武作右衛門の意見を入れて藩政府は明治元年十二月に、皿山代官所管轄の商会を設けること、神戸・横浜へも陶器を送ること、京都の銀主中島利助へ金二万両の陶器取引を許可すること、京都・大坂へ蔵元を立てて陶器取引を行わせることなどの方針を出して[76]おり、長崎に皿山代官管轄の陶器商会を設けて対外貿易を盛んにするとともに、神戸・京都・横浜など国内での積極的な陶器取引を行おうとしているのがわかる。

これらの陶器の取引は、「皿山陶器商法之儀懸り代官一手ニ被相任」る、つまり皿山代官の直轄となったのである。国内での取引は大坂が注目されここに蔵元を置く必要があったが、「是迄御蔵元鴻池庄兵衛ニ者、旅客地方商人ニも不請之由ニ付猶商法申談、若不請合時者別人柄相極候半而者、商人者素り旅客ニも難渋不少趣ニ付、向正月早々代官百武作右衛門儀、手元役壱人下役壱人山中役之者陶器見極候者両三人程、談判として連越度」とあるように[77]、当時蔵元であった鴻池庄兵衛の下で円滑に陶器取引が行われるかどうか調査のため、百武作右衛門らが翌年正月に大坂へ出かけることになった[78]。

この結果実施されたのは、「大坂及ビ京都・伏見・堺・西宮・兵庫総テ六ヶ所ヲ以テ御仕組構ヒ場所ト称シ、直ニ大坂蔵元ヨリノ販売地ト為シ、旅商ノ之レニ鬻グヲ禁ズ」という内容であった[79]。結局、大坂蔵元には鴻池庄十郎（庄兵衛）がなったという[80]。そして明治二年九月には大坂の「陶器仲間申合」がなされ、仲買仲間二二名が連判している[81]。

江戸では先述のように嘉永五年から犬塚駒吉が蔵元となっていたが、明治二年正月に「当今ゟ陶器方一切御代官所御仕組ニ相成」るという事態に際し、当時の蔵元犬塚伊左衛門・同小三郎は、これまでの懸硯方仕組によって凡そ金六〇〇〇両の拝借金があり、「昨年江戸大乱」により経営が悪化したが、冬頃から取引も回復してきたので、金三〇〇〇両の拝借とともに、「是迄之通某江御蔵元被仰付」れることを願い出ている(82)。なお拝借金の貸付が「代官所仕組」により懸硯方から皿山代官の管轄に代わっているのが注目される(83)。

この時の拝借金については明治八年に犬塚駒吉が、「旧御藩下御仕組陶器売捌方被仰付置、陶器代金御為替拝借被仰付置、以来去明治二年右御仕組御取止メ被仰出候砌、拝借残金五千七百円、御益留十ヶ年賦返納被仰付置候」と申し出ており(84)、明治二年正月の皿山代官一手仕組の下では、それまでの懸硯方為替拝借は廃止され、拝借残金の返済は利留十か年賦となっている。

また外国人との取引については、明治三年四月にイタリア人ガイスマンスとフランス人レナルトが、陶器の注文のため有田へ出かけることになっており、その旨が皿山代官百武作右衛門へ伝えられている(85)。

ところで、明治三年五月付の有田の内山釜焼一二五人、赤絵職一九人、陶器商人五一人が連名した「証文覚」には、「今般内外皿山陶器仕組ニ付、伊万里・有田江両商社御取建被下候付而者、右商舎《ママ》之規則堅相守可申、万一商舎之外抜売抜買其外手違之儀式仕節者、職株取揚之上何分之御沙汰相成候共、一言之申訳無御座候」とあって(86)、伊万里と有田に商社が設立されたことがわかる。このことは内山の釜焼・赤絵職・陶器商人が有田商社の統制・管轄下に入ったことを示しているのであるが、同時に外山の陶器生産者や陶器商人も有田商社の、伊万里の陶器商人は伊万里商社の統制・管轄を受けるようになったことを物語っている。

伊万里・有田両商社の設立は、「元皿山郡令百武作右衛門勤役人、陶器其外諸仕組商社」とあるように、百武作右衛門が皿山郡令（明治二年三月に代官を郡令と改称）に在任中のことであったが、その職掌とするところは「陶器其外仕組」とあるように、陶器仕組のみの商社ではなかった。明治三年十二月に百武作右衛門が藩主鍋島家の内庫所から商社基金を借用するに当たっては、「陶器・石炭基手用」と称していた。つまり陶器・石炭などの皿山地域の諸産物の生産奨励や統制のために設けられたものであった。おそらく伊万里・有田両商社がまとめて皿山商社と呼ばれたのではないかと思われる。皿山商社の「基手金」は藩主の内庫所から七六〇〇両、東京の犬塚駒吉が二五〇〇両、有田（陶器商人か）からの四〇〇〇両と、額は不明であるが大坂蔵元鴻池庄兵衛の調達金等に拠っていたという[87]。

この皿山商社の設立は「従来の伊万里市場集散の特権を改め、諸国に販売所を開設すべく、爰に伊万里商社一手にて、此販売権を独占することに定めた」というが[88]、販売権の独占は別にしても、皿山商社を中核として皿山陶器の流通統制が行われたことを示していると思われる。そしてこの皿山商社体制の下で「横浜御仕組」が計画され、東京在住の犬塚駒吉が出した国元への書状に、「外国向之儀ニ付被仰聞候者、国元ニ而其方一類共へ申聞置候通り、売弘方手薄ニ付、外ニ商会取建候而も故障無之哉と被仰候」とあるように[89]、外国貿易を目的として横浜商社の設立が決まっていたのではないかといわれる。

廃藩置県から一年余り後の明治五年十一月に佐賀県は、「元佐賀藩皿山郡令百武作十（作右衛門）石炭其外仕組ニ付、市在之者ヨリ借入金証書写」をまとめたものを大蔵省へ提出しているように、「石炭其外仕組」のために「市在之者」から借り入れているのがわかる。提出された借入金の内訳は表6-5のとおりであり、佐賀城下はもとより伊万里・有田の商人らから借り入れている。この時同時に出された次の伺書によって、「石炭其外仕組」の内容を知ることができる[90]。

元佐賀藩皿山郡令百武作十米金請払ニ付伺

元佐賀藩士族百武作十皿山郡令在勤中、伊万里郷木須村ニ於テ、洋人雇人ヲ以石炭坑開方、或ハ皿山其外ニテ陶器仕組并陶器製造方伝習等其外之諸仕組、何レモ大業之儀ニテ、多分ノ備金無之テハ、施行之目途出来兼候処ヨリ、元雑務局其外之官金、且市在之者ヨリ借入ヲ以テ、右仕組取掛リ、未成業之場ニ不立至内廃止相成候ニ付、是迄諸方ヨリ借入之米金、且払出之筋計算相䑓候処、別紙勘定帳ノ通ニ有之、就テハ貸下之者共ヨリ、返済方年賦ニ願出居候ニ付、願書ノ義ハ証書ニ綴込ニシテ差出申候、尤陶器且茶仕組等ハ、商法筋之義ニ候得ハ、他ノ管轄之者モ借受候者向《ママ》モ有之、或ハ品物代納不足等モ有之、証書其外之取纏方至急届兼候ニ付、右等ノ廉ハ別紙ニ記載シ置候条、当十二月中御猶予被下度奉願候也

つまり先述した木須炭坑関係やそれに陶器仕組、茶仕組などであったのがわかるが、「元雑務局其外之官金、且市在之者ヨリ借入」はさらに「貸下」げられており、陶器仕組や茶仕組については他県の借受人もいるという。

表6-5　皿山郡令百武作十石炭其外仕組ニ付借入金

金　200両	白山町坂田儀右衛門
200	大川内村前田新助
695　余	久原村善蔵
300	町裏村鶴太郎
1,500	六座町佐藤利右衛門
690	伊万里武富栄助
416	伊万里川東西岡勘助
100	伊万里山谷村西岡三郎次
500	伊万里中町前田弥吉
7,000	早津江弥富元右衛門
150	有田上幸平山猪之吉
563　余	有田泉山百田恒右衛門

明治5年7月より11月迄「官省進達」より。

その後明治六年八月に、「元皿山郡令百武作十陶器其外諸仕組勘定取纏ニ付」として、佐賀県令岩村通俊は大蔵省へ「伺」を提出している。これは諸経費の清算に関するものでその前文に、「東京其他差送置候陶器代金引合筋等、急々調行届兼候分ハ、追テ取調可差出旨、最前先官より及御届置候処」、「先以当今迄取纏済陶器代金勘定帳、其外ノ書類并上納金共、別冊目録之通差出申候」、「陶器其外残品等御所分之義、別紙ケ条ヲ以テ相伺候条、御指図被下度候」とあり[91]、東京その他へ送った陶器代金の決算についてと、現段階での代金勘定の報告をするとともに、陶器その他の残品の処分について伺い出たものである。

各地に送られた陶器の残品の処分については、「東京送陶器之

内、同所太田吉左衛門・犬塚駒吉預り現今残品之分、入札之上同人共調達金之内ニ払戻シ相成方」、「横浜三河屋喜三郎并佐賀蓮池町山崎卯兵衛江、預陶器扱又雑物有品等、別冊品付帳之通りニ付入札相成方」、「神戸送陶器兵庫肥前屋精右衛門江預置有之分、入札払相成方」と、預かり荷主である東京の太田吉左衛門・犬塚駒吉、横浜の三河屋喜三郎、神戸の肥前屋精右衛門、それと佐賀蓮池町の山崎卯兵衛の下で入札払にする方針が出されたが、後明治七年二月にはこれが認められている(92)。

表6－6は明治六年八月段階における皿山陶器仕組の未処理の陶器代金に関する内容である。四四二両は皿山荷主石川太左衛門らへの取替貸付金の未納分で、当時兵庫の肥前屋粘右衛門（前出の精右衛門のこと）へ預けていた陶器の入札払によって納めるというものである。皿山の深川栄左衛門の一八四両、同じく富村森三郎の一八五両と百田恒右衛門の六五五両は、取替貸付金に対する納め過ぎで彼らへ下げ渡すべき分、三二両は皿山商会の貸付金八九八両の一部で商人らへの貸付未納分、五一両は明治四年六月に始まったサンフランシスコ博覧会へ出品した陶器代の未処理分、一四両は陶器仕組につき伊万里浜町の岩本柳右衛門の屋敷を陶器置場に改築した修理費などが計上されている。

表6－7は皿山陶器仕組に関して大蔵省へ提出された書類の一覧である。東京・横浜・神戸へ送った陶器の勘定帳類、皿山商会からの貸付金関係書類など、皿山陶器仕組の重要書類であるのがわかる。なお表6－7の出典と同じ史料によると、明治六年八月以後の皿山陶器仕組勘定の結果、上納されることが確定していたのは金六八一二両であった。

深川栄左衛門・富村森三郎・百田恒右衛門への下渡金のその後の経過であるが、明治七年二月に大蔵省は百田恒右衛門については「百田恒右衛門自分陶器代金を以取替、中原庄兵衛調達分江振向、返弁候銀三拾八貫三百五目余者、負債一般之所分ニ可及候」と認める方針を出し、深川栄左衛門・富村森三郎については、「深川栄左衛門・富

表6－6 皿山陶器仕組代金勘定帳（明治6年8月）

金 442両	皿山荷主石川太左衛門・山口嘉右衛門・久富宗蔵 是ハ陶器代金取替過上，納不足ノ分，尤右の者共自分陶器兵庫差送リ売残箱別冊の通りこれ有るニ付，前断未納ニ当，仕組方支配の者久富源一郎其外より相預り，同所肥前屋粘右衛門え預置，右ハ元来石川太左衛門其外両三人社ヲ結ビ差廻シ陶器の処，右人数の内死亡零落の者等これ有り。今後銘々よりの返済ノ目計相付兼ニ付，拠んどころ無く右三人の者引受返納致す訳ニて，一時返納難渋の処より，別紙の通り年賦返納の義願出候得共，右未納金ニ当預置候陶器の義現在スル義ニ付，入札払下ヲ以テ前条未納の口え相充て，全く不足の分返上振の義ハ一般同一の御所分相成べき旨相達せらる。
金 184両 金 185両	皿山深川栄左衛門 同所富村森三郎 是ハ自分陶器大坂差廻シ，仕組方蔵元ニて売捌代金ヲ以テ、同人共取替金え差取る処，本条の通り過上相成居るニ付，本人共願通り御下金相成度，尤右過上金ハ官ヨリ受込，蔵元中原庄兵衛調達金返済用相渡置く。
金 655両	同所百田恒右衛門 是ハ前条同断，陶器代金官ヨリ受込，蔵元中原庄兵衛調達金返済用渡方これ有り居り。右ハ他ノ調達筋トハ振合相変る条，御下渡相成たし。
金 32両	是ハ皿山商会方え貸付金8,982両の内，本文の員数丈ハ旅客商人共其外未納ノ筋ニテ証書取揃，急ニ間ニ合兼る。いつれ追々現金証書間ニテ相納べし。
金 51両	是ハサンフランシスコ展観場仕送陶器代，右ハ加賀権作同所持越用ニ候得共，判然致さざる義これ有り。同人問合中ニ付，追テ差分リの上御届仕るべし。
金 14両	是ハ陶器仕与ニ付，伊万里浜町岩本柳右衛門家屋敷陶器置場ニ金50両敷金ニテ借入相成る末，満期相成る間，敷金50両ハ返納致シ候得共，右陶器置場ニ致すニ付てハ，間内解崩シ土間ニ致シ居る処，今度差戻シニ付，約定通元形ニ飾替の入費積高。本文の員数本人より御下渡願出ニ付，願書并びに積書相添差出申す。
金 36両 金 150両 金 10両 金 178両 金 108両	利金 4 両 深川栄左衛門 利金33両 深海墨之助 利金 1 両 （記載ナシ） 利金64両 富村森三郎 利金48両 （記載ナシ） 本廉々当節返納済ニ付，最前差出置の証書の義ハ御下戻下されたし。

明治6年9・10月「官省進達」より。
＊両まで記し，それ以下は切り捨て。

表6－7　皿山陶器仕組勘定の関係書類

陶器代金仕訳帳	1冊
調達金并仕送陶器勘定帳	1冊
横浜送陶器品付帳	1冊
蒔絵細工賃請取証書帳	1冊
神戸送陶器残品調帳	1冊
神戸送陶器之内損品調帳	1冊
仕送陶器益金請払帳	1冊
大坂神戸并米国送陶器品付帳	1冊
貸付金其外勘定帳	1冊
右同断証書願書共并神戸ウヲルス商会陶器勘定御猶予願書帳	1冊
〆帳数10冊・右ハ壬申11月御届の内，東京并横浜神戸其外差送陶器代金12,829円26銭9厘1毛ニ相掛り候小訳取調書類	
皿山商会胴金并大川内細工人賃銀過渡仕訳帳	1冊
皿山商会胴金の内貸付金根据帳	1冊
右同断未納金証書并年賦願書帳	2冊
右同断金ノ内旅人等ニテ証書これ無き分書抜帳	1冊
残陶器品付帳	1冊
皿山陶器有品調帳	1冊
〆帳数7冊・右同断御届の内，皿山商会胴金元利〆金10,585円47銭6厘6毛并大川内山細工人賃銀渡越50円6銭9厘5毛ニ相掛り候書類	
払下米買請証書	1冊
壱分上納金并非常備三分積金調帳	1冊
茶屋茂吉拝借証書并年賦返上願書帳	1冊
貸付金之内壬中3月ヨリ同12月マテ取立金小訳帳	1冊
〆帳数4冊	
合帳数21冊	

明治6年9・10月「官省進達」より。

村森三郎過納之分ハ、詮議之筋有之候」と留保し、三人それぞれに「勘定書」を提出するよう命じた(93)。そのため明治七年十一月に改めて佐賀県は三人の「過上金」下げ渡しの許可を願い出た(94)。

深川栄左衛門外二名陶器売捌代金差引過上之分御下渡之義ニ付願

旧佐賀藩元皿山郡令百武作十陶器其外諸仕組勘定取纏之内、深川栄左衛門・富村森三郎・百田恒右衛門三名之者共、所有之陶器大坂へ差廻シ仕組方蔵元ニ而売捌、右代金ヲ以元郡令所ゟ右三名之者へ、曽而貸渡置候金員ト差引、過上之分本人共可請取之処、皿山商社ニ大坂商人中原庄兵衛ゟ、調達金之口へ振向返済候義ニ付、右過上金三人者御下渡願、六年十月御省へ相伺候趣之処、右過上金之分ハ御詮議之筋有之候条、証拠物写へ押印之勘定書相副可差出旨、本年二月御指令ニ依リ取調候得共、元郡令所ヨリ引請候諸帳簿者、当春暴挙之際及紛□相見不申、依而深川栄左衛門其外取調候処、大坂元蔵元中原庄兵衛仕切勘定書写、并差引仕訳書共差出候ニ付、尚原書取寄引合候上、其節関係之官員元権中属下村忠清取調候処、前条本人共申立之通相違無之旨申出候、尤差出候仕訳書之内百田恒右衛門過上金之義ハ、明治六年六月証書写ヲ以相願候金高五百六十三円三十壱銭七厘差引残過金之分、同年十月御下渡相伺候義ニ而、外両名之者同種類ニ有之候、然ルニ暴動ニ付而ハ事務錯雑自然取調方及遷延、今更不都合ニハ候得共、前書過上金之義夫々御下渡被下度此段相願候也

皿山郡令所からの引継帳簿は佐賀の乱によって紛失したので、大坂の元蔵元中原庄兵衛仕切勘定書写や差引仕訳書などを根拠として出したが、大蔵省は十二月に「願之趣深川栄左衛門外弐名ヨリ差出候勘定帳、旧藩吏之留印モ無之商人相互之出入帳ニ付、藩債之証拠ニ難相立候事」との方針を伝えており、結局彼らへの下げ渡しは認められなかった(95)。

ところで注目されるのは引用史料の前半の部分である。深川栄左衛門らは所有している陶器を大坂へ運び仕組方蔵元の下で売り払っていること、彼らには皿山郡令所から貸渡金が渡されていたこと、大坂での陶器の売払代金で

貸渡金と相殺し残金は受け取るようになっていたこと、しかし実際は皿山商社へ調達金を拠出していた中原庄兵衛への返済に充てられていたことが述べられている。

これらのことから、彼らは皿山郡令所からの貸渡金（表6－6では「取替金」とある）を受けており、所有陶器（表6－6では「自分陶器」とある）を大坂蔵元の下で売り払っているのがわかる。大坂商人中原庄兵衛は大坂陶器蔵元鴻池庄兵衛のことで、彼が皿山商社へ出資していたことは先述した。深川栄左衛門らが借りた取替金は皿山郡令所から渡されているが、おそらく皿山商社からの貸付金であったと思われる。

四　蠟請元制

嘉永五年に長崎会所直納が実施されて以来、佐賀藩では白蠟は長崎における重要な貿易品として注目され、とくに蒸気船等の代価に充てられる「代品」となっており、慶応二年末にオランダへ注文した木製蒸気軍艦の代品に白蠟が充てられていた[96]。明治元年六月に神埼郡江島村の蠟屋犬丸市兵衛は、「御臨時方御館入被仰付、即今晒蠟八万斤御買入」を命ぜられた。期限は十二月までとされた。この時の決算は白蠟八万斤は長崎で売り払われ、その益金二〇三八両余のうち六割は臨時方の収入、残り四割が犬丸市兵衛と深川長左衛門の折半とされた[97]。

この八万斤の白蠟売り払いの目的が何だったのか明らかでないが、これが終わった明治元年十二月に、「今般蠟請元左之通被相立候条、末々蠟屋猶又致繁昌、一般上製之蠟出来立候様可心遣候」と、佐賀藩東部に犬丸市兵衛、西部に武富儀八、鹿島私領に永松喜左衛門を蠟請元として置いた。多久私領にも蠟請元が置かれた[98]。そして物産方から各地の代官や蠟請元犬丸市兵衛、同武富儀八らに蠟に関する統制が達せられた[99]。その要点を箇条書に要約してみる。

一集荷された蠟が二万斤以上となると物産方から見分し、「上製之分」については焼印を押す。翌年正月以後は上製のみを生産し、「焼印済」蠟を積み出す時は冥加銀を納めること。

一大坂送りの生蠟はこれまでの方法で大坂商会で入札売りすること。

一長崎送りの白蠟は請元の「自分荷」として運び、売り捌きは長崎の物産方の下で行うが、蠟屋が直接送った場合は着船の順に売り捌くこと。

一大坂送り生蠟は一丸につき金五両、長崎送り白蠟は一箱につき金五両ずつの為替を貸し付けること。

一大坂での生蠟売り払い代銀のうち三分を買主から拠出させ、一分は国元の物産方、一分は大坂商会、一分は荷主へ納めさせること。

一長崎での白蠟売り払い代銀のうち二分半を荷主から拠出させ、一分は国元の物産方、一分半は長崎の関係役所へ納めさせること。

一大坂・長崎で物産方から蠟を買い上げる時はその時の相場で代銀を払うこと。

一国元での物産方の買い上げや蠟請元が蠟屋から買い上げる時は、大坂と長崎の「相場割合」を基準として買い上げること。

一冥加銀は生蠟一斤につき銀八厘ずつ、白蠟は一斤につき銀一分ずつとし、私領は半分にすること。

一蠟屋が大坂や長崎へ運びたい時には蠟請元から「為替」の貸付を行い、その場合には為替高の一割を請元へ納めさせるが、為替貸付を受けない場合は蠟百斤につき銀一匁ずつを蠟請元へ差し出すこと。


以上の点から窺える蠟仕組の特徴をみると、領内生産の生蠟を大坂で白蠟を長崎で売り払うが、その場合蠟請元が蠟屋から買い上げて送る場合と蠟屋が自ら送る場合があった。そして蠟請元には大坂・長崎へ送る生蠟・白蠟の量に応じて為替が貸し付けられたが、蠟屋にも蠟請元から貸し付けられた。つまり為替貸付によって蠟請元を核として大坂・長崎への蠟の移送と売り払いを積極化させ、代銀の一部や冥加銀を物産方の収入とすることを狙ったものであり、為替貸付を通して、蠟請元による生蠟・白蠟の流通統制を図ろうとしていたといえよう。これは従来の「御用蠟屋」制を基本的に受け継いだものであったが[100]、蠟請元に蠟取り扱いの権限が一層集中していったことが窺える。なお蠟の生産奨励、蠟請元の蠟屋からの買入、蠟・櫨の抜荷の取締などが代官所の権限とされているのは、物産方の蠟仕組が領内全域の農村の問題と関連させられていたからだと思われる。

　これより以前の蠟の流通に関しては、「蠟百斤旅出被差免度、役筋相達之趣御当役御聞届、物産方仕組蠟御領内余分ニ付、相達之通旅出被差免候条此段筋々可被相達」とあり[101]、「物産方仕組蠟」であっても「旅出」つまり領外移出が認められていた。しかし先の引用史料に蠟・櫨実の抜荷の取締を代官所で行うことになっていたように、明治二年三月に代官所から蠟請元犬丸市兵衛に、「御国産蠟旅出等容易ニ不被差免筋候処、間ニ者筑前領其外抜々持出候哉相聞、決而不相済義ニ候、尤地方ニ而運不相付、致混雑候向ハ願出次第、物産方ゟ御買揚ニ相成儀候条、心得違等不仕様蠟屋々々ニ懇ニ申聞候様之事」と達せられており[102]、領内産の蠟の旅出が厳しく統制されていた[103]。

　このように蠟は領外移出規制の方針であったが、藩の方針に従わず移出を願い出るものが多く、また「上製」蠟の生産に限定されていたにもかかわらず、それが守られていないのが明治二年六月の郡政局からの達に窺える[104]。

　なお先に蠟請元への為替の貸付のことを指摘しておいたが、これに関しては次の史料がある[105]。

　奉願口上覚

其儀御役内御仕組蠟受(請)元被仰付、難有仕合奉存候、然処当節自分仕込之白蠟何万斤長崎積廻候条、御仕組ニ御取括可被成下候、右斤高ニ付以差当、為替金何千両御定法之御益付ニ〆、御拝借被差出被下度奉願候

――――

――――　犬丸市兵衛

物産方
　御役所

これは案文であるが、犬丸市兵衛が「自分仕込」の白蠟を長崎へ積み送るために、為替金を物産方から拝借することを願い出たことを示すものである。

五　茶の取引と生産

幕末の佐賀藩で茶が注目され始めたのは安政に入ってからであるが、文久元年から長崎での貿易品として本格的に取り上げられた。そして元治元年に外国商人へ売り払いのために緑茶の製造所が設けられ、慶応三年九月には軍艦買入の代価に充てるための「茶仕組」が始まっており、翌年閏四月にも「御軍艦御取入方御仕組茶」が続いていた。[106]

茶の生産状況については明らかでないが、明治二年に茶の売り払いに関する次の通達が物産方から行われた。[107]

　嬉野其外茶売方之義、左之通被仰付候条、懇ニ可被相達候、以上

一茶旅出之義其時々懸り代官所ゟ見分、斤数調子相整、俵銭方ニ旅出付手紙差出候事
　附り、御印乞（カ）筈之義荷主ゟ相整、出役ゟ之奥点合ニ而手数相整候事
一茶長崎へ売込候節ハ、荷主ゟ送り状相付同所商会相届、自然売込ニ付而引縺等致出来候節ハ、商会ゟ取捌可申事
　附り、商会へ諸雑費用として、売商之三部相納候様、尤長崎運上所へ相納候五厘銀之義、此内ゟ相弁可申事
一商会ニ而売捌之定ニ候得共、外売口ニ而弁利相付候向ハ其段商会ニ申断、得差図売捌可然事

附り、商会へ諸雑費として、売商之壱部五厘相納候様、尤運上所五厘銀前ニ同断
一長崎ニおゐて自然荷主見込通之直段無之節者、商会ゟ何程歟為替差出可申事
附り、利足蔵敷共月壱部半之事
一茶旅出之冥加銀之義是迄之定規被相改、一斤ニ付左之通御取納相成義ニ候
元壱匁弐部
一正銀四分五厘　嬉野
元壱匁
一同四分　武（雄）ヲ郷　本城山　鹿島
（元脱カ）六分
一同弐分五厘　諫早郷
一自然茶旅出方抜売いたし候節者過料之事
一茶一条ニ付役々雑用補銀之義、役内ゟ被差出義候事
右旁之通其筋相違相成候条、可被得其意義ニ御座候、以上

茶の領外移出に際しては代官所が「見分」すること、長崎での茶の売り払いは原則として長崎商会から行い、費用として売り払い金高の三分を納めること、長崎商会を通さずに売り払う時は商会へ断り、売り払い金高の一分五厘を商会へ納めること、長崎で見込通りの値段で売り払えないときは商会から為替を貸し付けること、茶の領外移出に際しての冥加銀はこれまでよりも下げることなどとなっている。嬉野・武雄・本城山・鹿島・諫早で茶の生産が

盛んであったこともわかる。茶の領外移出の中心地である長崎での長崎商会からの茶の売り払いを積極的に行おうとしたものであったと思われる。冥加銀が下げられたのも領外移出を容易にしようとするものであったろう。

茶の生産奨励のために拝借金が貸し出されていた(108)。

覚

一金四千両

　右者嬉野郷

一同二千両

　右者武雄郷

〆金六千両

右金受取申候、但書載之通茶仕組用、月々壱部半益付ニして、拝借被差出候ニ付而者、約定書之通当八月限り、元利無疎返納可相整候、仍而証文如件

明治四年

　未三月

三好恭助　印

小川五八　印

島　半次　印

八並次郎助　印

宛名は記されていないが物産方掛だと思われる(109)。嬉野郷に金四〇〇〇両、武雄郷に二〇〇〇両が「茶仕組用」として、月に一分五厘の利子で拝借が許されており、八月末に元利を返済するということであった。ただし三好恭助ら四名がどういう立場のものなのかは今のところ明らかでないが、彼らの性格がはっきりするとどのような形で茶仕

組拝借金が出されていたのかが明らかになるであろう。

明治四年四月に神埼出張所(110)から次の背振山茶園開発の申請書が出され、藩庁ではこれを認めている(111)。

背振山茶園之事

背振山之土性最も茶ニよろしく、天然之茶株満地（ママ）有之、本邦茶園之濫觴ニ而、今之石上坊者製茶之旧跡と申伝候、宇奈幾谷江も爾今田畠跡相残居候、其後再興之仕組も為（ママ）有之由ニ候得共、畢竟人家隔り人力不足地力不尽処ゟ、茶味悪敷製法不行届、仕組相廃候由、依之第一地力を尽シ候目的ニ而、移民製法諸産物之仕法、別紙積書之通被相行候半者、他所と者雲壌之違ニ而、天然之茶有之、手入方半分ニ而相済、五ヶ年之内ニ者、百余町之畠園ニ相開、殷富之基与相成可申、就而者右年限中租税不相懸、新屋敷願出候者江者、材木等も小銀懸ニ〆被差出、見分諸手数之儀、先以土地支之有無丈被相調、追而熟地之上取舗相成度、左候得者百姓共気詮引立、一際尽力可致、諸産物も致繁昌漸々人戸相増、製茶も廉価ニ而御藩内売弘、西洋之交易ニも差出候半者、御益付者勿論一般融通とも相成可申、右何れも仕組通於被差免者、役内猶又勉励成功を可遂、尤入費銀之儀者、役内仕法銀之内ゟ年割返納ニ〆、御取替被差出度此段旁致御達候、以上

引用史料中に、これより以前に石上坊や宇奈幾谷で製茶事業を起こそうとしたとあるが、安政元年に背振山で茶園を開くための資金の拝借願が山方から懸硯方へ出されたことがあり(112)、このことと関係しているのかもしれない。引用史料の終わりに「役内仕法銀之内ゟ」とあり、物産仕組のための「仕法銀」が設けられていたのがわかる。五か年の間に一〇〇町余の茶園を開こうという計画で、「製茶も廉価ニ而御藩内売弘」は勿論のこと、さらに「西洋之交易ニも差出」して利益を上げようというものであった。

おわりに

以上、佐賀藩における明治初年の「物産仕組」の具体的内容について検討してきた。最初に断ったように史料が限られているため、その全てが明らかになったとはいえないが、大体の傾向は理解できたと思うので、物産仕組の特徴などに関して、二、三の点について指摘してまとめにかえておきたい。

明治初年に実施された佐賀藩の物産仕組は物産方によって行われ、その中心となった産物は石炭・陶器・蠟・茶であったが、これらはいずれも安政以降長崎での外国貿易品として取り上げられていたものであった。そして長崎での外国貿易のみならず、高島石炭・唐津石炭や陶器にみられたように、上海での取引も行われていた。また国内では大坂に肥州商会が置かれたのを初めとして、横浜商会、さらには箱館商会が設けられ、全国的な取引を実施しようとしていた。このように物産方での物産仕組は、国内外における積極的な交易の展開を実現しようとするものであったといえよう。

ではかかる物産仕組によって、佐賀藩が目的としていたものは何であったかといえば、それは基本的には軍事力強化のための財源を確保することにあった。この点をよく示すのが石炭である。高島石炭が軍艦孟春丸と小銃スペンセル銃の、また唐津石炭が軍艦日進丸の代価に充てられることになっていた。また直接軍事力強化と結びつく史料は見当たらないが、白蠟や茶についても慶応期に軍艦買入の財源とされていたことから考えると、当然明治初年においても軍事力強化の財源として重視されていたであろう。

高島炭坑はグラバーとの共同経営による藩営の炭坑であったが、この他藩営的な方法をとったものに元治元年六月に始まった外国商人へ売り払いのための緑茶の製造があり、嬉野三か所と諫早一か所に藩営の緑茶製造所が置かれたのではないかと考えられる。(113) 明治初年の茶仕組による茶の製造がどういう形で行われたのかは明らかでないが、その売捌については領外移出をみとめながらも、長崎商会へ送って長崎での売り払いを積極的に行おうとするものであり、領内生産の茶を藩が独占しようとするものではなかった。

かかる流通統制の方法は陶器や蠟についても採られていた。陶器については皿山代官の管轄下に長崎に陶器商会を置き、さらに神戸、大坂、京都、横浜での取引を活発にしようとした。のち伊万里商社・有田商社が設けられ、両商社が陶器生産者・陶器商人の統制を行ったが、陶器商人による大坂での売り払いは認められていた。

また蠟に関しても蠟請元制の下で為替貸付を通じて大坂への生蠟、長崎への白蠟の移送を積極化させようとした。この時蠟屋らによる領外移出が禁止されたわけではなかった。しかしながらこれらの産物の領外移出が自由に認められていたわけではなく、強い規制の下におかれており、領外移出は厳しく統制されていたといえる。

このような佐賀藩の物産仕組のあり方は、嘉永以来の佐賀藩の国産政策の延長線上にあることはいうまでもなく、藩主導による国産の生産、流通統制の到達点を示しているといえる。そして明治初年の佐賀藩の藩政改革が目指した藩体制の強化、軍事力の増強を実現していくためには、物産仕組を強力に推進していくことが必要かつ不可欠であった。この意味で物産仕組の展開は、佐賀藩の明治初年の藩政改革の内容と深く関わっていたのである。

(1) 古賀穀堂「済急封事」(『鍋島直正公伝・第二編』五六・五七ページ。侯爵鍋島家編纂所、一九二〇年)。
(2) 『伊万里市史・続編』一六〇・一六一ページ(一九六五年)。
(3) 右同、一六八~一七一ページ。
(4) 右同、一七四・一七五ページ。

(5) 犬丸家文書「嘉永五年日記」(『鳥栖市史・資料編第四集』。一九七一年)。
(6) 『鍋島直正公伝・第二編』三九五〜三九七ページ。なお以上述べた生産の奨励、統制の詳細については拙著『幕末期佐賀藩の藩政史研究』第二章「天保期佐賀藩の在住代官体制と『農商引分』」(九州大学出版会、一九九七年) 参照。
(7) 前掲拙著第十章「文久・慶応期佐賀藩の富国強兵」参照。
(8) 佐賀藩の長崎貿易の詳細については前掲拙著第十一章「慶応期佐賀藩の長崎貿易」参照。
(9) 本書第三章「行政機構の改編」、同第四章「家臣団体制の解体」参照。
(10) 以上、本書第五章「財政構造の変質」参照。
(11) 前掲拙著第九章「幕末期佐賀藩の軍制改革」参照。
(12) 鍋島文庫明治元年「達帳　政府」(鍋島報效会蔵・佐賀県立図書館寄託)。なお以下断らない限り引用史料は鍋島文庫である。
(13) 本書第三章「行政機構の改編」参照。
(14) 本書第五章「財政構造の変質」参照。
(15) 右同参照。
(16) 明治元年「請御意　御年寄手許」。
(17) 「武富家文書」(謄写版)(佐賀県立図書館蔵)。
(18) 明治二年「御意請・上」。
(19) 明治元年「請御意　御年寄手許」。
(20) 明治二年「請御意　御仕組所」。
(21) 右同。
(22) 明治二年「御意請・上」。
(23) 佐賀県明治行政資料明治八年十二月「官省進達」(佐賀県立図書館蔵)。なお以下「官省進達」は佐賀県明治行政資料である。
(24) 明治二年「御意請・下」。

(25) 明治元年「請御意　御年寄手許」。なお明治初年の佐賀藩の在住代官については本書第三章「行政機構の改編」参照。
(26) 前出「武富家文書」。
(27) 右同。
(28) 明治三年四月「仮日記」。
(29) 『鍋島直正公伝・第六編』四四八ページ。なお明治二年九月には「蝦夷御支配所開拓奉行」が置かれていた（明治二年「御意請・下」）。
(30) 明治五年十二月「官省進達」。
(31) 明治五年六月より九月迄「官省進達」。なお明治二年十月に武富八郎次は、物産方から一五二五両を借用し利息五九両余を納めているが、八郎次の「物産局」よりの「拝借金返上」高は金三三三八両余であった（前出「武富家文書」）。
(32) 佐賀県明治行政資料明治五年「諸願伺届書控」。なお表6－2中にある「辛未六月加賀権作サンフランシスコ行ニ付大坂物産基立金ノ内出方」というのは、明治四年六月十五日から七月十七日にかけて開かれたサンフランシスコ博覧会に参加したことをいっている。
(33) 詳細については前掲拙著第十一章参照。
(34) 江頭恒治「高島炭坑に於ける旧藩末期の日英共同企業」（『経済史研究』第一三巻第二号、一九三五年）、梶原良則「殖産興業政策の展開」・武野要子「高島炭坑」（『続佐賀藩の総合研究』。吉川弘文館、一九八七年）。
(35) 以上、「高島石炭坑記」（『明治前期肥前石炭鉱業史料集』。文献出版、一九七七年）。
(36) 右同。
(37) 明治三年四月「仮日記」。
(38) 以上、「高島石炭坑記」。
(39) 明治三年四月「仮日記」。
(40) 渡辺文庫「高島炭坑資料・松林氏文書」（長崎県立図書館蔵）。

（41）右同。
（42）右同。参考までに全文を示しておく。

巳五月三日御聞置、尤部通り之儀逐吟味伺出相成候様
今度上海長崎江高島石炭方御益を以、商法被相啓候通於被仰付者、其仕組等御達可致候得共、右者専活法《(ママ)》ニ御座候得者、一定いたし候儀ハ届兼、尤追々上海其外現地罷出調子合候上御達可致候得共、凡左之通ニも可被仰付哉
一長崎上海を先以一括之商会として相場立会通商相整、順々西洋之法与等呑込出来候上、ホンコン其外江段々手広ク外国人江も懇意を結、彼ニおゐて相応いたし候品者彼等より之布告を以相運、又此方江相応いたし候品者彼ゟ送来候通、普ク四方ニ与合互ニ五部之口銭を以、心配遣候体を台躰之商法といたし申候事
一御誂武器躰扨又金子御調達等ニ至迄、一際商会ゟ御受合出来候通手広ク相整度候事
一商法ニ付可然人柄者異人唐人他藩之人たり共、商会江組合相整候儀も可有之候事
一於上海者先以田代慶右衛門陶器店相啓居候付、右之場所へ左之人数出張被仰付度候
　　録事壱人
　　属吏壱人
一於長崎も先以右田代屋江日勤左之人数出張、小弁務者上海をも請持候通被仰付度候
　　小弁務壱人
　　属吏三人
一物産方小弁務之儀折節長崎上海をも罷出、申談等いたし候様被仰付度候
一商会之儀各受持々々之筋委任いたし、夫を一括いたし候頭取談事断決駆引相整、其人他方罷出候留守中ハ、其次席ゟ受持可申候事
一損益之目安三ヶ月目ツヽ取括、年末ニ至り而物括、段々差操等迄取束御達可相整候事
一成丈人数を減し当介を余慶ニ被下候通無之而者、存分之働出来兼候付、御益之内部通被為頂戴、左候而筆紙墨を始小使等之

手当、扨又通例之挨拶参会等之入費住居家賃等迄、人々ゟ相弁候通被仰付度候事

一長崎詰役々住居家無之而不相叶ニ付、凡見計を以借宅又は買入候儀も可有之、惣而右代金者年賦等を以、人々より返上いたし候通被仰付度候事

以上

巳四月

物産方

(43) 前出「高島石炭坑記」。

(44) 前出「高島炭坑資料・松林氏文書」。

(45) 右同。高島石炭かどうか明らかでないが、佐賀藩石炭方の関係した石炭が当時上海で売り払われている。明治元年七月に長崎商人木屋和平・泉屋良助はイギリス商人ホールホルツから洋銀一五〇〇弗を石炭一五〇万斤を抵当にして借用したが、この借用証文に「肥前石炭方」の奥印が記してある。奥印の趣旨は「両人之所持品ニ相違無之、至期月他之引懸無之と之存ニ而」ということであり、おそらく長崎の両商人が佐賀藩石炭方から買い入れたと思われる。翌二年七月に木屋・泉屋はこの抵当の石炭一五〇万斤のうち九〇万斤を、ホールホルツに頼んで上海に運んで売り払っている（「明治二年中佐賀藩士英船買入紛儀ニ関スル書類」外務省蔵）。こうした例から考えると、当時佐賀藩産の石炭が上海へ運ばれて、売り払われるということが行われていたと思われる。

(46) 依拠史料は次のとおりである（佐賀県明治行政資料明治四年「達帳」）。

吟味書

高島石炭坑御取替金之事

右者松林源蔵其外より別紙之通達書相成事情、無余儀相見候付御取替可被差出哉ニ候得共、御銀繰絶而無之、去迚此儘炭坑御取止にも難相成、依之東京大坂御仕法用銅銀、未タ登金不相成残金有之候内より、五千両丈御振替相成、前断御仕法筋同様之訳ニ〆相当之利足相添、向三月限起方相成候様被仰付方ニ可有御座、尚宜被遂御吟味事

なお明治五年三月に鍋島直大の家令深川亮蔵は、「昨（明治四年）秋頃より出炭相増候得共、莫大之負債ニ而、未前途之目的相

立不申」、「是迄数年創業経営罷在候訳を以、右高島炭砿之儀者、鍋島家江引請被仰付被下度、其通被仰付於被下者、当今負債凡弐拾万金余有之候付、砿税之儀者当一ヶ年之処、御猶予被成下度旁奉願候」と、「砿税」の一か年猶予によって鍋島家の高島炭坑経営の継続を伊万里県庁へ願い出ている（前出明治五年「諸願伺届書控」）。

(47) 梶原良則前掲論文。
(48) 前出「武富家文書」。
(49) 前出「高島炭坑資料・松林氏文書」。
(50) 右同。
(51) 右同。
(52) 明治三年四月「仮日記」。
(53) 前出「高島炭坑資料・松林氏文書」。
(54) 右同。
(55) 明治三年四月「仮日記」。これより以前に「楠久元牧島江石炭立込居、堀方被相整候ハ、相応之御益可被成段其筋達出候、然央小城藩より長崎居留英人モリス雇入相成候付、右之序同所へ相招試見為致候処、相応之石炭立込有之、堀方被相始候ハ、尽力可仕旨、右之者も申立候」とあり（同「仮日記」）、モリスと初めに接触したのは支藩の小城藩であった。そして『鍋島直正公伝・第六編』（四九六ページ）によれば、小城藩は長崎でモリスとの間に石炭採掘の取決めを行っていたという。

　小城藩とモリスとの石炭採掘に関する史料として次のものがある。

　……去ル明治三年午二月、元小城藩支配松浦郡山代郷久原村ニ於テ、砿山教師英人モリス雇入炭鉱開発相成、鉱山方ト申ス局名被相立、我々出張罷在、且又同藩郡令梅崎源太郎持役ニ而、同年十二月右モリスト定約取結相成たる儀ニ御座候、惣而者鉱山地床田畑五反余も御用地ニ相成、諸職人其外右御用相勤候処、諸賃金其外鉱山一切之諸入費、モリスゟ相弁シ候定約前ニ而、尤出炭之割合四分ノ三ハモリス、四分ノ壱ハ御手前御取納ト御取究相成、其外定約前之通ニ御座候、併シ未出炭ニ不至、器械据付并鉱内仕操中ニ而、モリス持参金も遣切候ニ付、無拠小城藩并同人江漸々御取替被差出候末、同四年未十一月伊万里合県之砌其儀不被相叶、……

このモリスによる開発の炭坑を久原炭坑といったが、明治四年十一月に開発は中断した。そして明治七年十一月に「久原坑ハ本月ヨリ三ヶ月間ニ旧業継復シ、四年許行業候積」に決まり、経費はモリスの自費となっている（以上、前出佐賀県明治行政資料「木須久原炭坑書類」）。

なお「仮日記」から引用した史料中にある「楠久元牧島」については、表6－2の中に「楠久牧島石炭掘仕組ニ付郡令百武作右衛門え取替」として、一万五〇〇〇両が計上されているように、郡令百武作右衛門への物産方からの貸付が行われており、おそらく楠久牧島石炭掘仕組というのは木須炭坑開発のことではなかったかと思われる。

(56) 明治三年四月「仮日記」。

(57) 右同。

(58) 明治三年八月「仮日記」。

(59) 右同。

(60) 明治四年七月より十二月迄「官省進達」。

(61) 明治五年六月より八月迄「官省進達」。

(62) 前出「木須久原炭坑書類」。

(63) 以上述べてきたグラバーとの共同経営による高島炭坑や、モリスの技術指導による木須炭坑以外にも、佐賀藩内各地で石炭の採掘が行われていた。別表は明治四年八月頃の佐賀県管轄下の炭坑の状況であるが、明治初年の佐賀藩内で石炭採掘が積極的に行われていたことが理解できよう。

(64) 久原炭坑については注55で説明をしておいた。

(65) 表6－4中の「独乙キニツブル商社より旧佐賀藩松林公留・和歌山藩曾野元十郎へ係る負債」については、本章第一節で佐賀藩米の和歌山藩への廻米が行われたことを指摘しておいたが、これと何らかの関連があると思われる。

(66) 前掲拙著第六章「嘉永・安政期佐賀藩の懸硯方」参照。

(67)前山博『伊万里焼流通史の研究』二二八・二二九ページ（誠文堂、一九九〇年）。
(68)「陶商犬塚家関係文書」（『古伊万里』。金華堂、一九五九年）。
(69)前山博前掲書三〇七ページ。
(70)『鍋島直正公伝・第六編』二三〇ページ、『肥前陶磁史』三六九・三七〇ページ（肥前陶磁史刊行会、一九五五年）。
(71)『肥前陶磁史』三六六ページ。
(72)右同、三六九ページ。
(73)右同、三七二ページ。

別表　明治4年8月頃の佐賀県管轄炭坑掘出状況

炭　坑　名	1か年掘出高
彼杵郡深掘香焼島　1ケ所	17,231,000斤
同　1ケ所	17,249,600
同　北方宿　1ケ所	10,000,000
同　熊副山同1ケ所	9,000,000
松浦郡久原村山ノ神　1ケ所	4,320,000
同　脇ノ谷　1ケ所	1,640,000
同　迎野　1ケ所	1,640,000
同　笰野　1ケ所	1,800,000
同　吉苗　1ケ所	2,016,000
同　大久保　1ケ所	3,600,000
高木郡喜々津村鷹ノ巣　1ケ所	360,000
小城郡多久郷小侍内正院谷山壙	10,000,000
同　高木川内山壙	12,000,000
同　四下山壙	7,200,000
松浦郡有田郷西ノ岳坑1ケ所 同所　1ケ所 同　トドロフ1ケ所 同　西岳1ケ所 同所　1ケ所 小城郡多久郷西川山1ケ所 同　長尾山1ケ所 同　黒坑1ケ所 同　樫木場山1ケ所 杵島郡北方郷大副山1ケ所 松浦郡長浜村窟岩1ケ所 同　後ノ谷1ケ所	未だ開坑掛りニて，出炭の場ニ相至り申さず候

明治4年7月より12月迄「官省進達」より。

(74) 明治元年「達帳　御側頭役所」。なお引用史料にいう「売込職株」と「代官限免札」の相違等は明らかでない。また先にみたように、慶応三年に田代紋左衛門他九名に長崎貿易許可の鑑札が与えられたが、これと何らかの関係を有するのであろうか。
(75) 『古伊万里』二〇八ページ。
(76) 明治元年「達帳　政府」。
(77) 右同。
(78) 明治二年正月に「百武作右衛門儀今般陶器商法ニ付而、大坂其外被差越儀候」と（明治二年「御意請・上」）、大坂へ出かけているのが確認できる。
(79) 前山博前掲書三三〇ページ。
(80) 『肥前陶磁史考』五四九ページ（肥前陶磁史考刊行会、一九三六年）。
(81) 前山博前掲書三三二〜三三五ページ。
(82) 前出「陶商犬塚家関係文書」。
(83) 幕末期に御側の懸硯方の管轄下に行われてきた「国産仕組」が、明治元年八月に御側から離されて藩政府の臨時方の管轄下に移されているが（本書第三章「行政機構の改編」参照）、陶器仕組用の拝借金が懸硯方から皿山代官の管轄に移っているのは、このことと関連があると思われる。
(84) 前出「陶商犬塚家関係文書」。
(85) 明治三年四月「仮日記」。
(86) 前山博前掲書三五〇ページ。
(87) 以上、右同、三四二ページ。
(88) 前出『肥前陶磁史考』五五三ページ。
(89) 前山博前掲書三四八・三四九ページ。
(90) 明治五年七月より十一月迄「官省進達」。

(91) 明治六年九月・十月「官省進達」。
(92) 明治七年「官省進達」。
(93) 右同。
(94) 明治七年十一月・十二月「官省進達」。
(95) 右同。
(96) 前掲拙著第十一章「慶応期佐賀藩の長崎貿易」参照。
(97) 前出犬丸家文書「嘉永五年日記」。
(98) 史料には蠟請元の名前の記載はないが、明治二年五月に多久私領の藤崎小左衛門へ「物産方　蠟仕組達帳」が送られてきている〈多久家文書「御納戸方日記」〈多久市立郷土資料館蔵〉〉。もしかすると彼が多久私領の蠟請元であったのかもしれない。
(99) 前出犬丸家文書「嘉永五年日記」。
(100) 前掲拙著第十一章「慶応期佐賀藩の長崎貿易」参照。
(101) 明治元年「達帳　政府」。
(102) 前出犬丸家文書「嘉永五年日記」。
(103) 陸地から他領への積み出しを願い出るものがいたことが次の史料からわかる（明治二年「日記」〈鹿島市中島一男氏蔵〉）。

蠟御仕与之儀ハ、去ル辰年委細被相達置候通り候得とも、陸地ゟ積出名儀差支居不申、就而者陸地ゟ唐津博多其外差送、其末大坂下ノ関其外商会所差廻し、売捌度相望候ものも難計、右ハ紛等敷次第有之候付、陸地ゟ輸出一切不相叶儀候条、蠟屋荷主中心得違無之様、可被相達旨申来候条、無洩相達可申候

四月八日　郡令所

(104) 武雄鍋島家文書「諸口達控」（仮題）（武雄市立図書館・資料館蔵）。郡政局の達は次のとおりである。

一蠟仕組去冬被相立候処、地売旅出之余習不相離、重ニ東目筋之蠟屋共、当御蔵究前湊と申立、久留米柳川辺売出度、頻ニ郡令へ歎願罷在候由、右之通ニ而者仕組難被相行候条、当一順無御□着東目筋双場を以御買揚相成、尤生蠟者当正月以来油

等不相加、致精製候様被相達置候処、今以不相聞者不少、専久留米柳川等を当致雑製候儀ニ付、蠟之儀者御買揚、其者者郡令所ニおゐて徴（懲）〆相成度、役筋ゟ相達之末執政御聞届相成、其通被仰付之旨政府ゟ被相達候条、此段筋々可被相達候、以上

(105) 前出犬丸家文書「嘉永五年日記」。

(106) 前掲拙著第十一章「慶応期佐賀藩の長崎貿易」参照。

(107) 前出武雄鍋島家文書「巳諸控」。当引用史料には月日が記されていないので、二年のいつ頃なのか明らかでない。

(108) 明治四年「官省進達」。

(109) 右の引用史料の次にある「覚」の宛名が「物産掛御役所」となっている。

(110) 「出張所」というのは郡令所が名称を変更したものと思われるが、いつから改称したのか明らかでない。

(111) 前出佐賀県明治行政資料明治四年「達帳」。

(112) 「申上書付控」。なお、茶関係ではないが、素麺についても明治三年に物産方から拝借金が出されているのが次の史料からわかる（明治五年六月より九月迄「官省進達」）。

覚

金弐千五百両慥ニ受取致拝借候、但利足月壱部充相副、当十二月限り元利返納可相整候、右ハ神埼宿素麺仕組□性金用ニ付、返納無疎通於役内手筈相付置候、自然返納相滞候義も候半ハ、役内ゟ急度至期月相償返納可相整候、勿論役方交代之節ハ、次役ゟ相例候通取計儀ニ御座候、仍而証文如件

明治三年

午八月　　吉村謙助　判

清水良作殿

神埼宿での素麺仕組として清水良作（おそらく物産方の役人であろう）から拝借しており、返済が滞った場合には「役内」から納めることにしている。この「役内」というのは差出人の吉村謙助の職掌がわかると判明するのであるが、今のところ明ら

かでない。

(113) 前掲拙著第十一章「慶応期佐賀藩の長崎貿易」参照。

第七章　維新期の多久私領

はじめに

戊辰内乱の直前まで政治的態度を明らかにしなかった佐賀藩ではあったが、鳥羽・伏見の戦い後は、薩摩藩・長州藩を中心とする維新政府軍へ積極的に協力して、その蓄えていた近代的な軍事力を大いに発揮した。(1)そして維新政府内での立場を強めていき、明治二年正月の版籍奉還の奏上に際しては、薩摩藩・長州藩・土佐藩とともに肥前佐賀藩として名を連ねることになったのである。

戊辰内乱に出動した佐賀藩の軍勢は、その軍事編成組織である十三大組の中から動員されたのが主力であった。この十三大組の組頭は家老以下の上級家臣であったが、佐賀藩では家老六家の上に親類・親類同格と称するそれぞれ四家ずつの計八家の最上級家臣がおり、これらには諫早家の知行高二万六二〇〇石（物成一万四八〇〇石）を最高として、村田家の知行高六〇〇〇石（物成二四〇〇石）までの私領が与えられた。(2)家老六家の知行地を含めて各私領は、佐賀藩と同じような領内政治機構をもっており、いわば「藩中藩」的な存在であった。

版籍奉還の奏上が行われてのち佐賀藩では三月に、親類・親類同格・家老の一四家は領地返上を申し出た。しかし四藩の奏上との関係もありこれを認めなかったが、翌四月になって受け入れ、ここに近世初期以来の私領の存在が否定された。その後八月には一四家の私領のみならず、家臣に宛行っていた地方知行地をすべて廃止し、家臣は蔵米支給とすることにした。ここに佐賀藩は統一的領内支配実現の第一歩を踏み出した。

そして旧私領には一一の郡令所を配置して佐賀藩の郡政局の管轄下におき、またその家臣団に対しては郡令所ごとに「団結」を設けて組織し、軍事面では軍団所が統括し佐賀藩の軍事局の管轄下に置いた。こうして旧私領への領主の支配を否定し、佐賀藩による集権的政治体制が推し進められていったのである。(3)

本章ではかかる明治初年の佐賀藩の領内支配体制の変容の中で、親類同格の家柄である多久家を領主とする多久私領における、その対応のあり方を検討してみようとするものである。多久私領は佐賀藩領の北部にあたり、小城郡多久郷を中心として佐賀郡や杵島郡の一部にまたがる、私領主第二位の知行高二万一七三四石五斗(物成八六九三石八斗)であった。(4)

以下、維新直前における多久領の軍事力増強の状況を明らかにし、佐賀藩の大組以外から多久家が戊辰内乱に出動した経過や当時の財政状況などを述べ、私領主の領地返上に果たした多久家の役割とそれに対する家臣の反応に触れ、そして多久私領における郡令所・軍団所の実態について検討してみたい。

一　軍事力の強化

佐賀藩において軍事力増強のための洋式銃砲の取り入れが積極的に行われていくのは、長崎警備強化のための台場の増強に取り組み始めた嘉永以降のことである。(5)長崎警備に関しては多久領は深堀領の沖ノ島番所を武雄鍋島家と隔月交代で担当しており、(6)佐賀藩の影響を受けて、洋式銃砲の取り入れにも早くから関心をもったと思われるが、小銃については、トントル筒九五挺の代金を文久元年暮から毎年銀三貫八七六匁を一〇年間、同じくトントル筒二〇挺の代金を文久二年の暮から毎年銀七八二匁を同じく一〇年間にわたって、佐賀藩の懸硯方に返済していることから、文久元年頃にトントル筒の買入を確認できる。(7) 翌文久二年にはミニュ銃五挺を佐賀藩の代品方から金六〇両で買い入れている。(8)

その後元治元年九月にエンフィールド銃二五挺の買入を長崎佐賀屋敷出入りの商人江越英之丞に依頼しているが、翌慶応元年七月には「御軍用筒之儀御公私共雷銃ニ被相定置候得共、エンヒール銃之儀業前格別相長候付、表方之儀も段々御仕替相成候御仕与之由、各様相始御家中之儀も同様御仕替相成候様、今日御談決相成」るとして、長崎で一〇〇挺を購入することにした。(9) さらに慶応二年八月に後込石火矢・後込エンフィールド銃・八角銃を買い入れている。この時の支払い残りとして三〇〇〇両の借金を御用達の成富久右衛門・西村五平次に依頼している。(10) 十月には「最前長崎表御注文之後込エンヒール銃其外出来候由」ということで、受取のために渡辺源蔵と下目付長尾久太郎が長崎へ出かけており、佐賀藩の増田左馬之允と商人江越英之丞の世話を受けている。

このように多久領ではエンフィールド銃等の買入を直接長崎で行っているのが確認できるが、佐賀藩の懸硯方に慶応二年暮からエンフィールド銃一〇〇挺の代金として毎年銀二一貫三四九匁余を五年間にわたって返済することになっており、(11) 何挺買い入れたのか明らかでないが、エンフィールド銃の代金の多くを懸硯方へ依存していたと思われる。なおこの年八月に一二ポンド・六ポンド六角銃の玉計四四発の代金三貫四七六匁余が計上されている。(12)

慶応二年十二月にビボティ銃一〇〇挺を買い入れることになり、その代金三六〇〇両の二割を手付金として増田左馬允に渡すことになっているが、手付金七二〇両のうち四七五両は長崎の屋代円城寺耕平に預けていた分を充て、残り二四五両と馬乗筒一挺代三五両、袂時計一個代二三両、磨皮一枚代一両、紬毛織代四両、立聞用五〇両の合わせて計三五八両を多久から長崎へ送っている。ビボティ銃一〇〇挺代金は翌慶応三年八月には金三五〇〇両となっており、そのうち一五〇〇両は多久領の「御用意方」と、二〇〇〇両は佐賀藩の「御本方」からの拠出とする予定を立てている[13]。

のちには、代金のうち二八〇〇両を佐賀藩の軍艦取入方から借用し[14]、またスターフ銃二〇挺を金四〇〇両で軍艦取入方の世話によって取り入れている。この内二挺を鍋島監物の所望により、スペンセル銃二挺と取り替えて、領主の「御手筒用」とすることにしているが、スターフ銃二挺で代金四〇両、スペンセル銃二挺でおよそ六六、七両であるので、その差二六、七両を納戸方から拠出するように願いが出ている。

この頃スペンセル銃への関心が高まり、慶応三年十一月にはスペンセル銃一二〇挺買入の方針を決定しているが、「今度小銃的前スヘンセル銃并銅管御注文、彼是見当り壱万金ニも相及候、御臨時相立居、殊ニ御軍用金扨又小身貧窮の向々御扶助等も、被成下候半而不相叶、彼是ニ付而ハ莫大之御費打見候処、御銀配之御仕与絶而無之、何レ之通被相整可然歟、御当惑至極之場ニ付、先以御家中有徳之向々へ調達被仰付」るとの方針を出している。つまり財政難の中でスペンセル銃代金の一万両を家臣からの献金によって確保しようとしている。

慶応三年九月頃多久領では蔵納金の状況、出動態勢のあり方、小銃の装備状況、六〇挺の小銃による稽古、銅管仕込ハトロンの確保、野戦銃の整備とその訓練、小物成二〇〇石を小銃稽古費用とすることなどが取り上げられており、とくに「新発明等」による新式の小銃の確保が重要な課題であった。

明治元年七月には武雄鍋島家を通してヘンデリー銃二〇挺を代金七八〇両で取り入れることになる[15]。さらに翌八月には長崎屋代の円城寺耕平・森又平を介して、ヘンデリー銃三〇挺付属品共代金一一七〇両と同銃ハトロン七五〇〇代金一八七両二歩の計一三五七両二歩で、長崎の商人竹林祐作へ注文している。翌明治二年二月に長崎に到着するという約束であった。この代金のうち三五七両二歩は円城寺耕平が立て替え、残り一〇〇〇両は未払いであったが、この明治元年十月初めには立て替え分は利子をつけて円城寺へ返済している。残金の一〇〇〇両は明治二年正月に支払っている[16]。明治二年正月にヘンデリー銃二〇挺[17]、三月に残り一〇挺を受け取っている[18]。

また明治二年二月にはギリイン銃と横栓銃の買入の計画を立て、見本筒一挺ずつを多久私領へ送らせて検討した結果、買入銃一〇〇挺のうち何挺ずつに決めるか決定することにしているが[19]、のち五月には横栓銃三〇挺[20]、七月にはギリイン銃五八挺を久留米へ売り払うことにしており[21]、実際に買い入れたことがわかる。

このように文久元年から明治元年にかけて、各種の銃の取り入れに積極的に取り組んでいるのであるが、この他慶応二年六月に佐賀藩から後込エンフィールド銃一二挺を代金二四〇両で「御拝領買」を命じられ、半分の一二〇両を支払って残りは一年間猶予を願い出ている[22]。

大砲の取り入れについては慶応三年九月に佐賀藩武具方より当時最新式の大砲であった六ポンドアルムストロング砲の玉が必要ということで、多久領へ「右御筒御持分玉製作も出来候由」として、至急製作するよう依頼している[23]。このことは多久領にすでにこの時六ポンドアルムストロング砲が備えられ、その玉を製作していたことを示している。またこの年に吉田釆吉が、「鋳物師職相営、是迄御雇ニ而大銃玉製造方被仰付候所、細工方宜敷、御出馬前尖ニ御用相弁、別而勤功ニ付、職人御歩行被召抱」られて、切米三石を支給されている[24]。また明治元年十二月に一二ポンド六角銃が破損したためその玉が不要になり、四ポンドその他の弾丸の地金に使ってはどうかとの意見が出されており[25]、各種の大砲の玉を製造していたのがわかる。

銃の火薬の原料である硝石の買入も行っている。慶応二年十一月に、「当今切迫之時勢ニ相成、石火矢并銃陣火放等、弥以稽古無之而不相済処、硝石只様高直ニ相成、右稽古六ヶ敷可相成ニ付」として、硝石二万斤を買い入れ、その代金一八〇〇両は御用意方から小物成三〇〇石の代金を取り替えて充てていたが、その返済を来年春まで延期することを御用意方へ願い出て、三月までの返済となっている[26]。このことは小物成を管轄する御用意方は多久領財政とは別途会計を扱っていたと思われ、佐賀藩でいう懸硯方に相当するものであったのではあるまいか。

明治元年九月に佐賀藩武具方から私領主への「大小銃挺数玉薬之高、并御家中足軽迄惣人数、尤侍已上者名書、当今之時勢ニ而新等敷農兵士兵等之御仕法、相成居候半者達出候様」との命を受けて[27]、多久領からは大銃・小銃等の内訳が提出された。アルムストロング砲をはじめこれまで述べてきた小銃を備えているのがわかる[28]。

小銃等の長崎での買入に江越英之丞や竹林祐作が介在していたことはすでに触れたが、明治二年三月に武雄鍋島家の長崎の屋代であった竹林祐作に、多久私領から「ヘンテリー銃御頼入方ニ付、彼是致心配候ニ付」として金一両が、また同じ理由で多久家の屋代円城寺耕平に金三〇〇疋が送られている[29]。

円城寺耕平が多久領の洋式小銃の買入に関わっていたのは、これ以外には明らかでないが、慶応二年十月に「御軍用ぱん製方」の「伝授」のため多久へきている[30]。そして慶応二年九月から翌三年八月にかけて、一〇回以上にわたって「内密聞取書并新聞誌」を多久へ送っているが、これに対し多久領は明治元年十二月に金五〇〇疋を与えている[31]。円城寺耕平がいつ頃から多久家の長崎屋敷の屋代になったのかは、「先祖ゟ御屋代被仰付、以御蔭数代相続連綿相勤来」るとあるだけで、はっきりしたことはわからないが、円城寺耕平には明治元年暮に、扶持米として米五石と合力銀九六匁・増合力銀二五〇匁が渡されている[32]。

洋式小銃についてはその稽古が銃陣方管轄のもとに実施されており、慶応三年九月に「稽古筒エンヒールド跡込銃都合六拾挺被指出」るとあり、後込エンフィールド銃を使って訓練が行われていた。原則として足軽以上の一七歳から上が対象とされ、一人一日三〇発計四〇〇発と決められた[33]。

なお小銃稽古費用の財源に充てられたのは、慶応三年の十一月には「小銃的前御入費筋御小物成弐百石御米代」とあるように[34]、小物成収納の米二〇〇石の売り払い代金とされた。しかしその後三〇〇石となったが、翌四年六月には武具方への渡銀は米二〇〇石の売代に限られ、また米価の下落のため銀九〇貫目の不足となっている[35]。

明治二年四月にそれまでの小銃稽古のあり方が大きく変更になっている。小銃稽古は一五歳以上となっており年齢制限はなかったが、五五歳以上については規定の稽古玉数を減らし、その分を壮年のものに回すようにしている。そしてこれまでのように銃陣方の管轄下に稽古をするのではなしに、「小銃的前組内ニ而被相行候様御仕組替」になり、「組頭者勿論組扱之人々猶又立入万端心遣可相整事、付り、御歩行ハ組代、足軽ハ小頭立入心遣可申事」とあるように、組扱・組代・小頭をその責任者とした(36)。のち八月には「英式銃陣伝習」として、佐賀藩の火術方へ多久領から多久権之助他七名が出かけている(37)。

多久私領における家臣団の構成は表7－1のとおりであるが、侍・馬乗通によって左右二組が編成され、家老のうち二人が左右組頭となっていた。そして馬乗通が組頭となる大筒与力組・歩行組・被官組・職人杣足軽組・昇足軽組・弓足軽組・鉄砲足軽組・持筒足軽組・新鉄砲足軽組・境目足軽組などが置かれていた(38)。

表7－1　近世後期多久領家来の構成と人数

階　層	人数	備　　考
家老	6	いずれも組頭（内2・左右組頭）
馬乗通	43	
侍	213	（含む医師）
歩行	61	
職人歩行	24	
足軽	441	
船手	106	
〆惣人数	894	

鍋島文庫「諸家来人数帳」より。

慶応三年九月に「今般御軍制御改革を以、孫六組御先手ゟ御左右撒兵与力外御小姓其外、御撰挙相成候付」とあり、組の一部を選抜によって編成し直したようであるが、詳細は明らかでない。また同年十一月には出陣仕組として、「先般木屋ノ瀬御出張以来之御仕与者、与之体ニ不被相拘被相整候得共、唯今ゟハ当非相立、与割ニ而御仕組相成、当番之儀ハ弥以何時俄之儀有之候而も、尖ニ間ニ合候覚悟相付居候様」と、優先的に出陣する組を前以て決定することにしており、出動体制の強化を図っている。そして翌年一月には「先手与侍之儀只今ゟ大炮懸ニ致改革候、就而者何れも業前稽古方爰限相励、一刻も軍陣之実用物立候様」との方針を出して、先手組侍を大砲隊に編成替えしている(39)。

このように組編成については臨戦体制の強化という点から、改革がある程度行われているようであるが、基本的には旧来の組制は維持されており、この組を基盤にして小銃稽古の徹底を図ろうとしている。この意味では組編成を大きく変更することはなかったのである。

ところで、洋式銃砲の取り入れをはじめとする軍事力強化の財源であるが、慶応元年六月に「後込石火矢英商へ御注文ニ而、代料之儀熊副山石炭を異人へ直渡御願出之末、色々御都合致出来」すとあって、武器買入代金に石炭を充てているのがわかる。これより先文久三年には南目熊副山石炭が長崎へ運ばれ、「御仕組石炭之儀長崎異人売込」のために、長崎の松添幸右衛門・同久右衛門が引請となっていた[40]。

また同三年六月には、「石炭仕組之儀、狩谷・大副両山之御運上、年ニ凡ソ千七八百両位ハ御取収相成候見渡前ニ御座候処、大小銃其外御取入レ、御軍備之筋大総之銀高相揚リ、石炭御益銀丈ニ而ハ年々御不足打チ重ナリ、古実御仕切目安前七千五百金之御不足ニ而、いづれと御運上之道無之而ハ、御本方へ右丈御借銀ヲ以、被相弁たる義に御座候」と、当時大砲・小銃等の買入の財源として、石炭や櫨実からの益金が注目されていたのがわかる。引用史料にある大副山は大崎村にあり、文久三年六月に稗田麟蔵と北島恵助を請元として石炭採掘が再開されていた[41]。

請元は領主の許可のもとに一定の土地での石炭の採掘を請け負ってその経営に責任をもっており、そのかわりに領主へ運上銀を納めていた[42]。狩谷山は高来川内村にあり、これ以前から採掘が続けられていたが、慶応三年九月から は前出の稗田麟蔵が請元となっており、明治二年二月まで麟蔵が狩谷山石炭請元であるのが確認できる[43]。これらは石炭仕組山と呼ばれた。

大副山から採掘された石炭の売り払い値段や「長崎廻御買揚直段」は、佐賀藩の懸硯方の石炭仕組方の管轄下にあり、慶応二年三月には「大副山石炭長崎廻御買揚直段、御趣意通被相済、且又肥後行石炭御願方旁ニ付」として、石炭仕組方の役人に多久領の産物方から挨拶として付届けがなされているのは[44]、そのことを裏付けるものである。この大副山は同年十一月に「炭山之儀最早炭尽候ニ付」として採掘が中止されている[45]。

慶応二年十二月に新しく焼米村の池田山石炭の調査が行われ[46]、翌三年十月には池田山石炭請元の庄兵衛・文太郎から産物方へ願書が出されており、これ以前に請元が決められていたことがわかる。願書の内容は池田山の石炭採掘を続けるために金二〇〇〇両の借銀の斡旋を依頼するものであったが、産物方では「堀仕与相整候ニ付元手用」として森栄左衛門から二〇〇〇両借用することにしている。

さらに伊丹文右衛門から、「池田山石炭堀仕組用并蠟屋共拝借用之内」として金一〇〇〇両を調達しており、また佐賀藩懸硯方に「池田山石炭堀仕組元手用、并蠟屋共櫨実買入用拝借」として金一五〇〇両を借用している[47]。なお伊丹文右衛門には「焼米池田石炭堀仕組用、卯十二月ニ伊丹文右衛門調達金五千両、平方礼太郎同五百両御借入ニ相成居」とあり[48]、同年十二月には五〇〇〇両の借金となっていた。

これらの仕組山の資金については慶応二年に、「北方郷石炭請元惣介林蔵ゟ金千両丈御声懸拝借相願候末、成富・西村両家より御借受」とあるように[49]、産物方は多久領御用達の成富久右衛門・西村五平次からも調達していた。

のち明治二年正月に多久領勝手方から産物方へ、金八五〇両が「池田山石炭堀仕組用」として貸し渡されており[50]、産物方と勝手方は別会計になっていたことがわかる。そして明治元年九月には以後一年間に池田山の石炭下炭一〇万樽、塊石三万樽の計一三万樽の領外移出を計画している[51]。こうした多久領における仕組山での石炭採掘は請元の責任のもとに行われていた。

軍事力増強の財源として石炭のほかに蠟の原料としての櫨実が挙げられていたが、以下櫨・蠟についてみて検討してみよう。多久領では安永六年以前から小物成役所の中に櫨方が設けられていた。寛政二年の小物成方総銀収入一八貫八九一匁余のうち、櫨方収入である「櫨実代御御取納」が一二貫五〇〇目となっており、総銀収入の約六六パーセントを占めていた。その後文化十四年には二七貫九六〇匁余になっている[52]。つまり御用櫨として直営で櫨を栽培していたのである。

文久二年十二月に「御私領御仕組生蠟見分之儀、御掛硯方役人入込相成候段申来」るとあるように、多久領の生蠟仕組の視察のために佐賀藩の懸硯方から役人が出掛けてきている。そして、多久領の蠟の移出に対して、佐賀藩懸硯方は冥加銀をかけていたように、懸硯方の管轄下にあったが、この年十月に懸硯方は、「時勢ニ随ヒ御屋敷ニおいても火術稽古或ハ兵器之備等、専蠟仕与を以相補候付、格別之訳を以」てとして、白蠟冥加銀一斤につき正銀二分を一分、生蠟を同じく一分五厘を七厘に減額している。(53)軍事関係の財源として多久領で蠟仕組が重視されていたのがわかる。

蠟の生産については領内各地に蠟屋がおり、(54)先の引用にもあったように、「蠟屋共櫨実買入用拝借」が行われ蠟の生産を援助、奨励していた。また北方郷石炭請元惣介・林蔵の要請により成富・西村両家から金一〇〇〇両を借用したことを引用したが、この一〇〇〇両から佐賀藩の懸硯方へ、「白蠟代為替拝借」の元金と利金の計二三四両余を返済することにしている。(55)白蠟は当時佐賀藩が軍艦買入の代金に充てるものとして注目しており、(56)多久領において白蠟の買入が行われていた。

慶応二年四月に多久私領では、文久二年十二月から慶応元年十一月までの三年間の「御仕組生蠟旅出」、つまり多久私領から他領へ積み出された生蠟高一六万四五六八斤六合に対する冥加銀一貫六四五匁六分九厘を、佐賀藩の懸硯方へ納めている。(57)このことは多久領産の蠟が仕組蠟として多久領の統制下にあったことを示すとともに、多久領から積み出される蠟が佐賀藩の管轄下にあって冥加銀を徴収されていたことも物語るものである。慶応元年十二月に「御仕組蠟方ニ付寒中御付届、且又此節為替金拝借願方ニ付」として、懸硯方の役人へ贈物をしているのは、(58)両者の関係を示している。

ところで、慶応二年十一月当時多久領の西春濤と三根道逸が医道稽古として、長崎に滞在し、蘭医ボートイン、彼の帰国後はマンスヘールに西洋医学を学んでおり、稽古飯料として一人米三石余を渡されていた[59]。翌年九月には西春濤は「西洋内外科共新規之器械相用、治療仕候ニ付而ハ、日常的用之品丈は相整候半而不相叶」と、その器械の買入願を出しており、多久領ではこれを認めている[60]。三根道逸は慶応三年の暮に稽古を終えて長崎を去ることになったが、西春濤は一年延長された[61]。

また慶応三年十二月に「英学稽古」が命じられ、「於長崎英学伝習」として鶴田揆一と古賀文次を充てた。両人は丁度佐賀へ帰っていた佐賀藩の英学研究者の副島次郎・中山嘉源太・横尾平太に挨拶に行くことにしている[62]。そして翌年十一月に鶴田揆一と古賀文次は「只今先通話書其外研究仕居候処、去月ゟ究理書地理書且算術等相始居候ニ付、只今迄者表方御蔵本拝借仕居候得共、多人数之事ニ而借用不相叶」として、書籍の買入を多久領に願い出[63]、翌月にこれが認められて金三四両が両人に渡されている[64]。

こうして多久領では西洋医学の導入に取り組み、また英学の研究も進めており、西洋の近代医学や学問の研究に強い関心をもっていたのである。

二　戊辰内乱への出動

戊辰内乱に際して佐賀藩主鍋島直大は慶応四年二月に北陸道先鋒、閏四月に庄内征討を命じられた。庄内征討では藩士前山清一郎が奥州鎮撫総督参謀として佐賀藩兵七五三名、小倉藩兵一四二名を率いて仙台へ向かっている。さらに五月三日には総野鎮撫を命じられており、下総には五四〇名、両野には九三八名の藩兵を出動させることになったが[65]、同月十七日に、多久領主多久茂族（与兵衛）一手と鍋島左馬之助組、鍋島監物組出勢残に出動が佐賀藩から伝えられた[66]。当時の佐賀藩の出動内容は、慶応三年暮に鍋島孫六郎がまず京へ向かっているが[67]、翌年六月末に

表7－2　明治元年閏4月当時の多久領財政の概略

蔵入・配分其外取入前	米　8,527石0斗2升2合余
内 献米差分家中切米其外	6,408石6斗7升0合余
残米 諸筋取入前	2,118石3斗5升2合余 （代銀211貫835匁2分余） 銀　170貫155匁6分余
〆銀	381貫998匁6分余
内 諸差分其外借銀払入迄	銀　453貫438匁9分余
不足銀	71貫448匁3分余 （代金1,050両余）
諸借銀払入残元	金　5,652両余

慶応3年9月より同4年8月迄「御屋形日記」より。

宇都宮に集まった佐賀藩兵の中に鍋島鷹之助・鍋島監物・鍋島左馬之助の名がある(68)。元治元年時で鍋島鷹之助は先手組、鍋島監物は御側組、鍋島左馬之助は先手組の各大組頭である(69)。

当時多久領では、慶応四年閏四月頃表7－2にあるように、不足銀と借銀返済が計六七〇二両余あるという財政難のもとで、「当時不穏折柄、自然遠国御出馬等被遊候節、兵夫丸凡五百人ニ〆、一日壱人前金弐歩位つゝ御当介之御積ニ而、凡百日之日数ニハ弐万五千金之御入費ニ相拘り、何レとも其御備無之而被相叶間敷」というように、出動のための軍資金確保の方途を取らねばならなかった。そのため「即今ゟ御家御楯組被相替、非常之御仕組被相整外有御座間敷歟」と、「非常之御仕組」の実施を多久領の政治の最高責任者にあたる当役の多久六郎左衛門は主張している。なお当時「別段引分金」として三二一両余が蔵納になっていたという。

多久六郎左衛門の意見を入れて「御変革御減少之義、当年ゟ弐年之間御仕組」、つまり二年間の領主一族の支出削減を図るとともに、閏四月末には佐賀藩の出陣方から、「御出馬之節御用意金之義、壱万両丈成共御備無之而相叶間敷ニ付至爾時無御差支様御銀繰相成居候通」と達せられたため、表7－3のよう

表7－3 「御軍旅方一万両」の内訳

金　10,000両	出勢用積前
金　3,214両余 2,000両 586両 4,200両	軍旅方別段引合現金備え 御門長屋造営用引合（売米を以て備え） 献米小筈間銀別段引合の内より（売米を以て備え） 私領献金の筋を以てスペンセル銃120挺丈取入相成るべきの処，一先ず猶予に相成るべき歟

慶応3年9月より同4年8月迄「御屋形日記」より。

な「御軍旅方金」一万両確保の方針を出している。このうち「御筒被相当候金之義、急々御出陣方相成筋之御替ニハ、無去方御事候へ共、其外之筋等へハ容易ニ出方ニ不相成候様」と、スペンセル銃買入金を出動以外へ流用することを堅く禁じている。

この時の佐賀藩の出動人数は多久領が四四〇人、鍋島左馬之助組三五〇人程、鍋島監物組が二〇〇人程で、これに支藩小城藩四五〇人程が加わった。多久領四四〇人は佐賀藩船の甲子丸に乗り組み、五月二十九日に伊万里の久原から出帆し、兵庫で佐賀藩船の電流丸に乗り換えて横浜へ向かう予定であった。が六月一日に久原を出発しており、六月十日に品川に着き佐賀藩の桜田藩邸に入っている(70)。

多久領からの出動者に対しては、「此節一万両丈御持越相成候御積之外、何分御目論見相付兼候へ共、少々納金之心当も御座候由、殊ニ御懸硯方へ御拝借御願筋も、何程歟ハ可被差出、右を当ニ〆御扶助可被成下歟」との方針のもとに、家老二人に金七両、侍通一一〇人に三両、歩行一六人に一両二歩、足軽九四人に一両二歩、仲間四人に一両一歩、手男四人に三歩ずつの計金五七一両の「扶助」を行うことにし、さらに「諸返上何筋ニ不依、一切御凱陣迄之処、御猶予被仰付」れている(71)。

その後多久茂族は総野鎮撫方頭人を命じられ、六月十九日に下野の宇都宮に着いている。そして従軍している多久六郎左衛門から二十四日付の、兵と武器を送るようにとの手紙が多久へ届けられているが、「御不束之義等御座候而ハ、御一身様之御恥辱ハ不及申、御国家之御瑕瑾共相成義勿論ニ御座候」、「御不手際之御国弥諸藩之下積ニ可相成、甚以御残念之御事ニ付」といっているように、佐賀藩の政治的上昇が意識されていることに注意する必要があろう。

新たに送るように要請されている兵と武器の内容は侍二八人（うち打手十七人・大砲打立聞三人）、足軽四八人（うち大砲方足軽四人）、夫丸一〇人、アルムストロング砲一挺、小銃七六挺（ギリイン銃、不足はエンフィールド銃）で、それは「此節臨機之御仕組ニ而、八拾人小隊三隊御編製相成、従者且夫丸之内新兵取立御座候所、人数御不足ニ付」という理由からであった。これまでの兵制を改めて兵八〇人と夫八人を一小隊とする三小隊と二大砲隊からなる、新しい兵制の採用を行っている。

この多久私領からの派兵については、佐賀藩主鍋島直大に従っていた原田小四郎からも藩地の年寄役へ、「（多久）与兵衛義下総野御鎮撫方頭人被仰付、宇都宮出張相成候処、いつれ兵力強盛ニ無之而ハ不相叶ニ付、今又人数呼寄度別紙之通願出相成候、然処人数ハ願通満合不申候共、別而撰兵強卒ニ而致出張候通被仰付義、其取計相成候様」と、「別而撰兵強卒」の派遣を求めていた。

この時の「出張人数御用金」として必要な金三〇〇〇両については、「御勝手方ニ而急弁不仕候節ハ、無余義御懸硯方ゟ御取替相成候外有之間敷」とあるように、多久領勝手方で準備出来ない場合には、佐賀藩の懸硯方からの「取替」によることにしている。(72) しかし結局多久領の御用意方から出すことになったが、「最早通用金ハ御出切相成、古金ならて無之由」のため、「古金」九六〇両を引当にして伊丹文右衛門から三〇〇〇両を借用している。(73) この三〇〇〇両はのち九月の派遣の際に持参している。(74) 返済は月一分五厘で十月に元利返済の予定であったがそのおりに行われず、十二月に入って七月から十一月までの利子二二五両をつけて伊丹文右衛門に返済することにしており、その財源は米三〇〇〇俵の売払代（金二五一四両余）をその一部に充てている。(75)

多久領の「増人数出勢」については、七月十六日に前藩主鍋島閑叟が帰藩して、総野鎮撫を佐賀藩が免除されるということで中止の方針を出したが、再願した結果二十四日に「増人数方御再願之末、御願通被差免」れ、翌日夜に伊万里から佐賀藩船電流丸で五〇人、残り三八人は豊前小倉から渡海船で出発し、兵庫で落ち合うという予定となったが、結局二十八日に伊万里出船は唐津から六百石積船を借り入れて出発することに変更された。しかし翌八月八日には佐賀藩から、正式に総野鎮撫を解かれたとして、「増人数出勢」は引き返すよう伝えられた。(76)

この「増出勢」の旅費として、金二五〇両は御用達の西村五平次、五〇〇両は成富寿兵衛から借用しており、また銀九貫八〇〇目は「伊丹文右衛門へ御産物方ゟ弐千両ノ利足指遣置候を、御納戸方御遣断ニ相成居候ニ付、伊丹文右衛門へ指遣筋断引ニ成候」とあるように、産物方が伊丹文右衛門から借りた二〇〇〇両の返済用の利息を充てることにしており、「増人数旅銀駄賃」として銀二〇貫目が渡されている。(77)

七月二十八日に佐賀藩は総野鎮撫を免除されたが、同二十五日に野州今市出兵中の藩兵のうち四〇〇人が奥州白川へ派遣されることになっていた。(78)多久茂族は八月十八日に藩主に従って東京へ帰ったが、二十一日に大総督府から鷲尾侍従の軍事参謀として佐賀藩兵を率いて白川口への出動を命じられた。この事態に際して「今日白川口御参謀之場ニおいてハ、御鎮撫御頭人之義ゟも、後段出兵被相願候義、於此方者尤至極ニ相考候」と、従軍している多久家臣からの意向が多久領へ伝えられた。

また当時東京にいた佐賀藩の年寄役原田小四郎も、「御鎮撫方被為蒙御免候ニ付、御名（多久茂族）家来出兵増人数等之義、不及旨先般相達越候処、御名義白川表進軍被仰付候段、彼家来之者承り付、何卒前段増人数之義、今又出兵被仰付度旨、猶爰許願出之趣無余義相聞候ニ付、三十歳以下願通出兵被仰付方ニ可有之」として、「増人数之義今又出兵」の要請を藩地へ送っており、九月二日に「増人数出張」が決まっている。

「増出勢」としての出動を止められた多久兵は、すでに唐津の呼子浦まで出船していたが、逆風のため出帆できず、八月十三日まで同所に滞留していた。そして「最前奉願置候増人数丈、今又出勢被仰付被下度」とあるように、改めてこれらの兵員を充てることにしている。そして九月十五日に伊万里の久原で兵隊他九五人が出船している。

白川口出陣に際して多久領兵隊の再編成が行われている。白川口出馬仕組と大田原出張仕組の二つの動員体制をとっているが、五〇歳以上と病人の三六人を多久へ帰すことにしており、残りで白川口は兵夫五六人の一番・二番小隊と兵夫六〇人の銃隊、大田原では兵夫二七人の一番・二番と斥候隊の編成を採っている。こうして先述した一小隊兵夫八八人の三小隊と二大砲隊の総野鎮撫時の編成を小規模な兵隊編成に改めているのがわかる。

佐賀藩兵は八月十五日に白川に着き、二十二日に白川を発って二十四日に会津城下に陣を敷いた(79)。この時佐賀藩兵は大隊長が多久茂族で、一番小隊から八番小隊までに編成され、多久兵は四番小隊と八番小隊で、それぞれ一小隊は二分隊から構成され、一分隊は分隊長と伍長以下二〇人の兵隊から構成されていた(80)。会津へ向かった佐賀藩の兵員は八七〇人でうち多久の兵員が四七〇人であった(81)。会津戦争では、「山手之方ゟ此御方アルムストロンク并四ホント半御筒、少し高山手ゟ城内打込相成」ると(82)、大いに活躍した。そして多久兵夫三〇五人は十二月六日に多久へ帰陣した(83)。

多久茂族はその後多久兵の一部とともに東京に留まっており、翌二年五月には東京遣料として金五〇〇両を用意方で取り替えて送金している(84)。多久茂族は明治三年四月に佐賀へ帰っているが、この時多久軍団所（軍団所については次節で説明する）は佐賀藩政府へ、「元主人義一昨辰年関東出陣之末、東京滞勤被在候処、来月初旬帰国、長崎致着船候段申越候、就而ハ最早御国体御変革之上ハ、斟酌之都合も有之候得共、出陣後於御国元ハ、凱陣之姿ニ付、元主従之情義ニおゐて、其儘難閣候ニ付、若松城下迄致出兵候我々三隊丈、到其期元私領境迄為護兵出張、御城下着之節も同様致護兵度奉願」るとの願書を提出しようとしたが、世子多久乾一郎はこれを止めている(85)。次節で述べるが明治二年六月の領地返上後の状況の中で、多久領において領主と家臣との主従関係を弱体化させざるを得ない状況になってきているのを窺うことができよう。

明治元年の暮に佐賀藩は、戊辰出陣の家臣へ「当春已来出勢ニ付而者、銘々不少御費用も可有之ニ付，格外之訳を以、別紙之通御加勢米被指出」るとして、「御加勢米」を支給することにした。[86] 多久領には出陣者四六九人に六石ずつ宛ての計二八一四石と、これとは別に一五〇石の計二九六四石が与えられた。のちには出勢人数は士一五三人、歩行一七人、足軽一四四人ら計四八八人となっている。[87] この佐賀藩からの加勢米は多久領の従軍家臣へ支給されたが、このほかに多久領では、明治二年五月に「先般御出陣御供并後段被召寄候人数、永陣等ニ而入費不少ニ付、御内証ゟ今又為御合力、別紙之通被為拝領方ニ而ハ有之間敷哉」との出陣方からの意見を入れて、金三五八四両の合力金を「御内証」から支給している。[88]

実は加勢米の処置をめぐって多久領で、明治二年五月に願書が出されるという騒ぎが起こっている。加勢米の配分に対して吉岡三右衛門御歩行組代の成田三五左衛門ら二八人が、「不釣合」であるとして訴え出た結果、「先以御供一統之御加勢米御取戻相成」るという方針を出したので、彼らは専称寺から退散している。そして「背御法度多人数相集、押張及訴訟」んだため、当然に処分を受けるはずであったが、御咎めはないということにしてはどうかということになり、彼らは何ら処分は受けなかった。ここに多久私領の方針に従わない、戊辰内乱に出陣した家臣たちの存在が確認でき、旧来の主従関係が崩れ始めている様子を知ることができよう。[89]

以上述べてきた戊辰出勢の経費の処理に関しては、「御出勢ニ付最前御懸硯方へ御拝借御願出相成候末、石炭五万斤勝手売御願出候所、三万斤丈被差免旨達帳相成候事、付り、焼米池田石炭也、尤長崎表御差向候義、不被相叶趣被相達候事」とあり、[90] 佐賀藩懸硯方への拝借を願っており、その返済用として多久領焼米村と池田村の石炭の売り捌きを許可されているが、長崎で売り払うことは禁止された。これは佐賀藩の石炭売り払いに影響するからであったと思われる。

この懸硯方から借銀の返済に関しては、明治二年六月に内庫所から通達が出されている。内庫所はこれまでの懸硯方を引き継いだものであるが、いつ置かれたのかこの六月以前には確認出来ない。戊辰出陣に際して多久領が佐賀藩から借用した銀六九貫目を、「軍備方大臨時之筋」、「出勢之儀存外之永陣」との理由で一〇年の年賦返済を願ったが、内庫所はこれを認めずこの六月に利息の即納、元金は暮までの返済延期を伝えている。(91)

三　私領地の返上

多久領における統治機構のあり方については、その具体的な状態は明らかでないが、慶応三年九月の行政の主要な担当者をみると、政治の最高責任者として当役・勝手方頭人多久六浪左衛門がおり、これを補佐する当役相談役米倉内蔵允・徳永八郎左衛門・草場立太郎がいた。そして当役相談役は小物成方等の各役所の次官たる中役を担当している。(92)この当役と当役相談役を中心として多久領の政治が運営されていたと思われる。(93)

行政の担当者については毎年九月に「改正」と称して任免を行っているが、慶応三年の翌年の明治元年九月は理由は明らかでないが、「改正」が行われず延期されており、翌明治二年正月に実施されている。(94)表7－4はその内容であるが、これまでとは役職名が変わっており当役は家宰と称している。参知は当役相談役、参助は中役に相当すると思われる。慶応三年九月の当役多久六郎左衛門、多久年寄蒲原形左衛門・瀬田八左衛門、用人梶原九郎左衛門・木下忠左衛門、当役相談役米倉内蔵允、御側気遣久松源五左衛門らの名はみえるが、家宰輔翼多久励、参知藤崎小左衛門、参助武藤久兵衛・徳永二左衛門・鳥越広蔵、監察石井次郎右衛門・徳永庫太郎・梶原忠右衛門らが新たに登場してきている。当役等の役職名が変わっているのは、佐賀藩でもこの正月にこれまでの請役・請役相談役が執政・参政に名称変更したことに対応したのであろう。表7－4から領内統治の役局が軍務・農政・会計・商法・刑法・監察などに整理、統合されているのがわかる。

佐賀藩では明治二年三月に藩治規約を達し、藩政の職制を九局とする新しい方針を示したが[95]、多久領でもこれに対応してのことと思われるが、四月二十日に「改正」が行われている[96]。多久領で職制に関して改革があったのかどうかは明らかでないが、明治二年四月の主要役人をみると、家宰・家宰輔翼・中役・付役・局中役・局付役という職階がとられたようである。役人名をみると慶応三年九月から名のあった、蒲原形左衛門・瀬田八左衛門・梶原九郎左衛門・久松源五左衛門・米倉内蔵允、それと明治二年正月に名があった石井次郎右衛門・徳永庫太郎・梶原忠右衛門らに代わって、付役百武五郎兵衛・柴田小太郎・瀬戸口秀六・徳永又七、佐賀勝手方付役飯盛弥惣次、農政局付役森幸左衛門らの名がある[97]。

表7－4　明治2年1月の多久領役人

家宰	多久六郎左衛門
家宰輔翼	多久　励
多久年寄・大監察	蒲原形左衛門
多久年寄	瀬田八左衛門
多久年寄・用人・参知兼	梶原九郎左衛門
多久年寄・参知（軍務・農政）	木下忠左衛門
用人・参知	久松源五左衛門
参知	米倉内蔵允
参知（会計・商法）・学校教授定詰	藤崎小左衛門
参助（会計・商法）	武藤久兵衛
参助（軍務・農政）	徳永二左衛門
参助（刑法・授付）	鳥越広蔵
監察	石井次郎右衛門 徳永庫太郎 梶原忠右衛門

明治2年正月中「御屋形日記」より。

明治二年四月の役人の中で、慶応三年九月に名があるのは多久六郎左衛門・蒲原清左衛門・柴田神右衛門・木下忠左衛門の四人であり、多久領の政治の中枢にいる人物が相当に代わり、人材登用が行われているのがわかる。ただし当役多久六郎左衛門が家宰として多久領の政治の中心に相変わらずいることは、多久領の政治方針が大きく変わってはいないことを示しているのではあるまいか。

佐賀藩主鍋島直大は明治二年正月に薩摩・長州・土佐の各藩主とともに、版籍奉還の奏上を行ったが、同年三月に入って佐賀藩地では最上級家臣の親類・親類同格八家と家老六家らは、これまで統治してきた地方知行地たる領地の返上を藩へ申し出た。佐賀藩はこれを受け入れなかったが、親類らが再び返上願を出している。(98) この領地返上は版籍奉還を佐賀藩内的規模で実施しようとしたものであった。

当時多久領主多久茂族は東京に滞在していたが、領地返上願の不許可に対して領地の家宰と参知へ、「当節采邑返上再願之儀ニ付、同輩中へ為申談古賀助右衛門へ申含其許指下候、就而者何レも得と右之趣意令承知、何時政府ゟ如何様之御沙汰有之候共、屹度相守可申、万一何歟異存等申立、或ハ此時ニ乗し、仮令勝手向之為ニ相成候事たり共、不筋之事等ハ不及申、自己之利欲ニ関係いたし、作略之取計等候而者、十数代格別之家柄、今日ニ至り笑を万世ニ残し候様成、不束等令出来候而者不相叶」と、佐賀藩政府の命令に従うこと、また自領の利益のみを優先して家名を汚さないよう命じている。

佐賀藩政府の参政へは「一体於朝廷ハ何れと御処置有之候共、私ニハ素り指上切候積ニ而、初ゟ同輩へも不申談、一存ニ而相願候儀ニ御座候条、幾重ニも願通被仰付度、且又御城内拝領屋鋪之儀、打追相住居罷在候者過分之事と申、且何分不相任儀も候之間、奉恐入候得共指上申度」と伝えており、再願については多久茂族が他の領主たちへ図らずに一存で行っており、彼が率先して領地返上を願っているのがわかり、佐賀城内の多久屋敷の返上も申し出ている。

そして藩地の他の領主たちへは、「今度王政御一新、富国強兵之基本被為立候ニ付、各藩も断然旧習致一変候半而不相叶折柄、被為在御先見版籍御返上被遊候付而ハ、御家中も右之御趣意急度致躰認可申儀勿論ニ付、采邑返上之儀今又別紙之通於当地再願仕候」と、新政権の「富国強兵」の方針の下での各藩の改革が必要であり、そのための領地の返上によって藩内の集権化を主張している。(99) こうしてみると佐賀藩における領地返上は多久茂族が主導する形で進められたと考えられるが、その背景には戊辰内乱に従軍しその後も東京に留まって、中央政局の動向を目の当たりにした経験が、領地返上を実現して佐賀藩体制の強化を緊急に図ることとの必要性を認識させたのであろう。

このとき多久茂族はこれからの多久領に関して、領地の家宰・参知など主要役人任命のこと、多久領財政の状況、領地返上にともなう城内屋敷の処置や、領知返上後の多久領における改革状況などについての報告など、十一か条の書付を多久へ送っており、領主として指示を出しているのがわかる。

六月になると多久茂族の子多久乾一郎は佐賀藩へ建白をしているが、その中で「先般御先見被為在、版籍御返上被為遊ソロハ、専ラ皇威ヲシテ海外ニ震ハシメ、天下一致ノ思召ニ被為在、臣某実ニ感歎ノ至リニ奉存候、今ヤ御国中一統御趣意ヲ奉躰認、采邑差上ソロハ是又御国威ヲシテ、天下ニ震ハシメ一国一団ナラシムルノ処ニ候、此ノ上ニテハ俸禄等モ、公平至当ノ御処置被為在候ハテ不叶ト奉存候」と述べており[100]、佐賀藩が版籍奉還を願い出るという事態のなかで、これを受けて「御国中一統」のために領地返上をして、「御国威ヲシテ、天下ニ震ハシメ」んとしたのであるといっている。ここでいう「国」とは佐賀藩自体のことにほかならない。そして領地返上後の家臣への俸禄は公平に支給するようとの要望をしている。

この私領主の領地返上は四月に入って、「土地人民ノ儀政府ニ引受、諸事公議ヲ尽シ取リ計フ儀ニ候」として[101]、佐賀藩に受け入れられており、明治二年六月中「家政局日記」の六月晦日の記事の中に、「支配之土地人民、城内屋敷を全致返上度、今又再願之次第、国家を思之深志不堪感悦候、此上者不得止願之通承候」とある。ただし城内屋敷はこれまでのとおり居住することが認められた。

三月の最初の領地返上願のときに、「兵制ノ儀ハ軍務局ニ於イテ、上下一致一国一団ニ御申付ラル儀ニ候事」とあって[102]、兵制については佐賀藩の軍務局（正しくは軍事局）で統括する方針を出しており、四月にはこれまでの大組を改めて大隊制を実施して兵制を変更し、常備隊は一番大隊から五番大隊、予備隊が一番大隊から三番大隊までの計八大隊となっている（大隊制の実施については本書第四章「家臣団体制の解体」参照）。そして六月末に多久乾一郎が五番大隊の大隊長に任ぜられている。多久領では一度これを断っているが、八月に入って正式に引き請けている。[103]

各領地の兵隊編束については八月に、「兵隊編束方之義聞繕候処、右者近々御栄出相成趣ニ御座候付、御家中ゟ壱人軍事局部り被仰付」れており、まだ手がつけられていなかった。[104]

版籍奉還が実施されて二月後の明治二年八月に佐賀藩は、「禄高ニ随ひ蔵米ニ而給禄定メ、土地人民之義者一切、於政府致差配候間、其心得可致候」と、[105]家臣への給禄は蔵米とし、親類ら一四家のみならず家臣の地方知行は否定され、領内の土地はすべて佐賀藩が直接支配する方針を出し、以後これが具体化されていくことになる。

こうして領地返上による新しい事態のなかで、佐賀藩政府による集権化政策を批判する動きが多久私領で起こっており、「知邑事と歟申御名義被相立、御旧領之士民御御総括被成下度」、つまり多久家による「士民御総括」を多久私領から内願したが、「少将様」つまり藩知事鍋島直大の「甚不都合」との意向があったため、多久乾一郎が多久へでかけて説得にあたったが、多久領家臣は「責而ハ兵隊丈成共御総括被成下度」と、多久領の兵隊の総括を願い出ている。

多久領家臣が問題としていたのは、「軍事局郡令被仰付」、つまり佐賀藩の軍事局管轄下に家臣が入ること、また多久領が佐賀藩政府の郡令の統制下に入ることであった。これはあくまでも従来の領主多久家との主従関係を維持することを前提とするものであり、「士民御総括」の主張となるのであった。しかしこの主張は多久家が主導して進めていた領地返上による佐賀藩集権体制の実現と矛盾するのはいうまでもない。そのため多久乾一郎は「公義を妨」げる、つまり佐賀藩の意向に反することのないように家臣へ命じている。

こうした多久領における家臣の動きに対して、当時東京にいた領主多久茂族からは次のような書付が届けられた。[106]

当節申越候事件承候処、臣子之於情義者忝キ仕合、至極尤之次第ニ候得共、全時勢ヲ不相心得、中立候義ト被存候、御国許計り之事ニ不限、何方ニ於も右様之事情候得共、今日ニ到り候而ハ、旧様一変致し候者而不叶義者、交々ニ已を不得訳柄ニ有之候、且又郡令之義ハ、等級ニおひても小参事已下之官ニ而、大隊長介已上ハ兼勤不相叶御規則ニ承、其上軍事政事之兼勤ハ、尚難相叶義申迄も無之ト被存候、最早武雄諫早抔も采邑返上相整候趣被成御安心候旨、大納言様沙汰モ有之候、其半右等之事抔申立、御変革ノ妨ト相成候而ハ不可然、尤多久兵隊之隊長ニ致転移候義者、今日ニ限ラヌ事ニ而、篤ト御規則相立候上ニ而ハ、又何れ共致方も可有之、兎角色々我儘之義等不申立、速ニ御藩政行届候様、上下一致各其分ヲ守り、致勉励候様希処ニ候

「旧様一変」という事態の下で、「御変革ノ妨ト相成候而ハ不可然」との考えを伝えている。領地返上によりこれまでの佐賀藩における私領主の存在が否定され、佐賀藩の中央集権化が進められていくなかで、旧来の多久私領における支配秩序関係を重視し、それを維持することを主張する動きがあったことを確認することができる。

領地返上が問題となり始めたころの明治二年三月に、佐賀藩政府は多久私領へ「畝歩数」・「人別」・「物成高」の提出を命じているが[107]、これは多久領に限らず領地返上を願い出た一四家を対象としていたと思われる。そして五月に同じく郡政局から、「御一新ニ付御領中租税高御書出し相成候様、先般朝廷ゟ被相達候付、御私領惣石高地落、偖又新田山開雑税明細」の提出を命ぜられ、元治元年から明治元年までの五か年間の平均を提出することになった。それによると、正租納高は一万一七五八石余となっている[108]。ただし雑税はないとしているが、同様な別の史料には金二三〇〇両が「石炭益銀制府山売米代并櫨ノ実代」として計上されている[109]。

実は郡政局から惣石高の提出を命じられた同じ頃に、軍事局から物成高、屋敷賄料・軍資用・家来分与惣高の内訳、大小銃弾薬備高、総家来中名書、現取納高、兵隊編束法、軍事掛名書、調練場などの提出を命じられてい

表7－5　明治2年5月頃の多久私領の財政状況

	収　　入	
物成	8,693石8斗0升0合	拝領高
物成	1,282　9　5　7	御巡見余米
地米	779　4　7　0	内輪巡見
地米	972　8　9　0	小物成
米	2,575　0　7　0	夫料米取納高
	431　5　8　0	反米・抱夫料取納高
	1,763　0　5　0	諸口米取納高
	200　0　0　0	制府山年々売米并櫨実取金代米入
〆米	16,698石8斗1升7合	
	内	
落米	2,660　0　0　0	凡平均ニ〆
献米	3,668　9　4　5	
残	10,349石8斗7升2合	
	支　　出	
米	3,947石3斗0升0合	家来中へ渡米
	538　2　0　0	諸役人役料
	611　6　0　0	役人并手男飯米
	519　0　0　0	諸稽古場入費
	1,965　0　0　0	諸臨時凡そ，但し，年々不同有り
	1,200　0　0　0	囲米毎秋作毛見居分迄囲置
	350　0　0　0	軍用備金代米
	157　0　0　0	主人向遣料
	130　0　0　0	奥向遣料
	178　0　0　0	部屋向遣料
	128　0　0　0	指差《(ママ)》分
	161　0　0　0	飢寒介抱分
	221　0　0　0	中間・手男恩料
	304　0　0　0	社寺用
	431　5　8　0	反米・抱夫料米
	1,534　8　0　0	郷内渡夫料米
	178　0　0　0	諸扶持米
計	12,554石4斗8升0合	
金	1,700両	石炭益金一ケ年分，尤年々不同有り。右ハ器械取入用ニ相成る
金	1,650両	上《(ママ)》筋年割返上并出入の銀主へ年割払出前
金	8,000両	出入の銀主へ一季借財の筋

明治2年4月改「御勝手方日記」より。

るが、[110]これに応じて「政府其外御物成取引、扨又御家中知行現取納高付□到帳其外御用有之」として、差し出されたのが表7－5である。多久領の財政の財源としては米一万三四九石余で、支出は一万二五五四石余であるので、差引米二二〇四石余の赤字となり、ほかに金九六五〇両の借銀返済が必要であった。なお石炭収益金一七〇〇両が「器械取入用」つまり大砲・小銃等の武器購入に充てられていた。

私領主を初めとする家臣らの地方知行地が廃止された結果、明治二年秋から佐賀藩政府からの給禄の支給が行われることになったが、多久家からは、「御名（多久茂族）家禄之儀、高ニ応三部通十二月渡、御引揚銀米ニ而、当節被相渡候段相達候、併大御変革指付之儀ニ而、多端之入費、且又旅地方借財年内仕解方其外、右丈ニ而者何分目論見不相付、殊ニ地行之仕組をも相立兼、旁当惑至極途方暮候参御座候、就而者未自俸高之儀も不相舩候得共、先以凡高之五部通、現米ニ而被渡下度奉願候条、前件之事情被御汲分、格別之御慈評を以、願之通被指免被下度深重御頼仕候」との要望が出され、家禄の十一月渡しの三割支給では予定支出高に不足するとして、五割にするようにとの願いが出されている。[111]

多久領の財政に関連して御用達について述べておくと、前年の慶応二年十二月の御用達は成富寿兵衛・西村五平次・水町寿兵衛・深川徳次郎・深川弥一郎の五名である。[112]慶応三年十二月も同じであるが翌明治元年閏四月に成富寿兵衛が死去したため、六月には代わって成富久右衛門の名がある。[113]同年十二月も同様であるが、[114]この時には伊丹文右衛門の名もある。これは本章第二節で述べたように多久領の「増人数出勢」に際して文右衛門から金三〇〇〇両を借用していることから、御用達に準ずる扱いになったのであろう。

成富寿兵衛と西村五平太については文久三年に、「御用達成富寿兵衛・西村五平太先般御軍備用其外、差立候御入用ニ付、金五百両つゝ、年割調達御相談相成候処、一体ハ上ゟも去春以来毎々調達等被仰付、殊近年世上至而金銀不融通之半、難渋も有之たる由候へ共、此御方之義ハ、兼而御因ミ柄ニ付快許容有之、月七朱利付ニ〆、当春ゟ七ヶ年済之調達被仕候」とあって、「軍備用其外」のために金五〇〇両ずつ調達している。当時合わせて成富寿兵衛からは金四三二五両、西村五平太からは四四二五両の調達をしており、彼らに「先年来御暫借ハ不及申、数度致調達居、当折柄ニ付而ハ、何時御急金御相談も難計候付、以後御勤之ため被相賞今又加増」として一人扶持を与えている。(115)

その後の御用達から調達した例をみると、慶応二年八月に金一〇〇〇両を水町寿兵衛から調達し二人扶持（扶持米三石六斗）を与えている。またこの年暮には金額は不明であるが成富寿兵衛と西村五平次から借金し、四五石ずつの代米を渡している。(116) 慶応三年秋には成富・西村両家へ四〇〇両ずつ借用したが、十一月末に元〆方から下げ金によって返済している。(117) また明治元年十一月には成富久兵衛へ金五一三両、西村五平次へ二五六両五合を勝手方からの資金によって返済している。(118)

これら御用達には「志久津御蔵米之内水町寿兵衛渡(119)」、また成富寿兵衛からの願書に「去秋以来御売米、且又新穀備替其外引請罷在候、古賀津御蔵米四百拾三石志久津同百弐拾石、合米五百三拾三石所持罷在」りとあるように、多久領の蔵米の売り払いに関係していた。また水町寿兵衛の願書に「私義御屋敷御献米弐百一石壱斗九升壱合六勺、志久津御蔵米ゟ引請居候」とあり、(120) 佐賀藩への多久領からの献米にも関係していたようである。(121)

四　多久郡令所と「団結」・軍団所

明治二年四月に佐賀藩最上級家臣一四家の私領地返上が認められ、八月には全家臣の地方知行地が否定されたが、(122) 多久では六月に入ると「御改正期限差迫候ニ付而ハ、役々之義何之通可被仰付歟、政府ゟ御差図迄ハ御改正なしニ可被閣歟」と、九月に例年行われている役人の改正ができないでいる。しかしこの時多久領家臣の中から選抜する「兵隊編束方」の採用が、既定方針として取り上げられている(123)。

八月に旧私領地を含む地方知行地の支配は、領内一〇か所（のち一一か所）に置かれた郡令所が統括することとなった。郡令には旧領主の一族かその家臣が任ぜられた(124)。多久領では佐賀藩政府は八月下旬に藩家臣の多久励を任命した(125)。多久励は一度これを断ったが、十月に入って「兵隊編束其外一歩之御運不相付、御政体差構必御不興致出来候哉も難計」くとして、引き受けることになっている。おそらく旧領主に代わって多久領の統括をすることに抵抗があったからであろうと思われる。なおこの頃政府の農政関係を担当する郡政局からの指示により、多久町などに懸けてあった高札類の撤去を行っている(126)。

九月になると旧地方知行地に対して、「今度大小配分被相止、土地人民一切郡政局ニ被相総候ニ付、是迄被相建置候大庄屋御境目大庄屋大小山留人改之義、都而被廃義」(127)と、郡政局への一元化を行おうとしており、租税収納についても藩蔵入地同様に取り立てることが示されたが、旧私領地の郡令所については、従来どおり旧私領地を単位とした財政運営が続いており、佐賀藩政府による集権的な支配体制が直ちに実現したわけではなかった(128)。

十月に佐賀藩政府は旧私領地の取納高・献米・口米・反米・夫料・自俸・寺領・社領・士分給禄・卒給禄・学校差分石数などの提出を命じているが(129)、十一月に多久私領から「元家来倉米之当介学校兵隊之入費其余」として、提出されたのが表7-6である。支出のうち「自俸」は旧領主多久家への俸禄で収入に当たる「残地米」の一割と決められており、「士卒俸」の三八七〇石余は当然としても、佐賀藩への「献米」が三六八八石余と多額を占めている。この内容は「凡積前」であり、「給禄之斟酌、偖又出来諸雑税之取調子、相付兼候筋有之、追々取舩御達可仕」しとあるように、いずれ正式の報告をすることになっているが、収入が「増高」の場合には、「主人自俸并軍費之筋」に当てることにしている。

こうして佐賀藩において旧私領地の統一的支配を図ろうとしているが、多久私領村々の石高調査について、「元

表7-6　明治2年11月の多久郡令所の財政

収　　入	
地米　8,693石8斗0升0合	拝領高
1.282　9　5　7	巡見余米
480　3　9　8	内輪巡見〆り，最前指上前509 石7斗1升5合の内，残り26石7斗5升8合新開其外〆りの内に入る
669　2　7　0	小物成
603　9　2　9　余	新開其外〆り，最前指出573 石7斗3合の上見出米30石5斗5升6合
〆地米　11,730石3斗5升4合余	
内	
178　3　0　8	地無否米
1,020　7　9　5	春落米，子より辰迄5か年平均
171　7　4　5	秋落米，同断
100　0　0　0	春秋落米，配分凡
〆　1,500　8　5　8	
残地米　10,229石4斗9升6合余	
支　　出	
米　1.022石9斗4升9合余	自俸
3,688　9　6　0	献米
10　6　4　5	免地，免地地米35石4斗8升4合3部渡し
3,870　5　5　0	士卒俸，此の内部掛を以て減り米は軍費の筋
48　6　3　1　余	寺社俸，地米194石5斗2升6合2部半渡し凡そ
170　0　0　0	学校費用
900　0　0　0	軍団所費用
167　7　6　0　余	軍資金
350　0　0　0	兵隊給

「佐賀藩政府へ口達控」（仮題）より。

私領内村方目安、制度調子所御用有之、指出候様先般ゟ達々被相達候得共、配分給地之儀数百年来其地頭へ任せ切置、村方目安不相括、自分々々ニ致支配、庄屋共存知之地面ニ而無之候故、坪付之相違或者巡見地改之畝方等、致混同候向も不少、右を夫々調子付、村方名前取括候半而不相叶之処、数百人之給地相跨候村方有之、右仕分方余程之手入ニ有之、急埒不仕当惑至極之参掛御座候」とあるように、長年にわたる地方知行地の存続によって村高の正確な把握が困難な状況であったことがわかる。[130]

多久郡令所は財政難だったらしく、明治三年三月に旧領主多久家へ、「郷内仕組其外行届兼」るとして金一〇〇〇両以上の拝借を願ったが、多久家の家従方は「願通可被差出旨」、「員数之義ハ其筋ニ而取調子之上」と、額は不明であるが拝借を認めている。[131] なお「郷内仕組」に関していえば明治四年正月当時、明治元年九月から翌二年八月までの「村方救助用銀米」としての「郷内仕組金米貸付并別段貸付金米」があり、合計金五一〇両余・米二五二三石余が貸し付けられた状態となっていた。[132]

このように多久郡令所が財政援助を旧領主多久家へ願い出てこれが認められているということは、郡令所の財政は、佐賀藩政府の郡政局の管轄下にあるとはいえ、旧私領地を統括する郡令所単位で実施しなければならなかった。領知返上が実施されても、すぐに旧私領地が政府の下に財政面で統一的に把握されたわけではなかった。

明治三年三月十五日までに多久領の「地米〆目安」（総物成高に当たる）を提出することになっていたが、「小配分之儀、只今まて之仕付高ニ而御取立相成候付、右仕付高取調子、地米〆相調候半而不相叶、然ル処数百人之給地ニ而、其内纔之石数も数村相跨、元地主作人引合候半而不相叶義も有之、素り其懸之者共夜白相部り、取調子儀ニ者候得共中々大手入ニ而」と、[133] 先述のように依然として小配分つまり地方知行地の整理、調査が遅れているということで、月末までその提出の延期を願い出ている。

佐賀藩が命じた多久私領の年貢収納内容がこの三月にはまだ提出されていないのがわかるが、八月には多久領の

「物目安」・「給禄帳」・「四ヶ年地米〆目安」などが提出されており(134)、この頃には佐賀藩による多久私領の支配も軌道に乗り始めたのではないかと思われる。

明治二年十一月に「洋銀借入方一件」が起こっている。これは多久領家臣吉岡三左衛門ら三人が長崎でヒュス商会から小銃四〇挺を洋銀一九八七枚余で買い入れたが、その代金が未払いになったためヒュス商会は、吉岡ら三人の証文に「多久藩」とあったので、代金支払いを佐賀藩へ要求してきたのである。三人のうち安倍惣五郎は多久家中ではなかった。吉岡三左衛門と大坪左五允については、多久家では「此迄役方等為相勤候義も無之、勿論器械買入石炭売捌等、私領方より申付置候義絶而無之候事」として、極力彼らとの関係を否定しようとしている(135)。

吉岡三左衛門については、同年十二月に「吉岡三左衛門ゟ金七拾五両丈御小物成方御仕法之内、銅銀備ニ〆拝借願之事」とあることから考えると(136)、彼一人の判断による行動であったとは思われない。しかし「領地返上」実施後は多久私領による武器買入は佐賀藩が認めるわけはなく、多久私領の独自のあり方が否定されていくのである。

旧私領地の家臣団は郡令所ごとに新しく置かれた「団結」に組織され、地方知行地は否定されて切米が支給されることになったが、「多久・武雄・諫早・白石・神代・深堀・川久保・須古・久保田等之団結之士卒江ハ、其場所々ニ而月割之通渡方可相成義、郡令所ニ而雑務局其時々請込渡方相成候事」とあるように(137)、佐賀藩政府の雑務局から受け取った米を郡令所をとおして渡されることになった。翌三年二月に多久六郎左衛門が「多久組肝煎」の兼任を政府から命じられているが(138)、この「組肝煎」は団結と何らかの関係があるのであろう。

渡される切米高については、「白石其外諸団結之内、元諸家来ニ相懸り候分ハ、食禄御当介等諸仕組之義、先般其家々ゟ達出有之候知行高目安之内、其主人自俸高并即今政府之御入費、諸官御当介ニ相懸候従前之献米高引残米高を以、元家来倉米之宛介、学校兵隊之入費、軍器之料、扨又団結々々ニ相蓄可申軍用金等夫々区別有之、且郡令所之御遣料ハ、夫料口米之内ニ而相整」えるとあるように(139)、郡令所の財政状況の枠内で決められることになっていた。

しかし切米高の決定は円滑に進まなかったらしく、明治二年十月に政府雑務局は「元諸家来給禄之義御取調子、確定之上銘々可被相渡哉ニ候得共、右手筈急ニ届兼之由」といっている。[140] 多久では十二月末になっても「当御変革ニ付、給禄御潤色相成方ニ而可有之、尤未御確定不相成」と、[141] 家臣の給禄が決まっていなかった。

一方佐賀藩では家臣の土着の方針を出しており、「小身之向々漸々土着之仕組相立候様」、「士分小身之向ニ者、田畠なれハ五段山林なれハ一町を頭として、食禄之内ゟ相渡、漸々致土着候義、部り之小弁務且郡令江仕組相達」することにしている。[142] そして多久では「我々義給禄奉還仕候上ハ、何れ土着之仕組相付候半而相叶間敷奉存候、去迚遠場之地移住等仕候て、甚難渋之者不少候ニ付、成丈最寄之山林ニ而仕組相整度」と、[143]「成丈最寄山林」での土着仕組の願書が出されている。

この時多久私領で召し抱えていた無給被官・職人歩行・船頭船子・元足軽並は廃止されたが、佐賀藩政府へ「此まて身分相与置、格別之功労無之とハ乍申、今日ニ至り全く平人成果候亘、何分忍兼候情念も有之」として、「其身限打追帯刀被指免、準卒ニ〆被指置度」と願い出ているが、[144] 結果はどうなったのか明らかでない。

多久私領における家臣の給禄は翌三年に入ってまもなく決定されたと思われるが、その内容は「地方御切米大身小身共同様、弐部半相続被仰付」る、つまり地方知行・切米知行ともにその二割五分を与え、「極小身之向ニハ御助成をも被下置」るというものであった。[145]

これに対し切米八石以上の者から、地方知行にはこの上に「定落米」が二割五分与えられており、「水旱之憂」がなければ五割相続になるとして、切米の方にも何か「適宜之御取計」を要望している。また多久私領では一律二割五分の給禄であるが、佐賀藩では石高によって給禄に差があるように決められていること、兵隊の減少により支出を削減すること、佐賀藩の方針を採用して献米を減少させることなどを要望しており、「諸家来之名目御廃止、御家中ニ被召成、土地人民とも藩ゟ御支配ニ付而ハ、奉遵藩政義勿論ニ御座候得ハ、給禄而已藩団差別有之訳、決而有御座間敷候、左候へは藩制ニ随ヒ、適宜之御取計被相整度千万奉存」るとあるように、多久領における給禄の決定の方法の再検討を求めている。[146]

事実十月の佐賀藩政府からの達の中に、「士分家禄御斟酌之義、一般御蔵米ニ而被相渡、惣而現取納拾弐石以上ハ、其高ニ応し部懸りを以被相減、拾弐石以下者打追之通被相定候ニ付、諸団結士分之家禄も右之比竟を以、尚又適宜ニ斟酌相成候様之事」[147]と、佐賀藩の家禄支給を参考にするようにと達せられていた。結局多久私領における給禄改正は取納高を基準として実施され、その内容は上士層ほど給禄の削減の率が高い、「上損下益」の方針で行われたといわれる。[148]

八月には「元御私領惣目安」とともに「給禄帳」を政府へ提出しており、この時には多久領の給禄は最終的に決定している。[149] そして佐賀藩全体として家中への給禄の支給は三割を九月に米渡し、二割半を十月に代金渡し、二割半を十二月に代金渡し、残り二割を翌年三月に米渡しとされた。[150]

以上述べてきた団結に組織された家中を軍事面で統括したのが軍団所であった。その具体的内容については明らかでないが、表7－6にあるように、多久軍団所の経費として九〇〇石が計上されており、明治二年十二月にはそのうち五〇〇石の支出が佐賀藩政府へ要望されている。[151] そして多久軍団所からこの年暮に「大節季難渋之趣」として、一七二名へ約六石ずつを取り替えて支給している。[152] これとは別に「御家中極貧之向」の取り替え分として軍団所へ金三〇〇両が貸し渡されている。[153]

翌年の五月には「絶対絶命之参懸」であるとして、米一石五斗の取り替え支給を軍団所へ願い出ている例があり、[154] また多久軍団所から「風俗不宜義有之」として、卒のものの兵籍からの除外を政府へ申し出たり、[155] あるいは戊辰内乱に従軍したのに卒からはずされたので、卒に戻って伜を兵隊に加えることを願い出ているように、[156] 軍団所

表7－7　多久団兵の編成

副大隊長2	隊監　2	職事　2	下等職事2	使卒 6		計14
斥候隊	1等斥候2	2等斥候2	3等斥候1			5
砲隊	砲台司令1	副司令　1	小司令　2	照準 4	砲士12　砲卒12	32
第1番隊	司令　1	1	2	嚮導 4	兵士65	73
第2番隊	1等司令1	1	5	44	17	68
第3番隊	2等司令1	1	2	2	兵卒69	75
第4番隊	1	1	2	2	71	77
第5番隊	1	1	2	2	70	76
第6番隊	1	1	2	2	93	99
計						519

明治2年「兵隊編束帳」より。

の管轄する家中の経済面を初めとして、その統率を行っていたと思われる。

また六月に出された軍団所の達の中に、「器械弾薬等之義、一切器械小幹事請込相成候間、其筋ゟ請取相成候様之事」、「大小銃火放并的前稽古ニ付、玉薬等之義惣而軍団所ゟ被差出候を、是亦器械小幹事請込相成、稽古済之上其時々入切目安被差出、残丈ハ取括可被相納候」とあるが、[157] これは「器械」つまり大小銃の弾薬は政府に属する器械小幹事の管理するところとなり、また大小銃の稽古についてもこれまで軍団所から費用を出していたが、以後は器械小幹事から出すようになったことを示している。軍団所がもっていた軍事に関する管轄が政府へ移されているのであり、多久私領に関するその権限が縮小していっている。

明治二年七月に政府は団結に組織化され軍団所に管轄された私領地の家臣の中から、「兵隊編束」を行う方針を出したが、[158] 翌八月になると政府の軍事局編隊規則にしたがって、多久でも兵隊編束を実施することになった。その狙いとするところは、「年齢之内ニ而も病身廃疾不具等之者ハ被相省、仮令人員相減候共、強壮之向御精選有之度」、「三十壱才以上ニ而強壮之向ハ、常備之内ニ被相加可然」とあるように、「強壮」の兵を精選するところにあった。ただし「御家従」＝側役や旅勤、郡政局役人は省くことにしていた。[159] これらの兵隊には「兵隊補米之義士卒ニ不相拘、極小身之向幷次男三男ヘハ被差出候様被相定」ると[160]、補米が出される場合もあった。

　こうして編成された多久兵隊は常備隊と予備隊からなっていたが、「先達指出候多久団兵編束、常予二隊之儀段々仕組相立候処、不相当之多人数ニ而、弾薬兵給等之費用致増加、何分強兵之実効相立兼候付、予備隊致廃止、専ラ常備ニ力を尽し度、二小隊相加ヘ別紙之通編束相改差出」すとあるように、兵隊編束が常備隊のみに変更された[161]。表7－7はその内訳を示したものであり、斥候隊・砲隊と第一番隊から第六番隊の計五一九人の編成となっている。戊辰内乱出動以前の組を中心とする兵組織から、近代的な兵隊編成へと大きく変わったことを理解することができる。

　表7－7にあるように、多久兵団には二名の副大隊長が置かれていたが、佐賀藩政府はこれを一名とする方針を出した。これに対して多久軍団所から二名設置の要望が行われており、また明治三年三月に文武兼帯廃止に際して、多久兵団の中から文官をはずし、代わりの兵（武官）の補充が多久軍団所から政府へ届けられているように[162]、多久兵団を統括していたのは多久軍団所であった。

　この兵隊編束が行われた明治二年十月には、「兵隊編束ニ付而ハ、団長なり共被蒙仰候様無之而ハ、人心も折合兼可申、兼而一統之志願ニ有之」と、多久団兵の長には多久家がなることを望んでおり、また「上様士農共御心遣被為蒙仰」るともあり[163]、多久私領において旧主多久家による何らかの統治を期待する声があった。これは先に領地返上のところで述べたように、家臣たちが多久家との関係が断たれることに抵抗した動きと同様のことであったといえよう。

　多久乾一郎が佐賀藩の第五番隊大隊長に任ぜられたことはすでに述べたが、明治三年二月には奇勝隊の大隊長になっており、翌月には隊中の二小隊を率いて東京へ出張している。当時奇勝隊のほかに「諸隊」として一心隊・超遠隊があり、城下出火の際の持ち場割の中に、大砲隊と三・五・六・七・八番隊がある。このことから考えると佐賀藩の藩兵は一番隊から八番隊と大砲隊、それと「諸隊」から構成されていたようである。[164]

のち明治四年正月に佐賀藩は、「今度折衝隊之義、久保田・武雄・諫早・多久・須古・神代・深堀団其外合兵編束、追々鳥雲隊為更代東京差立候段」として、各軍団から折衝隊を編成することにし、年齢二〇歳位から三〇歳位までの中から「精選」するよう命じており、[165]新たに各軍団からの「諸隊」として折衝隊を編成している。

なお、佐賀藩では明治元年八月の官制改革で学校方を設置したが、[166]翌二年十一月の多久郡令所の財政支出の中に学校費用として米一七〇石が計上されている（表7－6参照）。この頃に「諸団学校之義郷学校と相唱候様」と政府から命じられ、郷学校の教官等の役名として教導・小幹事・副教導・寮監・録事・史生が定められている。[167]明治三年十一月に多久郷学校学生の鶴田太郎・同源治は、英学稽古のために長崎へ出掛ける費用の援助を軍団所へ要望している。[168]

おわりに

慶応から明治初めにかけての軍事力の強化、明治元年の戊辰内乱への出動、明治二年四月の領地の返上、これにともなう郡令所・軍団所の設置など、多久私領における明治初年の動きを検討してきた。そこで明らかになったのは佐賀藩における集権的、統一的支配体制の確立という方向の中で、多久私領における幕藩体制的支配秩序が否定されていくとともに、多久私領そのものが存続できなくなったことである。これらの点に関して本文で分析した内容を踏まえて、以下二、三の事柄を指摘して本章のまとめにかえたい。

軍事力の強化は多久私領に限られたことではなく、とくに多久私領と同じ親類同格であった武雄私領においては、蘭学研究や近代的武器取り入れに積極的であったことはよく知られている。佐賀藩でもそうであったように、多久私領では軍事力強化の財源として石炭と蠟が充てられて、長崎での貿易を通じて近代的小銃・大砲を取り入れており、佐賀藩もこれを容認することによって佐賀藩全体の軍事力増強を図っていた。しかし領地返上後は明治二年十一月の吉岡三左衛門事件にみられたように、こういった多久私領における軍事力強化の動きは佐賀藩によって規制されることになった。

戊辰内乱に従軍した多久茂族は、新たに成立した維新政府内での佐賀藩の政治的地位の向上を意図したが、ここにいわば遅れて維新変革の政治の場に登場してきた佐賀藩の事情があった。そしてそのために佐賀藩体制の集権化を行う必要があり、積極的に領地返上を主張し、明治二年四月にこれが実現した。この意味では、明治初年の佐賀藩の集権化に多久茂族の果たした役割は大きかった。しかしながらこれによって多久私領に郡令所・軍団所が設置されて佐賀藩の統括下に入ることになり、多久家による領地支配が否定されていき、明治三年八月頃には佐賀藩による多久私領の実質的支配がほぼ実現したと思われる。

こうした大きな佐賀藩における政治体制の変化の中で、多久家による多久私領の支配力を温存しようとする動きが起こったが、これは佐賀藩への集権化の方向に対する抵抗であったし、また明治三年四月の多久茂族の帰藩に際して、戊辰内乱で多久茂族に従った旧家臣らが出迎えの要望を出しているのも、これまでの多久私領における主従関係を少しでも維持したいという旧家臣の意向の表われであった。

そして幕末期における家臣団の窮乏にさらに拍車をかけたのが、戊辰内乱への多久私領からの出動であった。多久領の家臣団の戊辰内乱での活躍は佐賀藩の中でも注目されるが、戊辰内乱への従軍によって一層困窮化していったことはいうまでもないし、また領地返上後の給禄制の改正のもとで支給米を減らされていく中で、多久私領家臣団の解体がすすんでいった。そして旧家臣の中から精選された兵士たちは、佐賀藩の軍事体制の中に組み込まれていったのである。(169)

（1）本書第二章「維新政府と佐賀藩」参照。

（2）鍋島文庫「嘉永四年四月改　分限着到」（鍋島報效会蔵・佐賀県立図書館寄託）。なお親類・親類同格・家老の一四家は史料上は「大配分」と称しているが、ここでは「私領」の語を使用することにする。

（3）以上、本書第四章「家臣団体制の解体」参照。

（4）前出「分限着到」。なお本来多久私領は佐賀藩に含めて考えねばならないのであるが、ここでは多久私領と区別して佐賀藩の語を使っている。

（5）詳細は拙著『幕末期佐賀藩の藩政史研究』第九章「幕末期佐賀藩の軍制改革」三四五～三七二ページ（九州大学出版会、一九九七年）参照。

（6）『鍋島直正公伝・第一編』一一五ページ（侯爵鍋島家編纂所、一九二〇年）。

（7）多久家文書慶応二年九月より同三年八月迄「御勝手方日記」（多久市立郷土資料館蔵）。以下断わらない限り引用史料は多久家文書である。

（8）文久二年九月改「御勝手方日記」。

（9）元治元年九月より慶応元年八月迄「御屋形日記」。

（10）慶応二年「御納戸方日記」。

（11）以上、慶応二年九月より同三年八月迄「御勝手方日記」。

（12）慶応二年「御納戸方日記」。

（13）慶応二年九月より同三年八月迄「御勝手方日記」。なお「屋代」については詳しくは不明であるが、長崎の多久屋敷出入の商人のことを指していっているようである。

（14）慶応三年九月改「御納戸方日記」。

（15）以上、慶応三年九月より「御屋形日記」。

（16）以上、慶応四年九月改「御勝手方日記」。

(17) 慶応四年九月より「御小物成所日記」。
(18) 慶応四年九月改「御勝手方日記」。
(19) 明治二年正月中「御屋形日記」。
(20) 慶応四年九月改「御納戸方日記」。
(21) 慶応四年九月「御小物成所日記」。
(22) 慶応二年「御納戸方日記」。
(23) 慶応三年九月より「御屋形日記」。
(24) 慶応二年九月より同三年八月迄「御勝手方日記」。
(25) 明治元年十一月中「御屋形日記」、慶応四年九月より「御小物成所日記」。
(26) 慶応二年「御勝手方日記」。
(27) 慶応四年九月改「御屋形日記」。
(28) 本書第四章「家臣団体制の解体」表4−9参照。
(29) 慶応四年九月改「御勝手方日記」。
(30) 慶応二年「御勝手方日記」。
(31) 慶応四年十一月中「御屋形日記」。
(32) 慶応四年九月改「御勝手方日記」。
(33) 慶応三年九月より「御屋形日記」。
(34) 右同。引用史料にある小物成関係の収納は佐賀藩と同様に多久領においても藩財政の財源とは別途会計になっており、寛政二年では小物成の米収入は一〇八四石余となっている(三木俊秋「佐賀藩多久領における小物成方支配に関する資料」『九州文化史研究所紀要』第八・九合併号、一九六一年。のち『佐賀藩多久領の研究』所収。文献出版、二〇〇〇年)。
(35) 『草場船山日記』四六一・四六二ページ(文献出版、一九九七年)。

(36) 明治二年正月中「御屋形日記」。
(37) 明治二年八月中「家政局日記」。
(38) 前出鍋島文庫「諸家来人数帳」。
(39) 慶応三年九月より「御屋形日記」。
(40) 元治元年九月より慶応元年八月迄「御屋形日記」、文久二年九月改「御勝手方日記」。
(41) 稗田朴三「幕末・明治初期における一炭礦経営者の実態と記録」(『西南地域史研究』第一一輯、一九九七年)。
(42) 秀村選三「明治初期肥前多久における小炭礦の一形態」(右同『西南地域史研究』)。
(43) 稗田朴三前掲論文。
(44) 慶応二年「御納戸方日記」。
(45) 慶応二年「御勝手方日記」。
(46) 右同。
(47) 慶応三年九月改「御納戸方日記」。
(48) 明治二年四月改「御勝手方日記」。
(49) 慶応二年「御納戸方日記」。
(50) 慶応四年九月改「御勝手方日記」。
(51) 慶応四年九月改「御納戸方日記」。
(52) 三木俊秋前掲論文。
(53) 文久二年九月改「御勝手方日記」。
(54) 慶応四年十月中「御屋形日記」、慶応四年九月より「御小物成所日記」。
(55) 慶応二年「御納戸方日記」。
(56) 詳細は前掲拙著第十一章「慶応期佐賀藩の長崎貿易」四六二～四六九ページ参照。

(57) 慶応二年「御納戸方日記」。
(58) 慶応元年九月改「御納戸方日記」。
(59) 慶応二年九月より同三年八月迄「御勝手方日記」。
(60) 慶応三年九月より「御屋形日記」。
(61) 右同。この時西春濤は長崎を去るに当たっての諸経費として金八五両の拝借を願っているが、この中には「製煉学研究」に関係した項目もある。
(62) 右同。
(63) 明治元年十一月中「御屋形日記」。
(64) 慶応四年九月改「御勝手方日記」。
(65) 本書第二章「維新政府と佐賀藩」参照。
(66) 慶応三年九月より同四年八月迄「御屋形日記」。なお多久領兵の転戦状況については、「茂族公譜」(『水江事略』巻十八・十九、多久市立郷土資料館蔵)に詳述されている。
(67)『鍋島直正公伝・年表索引総目録』。
(68) 慶応三年九月より同四年八月迄「御屋形日記」。
(69) 前出鍋島文庫「元治元年　佐賀藩拾六組侍着到」。
(70) 以上、慶応三年九月より同四年八月迄「御屋形館日記」。
(71) 前出『草場船山日記』四五〇～四五二ページ。
(72) 以上、慶応三年九月より慶応四年八月迄「御屋形日記」。新兵制の詳細については、拙稿「明治初年における佐賀藩多久領について」(前出『西南地域史研究』第一三輯、二〇〇〇年)の表7を参考にしていただきたい。
(73) 慶応三年九月改「御納戸方日記」。
(74) 慶応四年九月改「御勝手方日記」。

(75) 慶応四年九月改「御納戸方日記」。しかし伊丹文右衛門への三〇〇〇両の返済は予定通り行われておらず、その「引当」にしていた御用意方への「古金」九六〇両の返上猶予願いが、明治二年五月に出されている（明治二年四月改「御勝手方日記」）。

(76) 慶応三年九月より同四年八月迄「御屋形日記」。なお「増人数出勢」者の名前が前出『草場船山日記』（四七〇～四七五ページ）に記されている。

(77) 慶応四年九月改「御勝手方日記」。

(78)「鍋島直大家記」（東京大学史料編纂所蔵）。

(79) 以上、慶応四年九月中「御屋形日記」。この時の多久領兵隊再編の詳細については、前掲拙稿「明治初年における佐賀藩多久領について」の表8を参考にしていただきたい。

(80)『多久の歴史』二六四・二六五ページ（多久市役所、一九六四年）、瓦田琢馬「戊辰の役出陣跡碑」（『丹邱の里・第九号』、一九九二年）。なお明治二年六月中「家政局日記」（明治二年五月中「家政局日記」所収）に、「四番八番二隊之玉薬夫丸都合十二人之者」とある。

(81) 前出「鍋島直大家記」。

(82) 慶応四年九月中「御屋形日記」。

(83) 慶応四年九月改「御納戸方日記」。この関東出兵に従軍した多久兵の日記が翻刻されている（「副島猪之松『野州御出陣御供日録』」〈『丹邱の里・第四号』、一九八七年〉、杉谷昭「千北初太郎『関東御出陣日記』」〈『久留米大学文学部紀要』第一九号、二〇〇二年〉）。

(84) 明治二年四月改「御勝手方日記」。

(85) 明治三年正月「中館日記」。

(86) 慶応四年十一月中「御屋形日記」。

(87) 慶応四年九月改「御勝手方日記」。

(88) 明治二年五月中「家政局日記」。

(89) 明治二年五月改「諸伺控」。
(90) 慶応三年九月改「御納戸方日記」。
(91) 明治二年四月改「御勝手方日記」。
(92) 慶応三年九月より同四年八月迄「御屋形日記」。
(93) 長野暹「佐賀藩多久領の体制とその解体」(『歴史と現代』第二号、九州近代史研究会、一九六三年)によると、明治元年四月に所領機構の改革が行われ、軍制改革と殖産政策を一層進めたと指摘している。
(94) 明治二年正月中「御屋形日記」。
(95) 明治二年正月及び同年三月の佐賀藩の職制改革については、本書第三章「行政機構の改編」参照。
(96) この二十二日に「当節御変革」、また翌五月に「今般厚思召を以、役組其外御変革、御家中下々迄御教化行届候様」(「諸触達控帳」)とあり、何らかの改革が行われたようであるが、詳細は明らかでない。
(97) 明治二年四月改「御勝手方日記」。
(98) 本書第四章「家臣団体制の解体」参照。
(99) 以上、明治二年四月改「御勝手方日記」。
(100) 以上、明治二年六月中「家政局日記」。
(101) 前出鍋島文庫「肥前藩日誌」。
(102) 右同。
(103) 明治二年八月中「家政局日記」。
(104) 右同。
(105) 明治二年六月中「家政局日記」。
(106) 以上、明治二年九月より十二月迄「役所日記」(明治二年五月中「家政局日記」所収)。
(107) 慶応四年九月改「御勝手方日記」、明治二年四月中「御屋形日記」。

(108) 明治二年四月改「御勝手方日記」、明治二年五月中「家政局日記」。
(109) 明治二年五月中「家政局日記」、明治二年四月改「御勝手方日記」、慶応四年九月改「御小物成所日記」。
(110) 明治二年四月改「御勝手方日記」。
(111) 「佐賀藩政府へ口達控」（仮題）（但し「多久家文書目録」では「制度調子方口達」となっている）。
(112) 慶応二年九月より同三年八月迄「御勝手方日記」。
(113) 慶応三年九月改「御納戸方日記」。
(114) 慶応四年九月改「御勝手方日記」。
(115) 文久二年九月改「御勝手方日記」。
(116) 慶応二年九月より同三年八月迄「御勝手方日記」。
(117) 慶応三年九月改「御納戸方日記」。
(118) 慶応四年九月改「御納戸方日記」。
(119) 慶応二年九月より同三年八月迄「御勝手方日記」。
(120) 慶応三年九月改「御納戸方日記」。
(121) 佐賀藩では毎年藩財政収入の一部として、親類以下の家臣に対して知行高に応じて献米を課していた。
(122) 本書第四章「家臣団体制の解体」参照。
(123) 明治二年八月中「家政局日記」。
(124) 本書第四章「家臣団体制の解体」参照。
(125) 明治二年八月中「家政局日記」。
(126) 明治二年九月より十二月迄「役所日記」。
(127) 野中家文書「御改革ニ付巳九月以後諸達写」（佐賀市野中万太郎氏蔵）、明治二年九月より十二月迄「役所日記」。
(128) 本書第四章「家臣団体制の解体」参照。

(129)明治二年九月より十二月迄「役所日記」。
(130)「佐賀藩政府へ口達控」(仮題)。
(131)明治三年正月「中館日記」。
(132)明治三年十月改「諸書出控」。
(133)「佐賀藩政府へ口達控」(仮題)。
(134)明治三年正月「中館日記」。
(135)明治二年九月より十二月迄「役所日記」、「佐賀藩政府へ口達控」(仮題)。
(136)明治二年九月改「御家従方日記」。
(137)明治三年正月「中館日記」。
(138)右同。
(139)右同。
(140)明治二年六月中「家政局日記」。
(141)「諸控」(仮題)。
(142)明治二年九月より十二月迄「役所日記」。
(143)右同。
(144)「佐賀藩政府へ口達控」(仮題)。
(145)「諸控」(仮題)。
(146)右同。
(147)明治二年九月より十二月迄「役所日記」。
(148)長野暹前掲論文「佐賀藩多久領の体制とその解体」。
(149)明治三年正月「中館日記」。

(150)「諸達帳貫」。
(151)「佐賀藩政府へ口達控」（仮題）。
(152)「諸控」（仮題）。
(153)明治二年九月改「家従方日記」。
(154)「口上覚」。
(155)明治三年正月「中館日記」。
(156)「軍団所へ差出控」（仮題）。
(157)「諸控」（仮題）。
(158)明治二年七月中「家政局日記」（明治元年十一月中「御屋形日記」所収）。
(159)明治二年九月「軍事局日記」、明治二年八月中「家政局日記」。
(160)明治二年九月より十二月迄「役所日記」。
(161)鍋島文庫明治三年「御意請・下」。
(162)明治三年正月「中館日記」。
(163)明治二年九月より十二月迄「役所日記」。
(164)明治三年正月「中館日記」。明治三年から四年にかけての佐賀藩兵の組織については、本書第四章「家臣団体制の解体」で一部触れているが、不明な点が多く、今後の検討課題である。
(165)「折衝隊編束人数割」（仮題）。折衝隊の具体的な編成については本書第四章「家臣団体制の解体」参照。
(166)本書第三章「行政機構の改編」参照。
(167)明治二年六月中「家政局日記」。
(168)「軍団掛へ差出覚」（仮）。
(169)明治初年の佐賀藩における領内集権化への改革の方向は、佐賀藩体制の強化をもたらすことによって、維新政府内における佐賀藩の政治的発言力を高めたといえるが、他方では幕藩体制社会の下で存続してきた多久地域をはじめとする旧私領における政治的、文化的な独自のあり方を弱めていくことになったといえるのではあるまいか。

結びにかえて

以上、幕末期の佐賀藩の鍋島閑叟や尊王倒幕派藩士の動きをはじめとして、維新政府内における佐賀藩の政治的立場や、明治元年から四年にかけての佐賀藩の行政機構、軍事編成、財政構造、物産仕組などの藩政改革の具体的な内容、および維新期の私領地多久領の動向について検討してきた。重要と考えられる点についてはその都度指摘しておいた。終わりに当たって、重複するところもあるかと思われるが、全体的なまとめをして結びにかえたい。なお以下本書の各章で触れた事柄については出典を記していない。

文久元年十一月に隠居した鍋島直正（以後閑叟と号す）は、翌二年十一月に「公武周旋」に乗り出し京都と江戸間を往復したが、政治的に具体的な成果はなく、当時盛んであった尊攘運動には一歩距離をおく態度に終始しており、また薩摩・長州・土佐の各藩とも立場を異にしていた。江戸で鍋島閑叟は将軍徳川家茂の「文武修行相談役」となっているように、佐幕的色彩の濃い公武合体を考えていたのではないかと思われる。

その後元治元年九月に上洛した鍋島閑叟は、長州征討の反対と公武合体の実現を主張しているが、この頃から雄藩連合政権の構想をもちはじめていたのではないかといえる。以後藩地に籠もっていた閑叟ではあったが、三年後の慶応三年六月に京都に入った。このときも具体的な提案はしなかった。しかし当時閑叟は幕府が倒れた後の政治形態として、議会制の採用について構想していたと推測される。

佐賀藩の尊王倒幕派藩士については、副島次郎（種臣）は安政五年に京都に出かけており、また江藤新平は文久二年に脱藩上京した。しかしその後、新平は謹慎を命じられて公的な行動を制約され、また副島・大隈八太郎（重信）は長崎で西洋文物の研究に従事していたように、佐賀藩外に出て自由に政治的に行動することは禁ぜられていた。このように佐賀藩は京都における中央政局との関係を絶って、ひたすら富国強兵の路線をとり、鳥羽・伏見の戦いまで割拠の状態を続けていった。

こうした結果佐賀藩は、薩摩藩・長州藩を中心とする新政府への進出が遅れたが、戊辰戦争での積極的な出動によってその地位を高めていった。慶応四年六月下旬に岩倉具視が佐賀藩兵を率いて奥羽越列藩同盟との戦地に赴くことが公然化してきた。岩倉の意図するところは、君側の奸が勅旨を偽っており、薩・長が私意を逞しくしているとの同盟の主張を否定するために、自らが佐賀藩兵を率いて出動すればその根拠はなくなるというものであった。岩倉は副島種臣に相談して了解を得、次いで鍋島閑叟の同意もとりつけた。そして副島は佐賀藩兵二千人と大村藩兵千人の動員のため佐賀へ向かった。結局岩倉の東北出征は江戸から帰京した木戸孝允や大木喬任らの反対によって中止された。そして岩倉に代わって久我通久が出動することに決まった。この岩倉の「北征」を契機にして佐賀藩はさらに多くの藩兵を奥羽へ動員し、その軍事的役割を一層強め、政府内での政治的地位を高めることになったと思われる。

この戊辰戦争での軍事的役割によって版籍奉還の上奏では、薩・長・土・肥と名を連ねるに至ったが、初めから相談があったわけではなく、上奏決定後に参加を要請されていた。また明治二年六月に行われた復古功臣賞典に、岩倉具視の「北征」を支えた鍋島閑叟と副島種臣の名が見えず、佐賀藩の戦功賞典も戊辰戦争での活躍からみると、非常に低く評価されていることから、当時の維新政府内において佐賀藩と薩・長両藩との対立があったのではないかということを窺わせる。

明治二年五月に政府では「官吏公選」が実施されたが、鍋島閑叟は岩倉具視・徳大寺実則とともに議定に選ばれており、(1)政府内での役割も大きかったと思われる。佐賀藩出身の維新官僚として活躍していたのは副島種臣・大隈重信・大木喬任・江藤新平らであるが、政府内で対立することが多かった大久保利通と木戸孝允に、それぞれ副島と大隈が近かったように、彼ら佐賀藩出身者がまとまって行動することはなかった。そして政府内に彼ら以外に官僚として佐賀藩出身者がほとんどいなかったことからみても、佐賀藩としての権力基盤は弱かったといえよう。

佐賀藩では鍋島閑叟が京都から帰藩していた明治元年の八月に「官制」改革を行った。これまでと同様に藩行政機構の中核に請役所を置き、そのもとに学校方・軍務方・郡方・雑務方・臨時方の五局を管轄させたが、これは慶応二年十月の「軍国備仕組」にみられた行政の集中化をさらに徹底させようとしたものといえる。そして御側機構は依然として存在していたが、これまで御側の管轄であった「国産仕組」を臨時方の管轄としていることにみられるように、藩政に関係した御側の機構を一部ではあるが、藩行政へ移行させようとしている点が窺える。

翌年正月に前年十月に新政府から出された「藩治職制」を受けて、職制の改革が実施された。当時藩主鍋島直大が在藩中であった。請役が執政、請役相談役が参政にと職名が変更されたが、藩政の中枢にはこれまでと同じ人物が任ぜられ、また藩政の主要担当者が「御側懸り」を兼ねているように、「官制」改革の方向と大きく変わるものではなく、その延長上にあるといえる。しかし藩主直属の別途会計であった懸硯方が否定されてその財政を藩政府の管轄とすることとし、また藩政に関係する御側の役所が藩政府へ移されているように、御側を家政として藩政から分離する方針を打ち出している。

この「職制大綱」に対して若手藩士から批判が起こり、藩政担当者を交代させ当時維新政府の官僚となっていた副島種臣らの登用を求める意見書が提出された。これを契機として佐賀藩では本格的な改革に取り組むことになり、藩政府は副島種臣の帰藩を鍋島閑叟へ求めたため、閑叟は副島と江藤新平を伴って帰藩した。そして三月に職制等に関する新しい方針として「藩治規約」が達せられた。藩政府を中核として郡政局以下八局を管轄させ、各局は大弁務、小弁務等統一的な役職制が採用され、また郡政局と雑務局では役所の改編が行われている。かかる点から藩治規約にもとづく職制は行政機構の簡素化、集権化が一層すすめられ、近代的な行政機構への第一歩であったといえよう。

このように佐賀藩の明治初年の藩政改革は、政府高官となっていた副島種臣・江藤新平ら旧倒幕派藩士が主導し、若手藩士層を中心として明治二年三月から始まっている。四月に家臣団編成たる十三大組制を八大隊制へ改編し、四月に最上級家臣たる私領主の領地返上を認め、さらに八月には家臣の地方知行の廃止と禄制改正を実施した。翌九月には藩治規約にもとづいて「民政仕組書」が達せられ、領内支配に関する藩政全般にわたる改革の内容が出され、十月に「家禄引分」による藩財政の緊縮への取り組みをはじめるなど、維新政府の方針にもとづきながら改革を実施している。それは領主的支配を前提とする藩政のあり方を否定する方向を含むものであり、佐賀藩地域の政治的集権化をすすめる、当時としては開明的な改革であったといえよう。しかしこれまで藩政の中枢にいて、若手藩士から「故老」として批判の声が上がっていたものたちも要職についており、藩政担当者がすべて刷新されたわけではなかった。人事の一新は明治四年四月まで待たねばならなかった。以下改革の具体的内容について整理して述べてみよう。

佐賀藩には親類・親類同格・家老の「大配分」と称する最上級家臣たる私領主がいた。これら私領主は小城・蓮池・鹿島の三支藩と同じように、私領内を支配し家臣団をもつ「藩中藩」的な存在であった。このうち親類・親類同格の中には藩の在住代官とともに郡方として藩の農村支配に関わっていたものもいた。幕末の天保九年に郡方の職掌を縮小し在住代官の権限が強化され、(2)さらに嘉永四年には大配分郡方が廃止されているように、(3)これまでもっていた私領主の権限を縮小し、藩の領内支配の集権化を図ろうとする方向が出されていた。

明治二年三月にこれら大配分一四家は「土地人民」、つまり知行地たる私領地の返上を願い出ている。これは二月前の薩摩・長州・土佐・肥前（佐賀）各藩の版籍奉還の上奏を受けてのことであることはいうまでもない。四月に入って藩はこれを受け入れており、ここに私領地が否定されて領内の統一的な支配の実現をめざす第一歩が踏み出された。そして旧来の私領地は新たに設置された郡令所の管轄下に置かれ、また士・卒は各地域で「団結」に組織され、軍事面で軍団所に属して藩の軍事局に統括された。八月になると一四家以外の家臣の地方知行を全て否定し蔵米支給とすることにした。そしてこれを機会に地方知行・蔵米知行ともに新しい給禄制をとることにしたが、最高で一〇分の一に減らされているように、従来の知行米収入よりも大きく削減されたものであった。こうして佐賀藩では家臣の地方知行を否定して給禄制をとり、家臣支配体制の集権化が実施されていくことになった。

佐賀藩の藩兵組織は慶応元年に十六大組から十三大組に改編されていたが[4]、明治二年四月にこの大組制を改めて常備隊五大隊と予備隊三大隊とした。大組をどのように大隊に編成したのか明らかでないが、一大隊は四小隊と砲隊からなっており、旧来の家臣団体制にもとづく大組制による編成を否定して、銃砲隊中心の近代的な兵制を採用して一層の軍事力の強化を図ったと考えられる。そして九月には「編隊規則」が定められ、大隊の兵員は藩兵のなかから選抜によって行われたのではないかと思われる。その後明治三年正月には「強兵之御仕組」として、八大隊制に代わって常備四大隊を採用することになり、一大隊は銃兵八小隊、砲兵三分隊によって編成された。

最上級家臣をはじめとする家臣への地方知行の廃止と給禄制の採用、藩兵組織の大組制から大隊制への改編によって、佐賀藩の家臣団体制は解体されて新しい軍事組織として大隊制が採用されるに至った。このことは家臣団体制の上に成立していた領主権力のあり方にも大きな影響を与えるものであった。すでに述べた明治二年正月に実施された職制大綱で指摘した家政の藩政からの分離にみられるように、領主権力による領内統治権の縮小を一層推し進めていくことになった。

明治二年三月の「藩治規約」では従来の御側に当たる役職として家事職が置かれており、内弁務に千住大之助らが任ぜられた。同年六月の版籍奉還後に政府から出された「庶務変革」による維新政府の方針によって、藩主家禄を藩収入の一〇分の一とすることになった。このため九月以降御側関係の財政緊縮に取り組み、御側役人の削減、御側役所の統廃合、諸経費の節約などが実施されている。しかし財政に関することは御側に限ったことではなく、戊辰戦争への従軍や軍事力の強化にともなう軍事支出の増大に対処するために、藩政府においても取り組まねばならない問題であった。とくにこれまで御側に置かれ藩財政とは別途会計として藩主の管轄とされていた懸硯方を、家政の藩政からの分離というなかでどのように処置していくかは、佐賀藩にとって重要な課題であった。

明治二年正月の職制大綱で、「御金庫」・「御収納筋」はすべて政府で取り計らい、「御側御入用」は「別段引分差上」げることにしたように、御側の管轄であった懸硯方の財政を藩政府へ移し、藩主関係の費用は別に渡すことにしている。これは従来行われてきた藩財政と懸硯方という二元的な財政構造を否定しようとするものであり、家政の藩政からの分離の第一歩をなすものであった。懸硯方の収納金は同年六月にはまだ御側が管轄していたが、半年後の明治三年正月には懸硯方への収納金は藩政府の管轄となっている。これは藩主家禄が藩財政収入の一〇分の一に決定されたことに対する措置であった。このときすでに懸硯方に代わる役所として内庫所が置かれていた。そして明治三年十月には藩政府から藩主家事職へ金六〇六六両余・銀七五貫目他が移管されており、ここに藩財政の一元化がなったといえる。なお明治五年前後に懸硯方管轄金である「元佐賀藩旧知事献納金」四〇万両が明治政府へ献納されている。

こうした懸硯方の解消にみられる藩政からの家政の分離は、これまで維持されてきた藩主としての領主権力を解体させていくものであった。明治二年正月の「職制」改革では藩主は日々出座して、藩政の内容に直接関与することとされており、領主権力は従来どおり維持されていた。その後維新政府は明治三年九月に「藩制」を公布したが、佐賀藩ではこれを受けて藩主名で、佐賀城の本丸・二ノ丸を藩庁へ差し出すこと、佐賀城は以後藩主の居城ではないこと、藩主一族は三ノ丸に居住すること、藩士への面談で公的なものは藩庁で行うこと、藩主一族の吉凶についての公的な通知は止めること、菩提所の法事等は家事職が取り扱うこと等を藩庁へ伝えた。そして本丸・二ノ丸は藩庁と称すること、三ノ丸は御館と唱えること、初御目見えは廃止すること、御館の祝儀等は記帳で受けることなどが決まった。これらのことは家政の藩政からの一層の分離を示すものであり、そのことは藩支配において果たしてきた領主権力が、解体していっていることを同時に物語るものであった。明治三年十月に佐賀藩が出した「藩治職制」の中では、藩知事の権限は限定され藩政の実権は大参事・少参事が掌握することになっている。

懸硯方の解消や藩主家禄の藩財政からの分離によって、佐賀藩の藩財政はどのように変化していったのであろうか。明治二年度の藩財政の決算をみると、小物成・諸運上などこれまで懸硯方に納められていたものが藩庁の収入財源に移管されているのが確認できる。また支出では藩主家禄・家臣給禄が一番多いが、奇勝隊・勇方隊・鳥雲隊など諸大隊の維持費や東京出兵費、各軍団所の維持費などの陸軍関係費用がそれに次いで多い。しかし「国産仕組」を管轄していた物産方の収支関係や、武器買入のための支出など具体的には記されていない事柄があり、藩財政に表われていない部分があることに注意しておかねばならない。

翌三年度の藩財政の決算書をみると、借銀関係の収入が計上されておらず、不足米もわずかであることから、藩財政がある程度円滑に運用されるようになっているといえる。しかし陸軍費がすべて計上されているわけではなく、次年度に繰り越されている部分があったと思われ、藩財政は健全化の方向を目指していたが、実情は軍事費が藩財政を圧迫する傾向にあったことは否定できない。私領地の返上、懸硯方の解消、藩主家禄の実施などを踏まえて、統一的な藩財政の実現が課題とされていたが、それは容易に達成されるものではなかった。

この明治二・三年の藩財政の中には、軍艦・小銃などの軍事力の増強に関する費用は計上されていなかった。しかし軍事力強化への取り組みが行われなかったわけではなく、明治元年正月には軍艦孟春丸、九月には延年丸を買い入れ、明治三年二月には三年前に新建造を注文していた日進丸が長崎へ着いている。また新製のスペンセル小銃一二〇〇挺が明治元年十二月頃に長崎へ着いている。このように明治に入っても軍事力の増強は積極的に進められていた。これらの支払いの財源については詳細は明らかでないが、白蠟や高島炭坑の石炭などが充てられていたのが確認できる。そして白蠟や高島の石炭を管轄していたのはこれまでは御側の懸硯方であったが、懸硯方が解消していく中で、軍事力増強の財源の確保としてのこれらの取り組みは、藩政府の物産方のもとで行われることになった。

物産方は国産仕組を管轄し軍事関係の財源を取り扱っていたと思われる臨時方が、明治元年九月に名称を変更したものである。同年十二月の職務内容をみると、これまでの軍艦取入に関する出納の決済、「上海運用方」、「大坂商法筋」、高島炭坑の運営、日進丸・延年丸等の代金支払いなどが挙げられている。「上海運用方」については詳細は不明であるが、「大坂商法筋」に関しては明治元年七月に大坂に「肥州商会」が設置されており、翌二年三月には大坂物産方が確認できる。

物産方における仕組のうち高島炭坑・皿山陶器仕組・蠟請元制についてみると、高島炭坑の開発は明治元年閏四月にグラバー商会との共同経営ではじめられ、明治二年十一月頃には採炭が本格的となった。この高島炭坑からの益金の使用方法は四分の二は有明海の干拓費、四分の一は長崎・上海・ホンコンに設立する商会の費用、残り四分の一は軍艦や武器の買入費に充てるとしていた。明治二年頃には佐賀藩産の石炭が、長崎に限ることなく海外の上海でも売り払われており、さらにはホンコンでの石炭の売り払いが計画されていたことは注目されよう。

明治元年閏四月頃、政治的混乱のため国内での皿山陶器の売れ行きが悪かったため、長崎での外国人との貿易が注目されていたが、翌二年正月に国内での陶器販売を積極化させるために、皿山代官所仕組として、大坂・京都・伏見・堺・西宮・兵庫の六か所に御仕組構場所を置き、大坂の蔵元をとおして六か所へ陶器を運ぶことにした。つまり大坂を核として皿山陶器の売り払いの流通統制を強化しようとしている。江戸でもこのときに従来の蔵元が改めて蔵元になることを願い出ている。このとき伊万里商社・有田商社が設立されており、陶器生産者・陶器商人が両商社の統制下に置かれたことがわかる。そしてこの伊万里・有田商社は陶器はもとより石炭など、皿山地域における諸産物の生産奨励や流通統制をも行っていた。

白蠟は佐賀藩では嘉永以来長崎における重要な貿易品であり、蒸気船・軍艦の代品に充てられてきた。明治元年十二月に蠟請元が領内の四か所に設置され、新たな蠟統制が実施された。その内容は領内生産の生蠟を大坂、白蠟を長崎で売り払うことにし、蠟請元が蠟屋から買い取って送るが、蠟屋が直接に送ることも認められていた。蠟請元には大坂・長崎へ送る生蠟・白蠟の量に応じて為替が貸し付けられた。つまり蠟請元を中心にして大坂・長崎での蠟の売り払いを積極化させ、代銀の一部や冥加銀を物産方の収入とすることを狙ったものであった。したがって以後領内産の蠟の移出は厳しく統制された。

こうした佐賀藩の「物産仕組」の展開は、嘉永以来の国産政策の延長線上にあるものであり、藩主導による厳しい国産統制の到達点を示しているといえよう。そして単に軍事力の増強の財源の確保というだけでなく、懸硯方の解消、家政の藩政からの分離という中で、全藩的な課題として領内の国産統制に取り組まねばならなかったのであり、藩政改革の一環として「物産仕組」は藩体制の強化の問題とも深く関わっていたといえよう。

先述したように佐賀藩では領内支配の集権化の政策の一つとして、明治二年四月に大配分一四家による私領地の返上があったが、この一四家のうち第二位の知行高であった多久私領の明治初年の状況をみてみよう。多久私領では文久元年から洋式銃を買い入れているのを確認できるが、慶応三年十一月にはスペンセル銃一二〇挺を買い入れることにしており、軍事力の強化に取り組んでいた。その財源として石炭と蠟が注目されていた。

佐賀藩主鍋島直大は明治元年五月に総野鎮撫を命じられたが、このとき多久領主多久茂族に出動が達せられ、四四〇名の兵を率いて関東へ向かっている。のち佐賀藩兵は政府軍に属して会津城下に陣をしいたが、佐賀藩兵の大隊長が多久茂族であった。私領地の返上に際しては多久茂族が率先して要望しているのは、戊辰内乱に従軍し、中央政局の動向を目の当たりにした経験からであろう。しかし私領地の返上に対しては多久領地ではこれに反対する動きがあったが、その主張は多久領が佐賀藩政府の郡令所の管轄下に入ること、多久領の家臣が佐賀藩の軍事局の統制下に入ることを拒否するということにあった。明治二年五月頃に藩政府の軍事局に提出した財政書によると米二二〇四石が不足し、このほかに金九六五〇両の借銀返済が必要であり、多久領の財政は逼迫していた。なお石炭収益金一七〇〇両が大砲・小銃等の武器購入に充てられているのが注目される。

私領地の返上により多久領は、明治二年九月には領内一〇か所に置かれた郡令所の管轄下に入ったが、旧私領地を単位とした財政運営が続けられた。多久郡令所では財政難であったらしく明治三年三月に旧領主多久家へ拝借を願い出ている。多久家ではこれを認めているが、このように郡令所が藩政府の管轄下にあるとはいえ、その財政は旧私領地を統括する郡令所単位で実施しなければならず、旧私領地がすぐに藩政府に統一的に把握され、集権的な支配体制が直ちに実現したわけではなかった。

私領地の家臣団は「団結」に組織され、地方知行は否定されて給禄に改正されたが、上士層ほど削減率が高かった。団結に組織された家臣を軍事的に統括したのが軍団所であったが、明治二年七月に多久軍団所でも兵隊編束を行うことになり、第一番隊から第六番隊と斥候隊・砲隊に編成された。このとき多久軍団の長には多久家から任ぜられるよう要望が出されている。これは先にも触れたが、家臣たちが旧領主多久家との関係を絶たれることに抵抗している動きとみることができよう。

明治初年の佐賀藩の藩政改革については、明治二年三月の「藩治規約」の制定が改革のはじまりとして重要である。この「藩治規約」は副島種臣・江藤新平が帰藩して立案され、副島が佐賀を離れて後は江藤新平によってその具体的な内容が実施されていった。江藤も明治二年十月には佐賀を去ったが、二年から三年にかけての改革として、行政機構の統一的改編、大組制に代わる大隊制の採用、軍事力の増強、私領地の返上、地方知行の廃止と家臣給禄制の採用、「民政仕組」の通達、家政の藩政からの分離、懸硯方の解消にともなう藩財政の一元化、高島石炭や「皿山陶器仕組」などの物産仕組の実施、いわゆる「藩治職制」にみる藩主権限の縮小などを挙げることができるが、これらは富国強兵を目指す佐賀藩体制の強化を図ろうとしたものであった。

序で述べたように、佐賀藩では天保から慶応にかけての幕末期に、藩体制の集権・強化、軍事力の強化の藩政が展開され、幕藩制的な藩支配を改革していく方向が取られていた。それは藩財政の緊縮にともなう行政機構の集権化、軍事優先の藩財政の実現、家臣団編成たる大組制の銃隊編成への再編、積極的な新式の銃砲の採用と軍艦の買入、軍事力増強のための「国産仕組」の展開、大配分私領主の権限排除による農村支配の強化などにみることができる。そして明治に入ってからの改革として注目されるのは、行政機構の統一化、大隊制への移行、私領地返上と家臣給禄制、家政の藩政からの分離にともなう藩財政の一元化と藩主権力の藩政からの排除などである。

こうした改革は、幕末の藩政の延長線上にあるというよりも、徳川幕府に代わって維新政府が成立し、藩主が領有権の根拠を失うという新しい事態の中で、従来の藩主支配を前提とする藩体制を否定し、新たに藩を領域とする支配のあり方、いわば「佐賀地域」支配の確立を目指していたといえよう。明治四年六月から旧私領地の一層の解体、「佐賀議事院」の設置、積極的な士族土着、常備二大隊による兵制改革などが検討されたが、これは新たに「佐賀地域」の支配体制の強化を目指したものであったといえよう。そしてこうした動きは維新政府内で、「雄藩」たろうとする佐賀藩の政治的立場の上昇を狙ったものであったのではあるまいか。

なお、幕末期の佐賀藩で大きく取り上げられている「均田制度」に関してであるが、第三章「行政機構の改編」で述べた「民政仕組」の中にある「村仕組」で、五町以上の土地所有を禁止する方針を出している。そして明治四年十二月に、この年までで「田畑加地子」は「満年」であるとの記事が見られるのみであり[5]、明治初年の佐賀藩における「均田制度」の詳細は明らかでない。

明治四年七月に薩・長の出身者によって廃藩置県のクーデターが計画されたが、土佐藩とともに佐賀藩にも事前の連絡はなく、薩・長の主導のもとに廃藩置県が断行された。これより一年ほど前に、藩知事鍋島直大は洋行の希望をもちこれを副島種臣に伝えたが、「副島の藩知事を如何にせらるゝかと問ひしに対して、藩は献納する積りなりと答へられしを以て、副島は之を岩倉公に執次ぎたりしに、岩公聞いて、其は誠に善し、されど他藩との均勢もあれば、他の強藩の献ずる日に共に献ずる様せられたしと注意し、因て事は停みたりといふ」とあり[6]、藩知事鍋島直大は「廃藩献納」の意向をもっており、岩倉具視がこれを抑えたという。

また副島種臣の書簡に次のようにある[7]。

一廃藩置県ノ挙ハ、岩公ト條公トノ明治初年比ヨリ、其心算中ニアリシコトニテ、余ハ深ク知レリ、大久保公モ早ク知ラレキ、大久保ト余ト言フノ語次、大久保公曰ク、薩ハ廃藩ニ難キ様ナレトモ、今ヨリ七年ナラハ、余必ス優柔低頭、之ヲ納得セシムルナリ、而鍋島直大ハ明治四年二月ノ比、知事ヲ返上スルニ決着セラレシモ、岩倉公ハ種臣ニ謂テ曰ク、薩長二藩ノ廃シ切ルマテハ、決シテ無用、何トナレハ、則チ万一一廃シテ一廃セサルトキハ、天下ノ平均力ヲ失ハン云々、……

鍋島直大の藩知事返上に対して岩倉具視は、薩摩藩・長州藩の廃藩が実現できるまでは「無用」として、藩知事返上を慰留している。先の藩の「献納」とは具体的には藩知事の「返上」ということであった。ただし『鍋島直正公伝』には廃藩置県の一年くらい前としているが、副島の書簡では明治四年二月頃としている。

当時「廃藩」を主張した藩としては、明治三年十二月に鳥取藩知事池田慶徳はみずからの辞職を前提にして、廃藩による統一的支配の必要性を説く建言をしており、徳島藩知事蜂須賀茂韶は明治四年正月に藩名を廃止し、藩知事を知州事とするよう求め、また明治四年五月には名古屋藩知事徳川慶勝は藩兵の兵部省管理、一州一知事などの郡県制にそった改革の実施を建議している。こうした有力大藩の廃藩論の建議は、藩政改革が困難であるがために政府が統一的な改革方針を出すことを求めたものであったといわれる。[8] 佐賀藩知事鍋島直大の藩知事の返上は「洋行」のためであって、鳥取藩知事池田慶徳らの藩知事辞職・廃藩論とは性格を異にしていたといえる。

明治四年四月に高知藩を中核とした、熊本藩・徳島藩・彦根藩・福井藩・米沢藩らの改革派諸藩が集まって協議し、議院開設を政府へ働きかけることにしている。[9] そして熊本藩は明治四年三月に政府改革を求めて藩知事細川護久の辞職を申し出ていたが、[10] その後大久保利通や木戸孝允らへ働きかけて、政府官僚の人選の批判を行っているように、[11] 政府内の維新官僚と改革派諸藩との対立が深まりつつあったことが窺える。こうした政府内における動きに対して、佐賀藩がどのような態度をとっていたのかという点については今のところ明らかでない。

佐賀藩では明治四年三月から五月にかけて藩政担当の主要人事を一新して、六月から新たな改革に取り組み始めたが、その直後の七月に廃藩置県が断行された。そしてこの年十一月に、元佐賀藩士一〇〇余名が集まって「徒党・強訴」を構えるという事件が起こった。これは「給禄奉還」などの政府からの布告に対する不満が原因であったが、政府は大蔵少丞の林友幸を伊万里県（旧佐賀県）へ派遣し、事件の鎮圧に当たっている。[12] この事件については今後詳しい検討が必要であるが、廃藩置県後の政府による集権化のなかで、佐賀県独自のあり方が否定されていっていることへの反対の動きの一つの事例として捉えることはできないであろうか。

明治六年十月に明治政府内で「征韓論」をめぐって対立が起こり、西郷隆盛・江藤新平らは下野したが、この時佐賀県では士族が征韓党・憂国党を結成し、征韓党は江藤新平を、憂国党は島義勇を領袖にして、翌七年二月に佐賀県庁を攻撃するという「佐賀の乱」が起こった。この乱は士族による最初の反政府行動として注目されているが、征韓党の幹部には官僚や軍人・県官の経験者や現職が圧倒的に多く、「廃藩置県後の中央集権的統一国家形成の方向を基本的に肯定し、支配機構を内部から支えた人たちであ」り、廃藩置県後の佐賀県では「中央政権との『同僚意識』や自藩中心主義の『雄藩意識』を色濃く残存」させていたという。[13]明治初年の佐賀藩の富国強兵を目指す藩政改革が、「雄藩意識」にもとづく維新政府内での政治的地位の向上であったことを考えるとき、佐賀の乱の背景として明治初年の改革のあり方も視野に入れる必要があるのではないかと思われる。

なお、明治初年の改革派有力大藩の藩政改革に関する研究が近年出されており、これらの改革と佐賀藩の改革との比較検討を通して、佐賀藩の改革の独自性について論及しなければならないのであるが、そこまで検討が及ばなかったのは、非力の故とお許しいただきたい。

（1）松尾正人『維新政権』一〇二ページ（吉川弘文館、一九九五年）。
（2）拙著『幕末期佐賀藩の藩政史研究』第二章「天保期佐賀藩の在住代官体制と『農商引分』」（九州大学出版会、一九九七年）参照。
（3）右同、第五章「嘉永・安政期佐賀藩の農村支配と藩財政」参照。
（4）梶原良則「佐賀藩における慶応軍制改革」（『九州史学』第一〇三号、一九九二年）。
（5）前掲拙著第三章「幕末期佐賀藩『均田制度』に関する基礎的分析」一五四ページ。
（6）『鍋島直正公伝・第六編』五四三ページ（侯爵鍋島家編纂所、一九二〇年）。
（7）「副島種臣より吉井友実への書翰」（年月日なし）（『大久保利通文書・三』二九一・二九二ページ〈東京大学出版会、一九六七年〉）。
（8）松尾正人『廃藩置県の研究』一九六～二一一ページ（吉川弘文館、二〇〇一年）。
（9）右同、二九五～二九九ページ。

（10）右同、二一五～二一九ページ。

（11）右同、三〇〇～三〇二ページ。

（12）右同、四二六ページ。

（13）堤啓次郎「明治初期における地方支配の形成と士族反乱」（長野暹編著『「佐賀の役」と地域社会』。九州大学出版会、一九八七年）。

附論　高杉晋作に関する一考察

はじめに

幕末長州藩の研究は他藩にくらべるともっともその研究が進んでおり、明治維新の政治的主体勢力として、藩政改革派─尊攘派─討幕派─維新官僚という形成過程が田中彰氏によって主張されている(1)。尊攘派と討幕派との関係について、「討幕派は、尊攘派の名分論的、孤立分散した激情的挙兵ではなく、長州藩尊攘派にみられたナショナルな指向をもった側面の継承によってはじめて成立しえた」とされ、討幕派を尊攘派の自己脱皮したものとしてとらえた。さらに討幕派の一つの性格として民衆との結びつきをあげ、「高杉晋作らの馬関挙兵は、一定のブルジョア的発展をみていた長州藩瀬戸内地帯の豪農商にその資金援助を頼る姿勢をとり、諸隊を中心にこれらの豪農商層を基軸とした民衆の反封建的エネルギーの掌握によって初めて勝利をかちとりえた」と指摘されている。

これに対し毛利敏彦氏は薩摩藩における討幕派の形成過程という点から、長州藩討幕派の性格をもって、討幕派一般の性格に敷衍することはできないとされ、さらに民衆との結びつきについては、「追いつめられた長州藩尊攘派、そして討幕派が作り出した特殊的例外的現象というべきではなかろうか」（傍点毛利氏）といわれている(2)。

本論では長州藩における尊攘派から討幕派への移行を取り上げ、長州藩討幕派は果たして尊攘派が自己脱皮したものかどうかということ、さらに民衆との結合という点で問題になると思われる、長州藩討幕派の武士的イデオロギーはいかなるものであったかということに問題の視点を置き、長州藩討幕派の典型といわれる高杉晋作の政治思想の面から若干の考察を試みたい。(3)

一　開国策

高杉晋作の開国策については既に鹿野政直氏によって論じられているので、ここでは高杉と長井雅楽との関係を追求するだけにとどめたい。

文久二年の春に高杉晋作が書いた「長崎互市之策」の特色を挙げると、一つは長崎の商人の排除、外国商人との直接取引による長崎貿易における長州藩の利益の拡大であり、もう一つは長崎の蔵屋敷を根拠地として積極的にロンドン、ワシントンにまでも交易に出かけようとする、長州藩の重商主義的海外貿易策の遂行である。(4)

このような高杉晋作の開国策＝富国策は文久元年三月に決定された、長井雅楽の建議による長州藩の藩議としての「航海遠略策」と非常に似たところがある。この「航海遠略策」は当時の日本の国内的対外的危機を乗り切るための、公武合体と積極的な海外貿易の推進とをその眼目としている。そして「長崎互市之策」と「航海遠略策」との共通点は、「開港而巳に不止航海之術御開き」というところにある。(5) ただ前者が長州藩の富国策という面での海外雄飛策であったのに対して、後者は全国的視野の下でのそれであったところに相違がある。

すでに長州藩は文久元年以前において、「御政道の旨趣、当今第一之急務、航海之術御開き、……、先年以来軍艦御製造産物御世話軍制沿革詮義等被仰付候」とあるように、(6) 開国策による富国強兵の道を志向していたのである。このような点からみるとき、高杉の「長崎互市之策」は長州藩の富国強兵策に沿ったものであることがわかる。

「長崎互市之策」を著す前の段階において、高杉晋作が開国に対してどのような考えをもっていたかということについてのはっきりした史料はないが、安政五年に「人か私の議論さして鎖国論云けれとも、さやうでも無御座候か、惟容易開けるを恐るゝ而已なり」といって、[7]交易が始まった場合の混乱から開国には躊躇していたのである。

この態度が「天子勅令降り、交易之儀少も相成不申候段申故、……、交易儀は何卒御事わり申候と、ワメリカ之方江申差遣し、承知不仕候得は、直様戦争に及んてかなり」との考えになっているのであり、安政五年の段階では交易には勅命を振りかざし徹底的に反対している。[8]そして交易の結果引き起こされる国内の混乱を避けるために、開国＝交易を行おうとする幕府への反対の名分として勅命を出している。

文久元年四月下旬から始まった「航海遠略策」による長井雅楽の公武間の周旋に反対する桂小五郎にあっては、「当時の姦吏と相謀り、自然と勅意を緩め奉り、違勅御手伝之姿とも相成」るといっており、[9]勅命の尊重という大前提があるが、高杉においても同様であった。しかし高杉は長井の公武周旋に対して何もなすことができず、藩命による上海渡航のため長崎へ向かうのである。

以上のことから、高杉晋作が積極的な開国策を主張するに至るのは、文久二年の春からのことである。交易に対して恐怖感を抱いていた高杉が、長崎滞留を契機として幕府の統制下ではあれ、長崎における長州藩の交易を言い出したことは、高杉の交易に対する考え方の質的変化を示しているのである。

鹿野政直氏は先に引用した安政五年の高杉の「吉田松陰宛書簡」に対して、「彼は開国一般に反対するのでなく、欧米に主導権を握られた開国に反対していたのである。しかし実際には開国一般というものは存在せず、開国といえば幕府の開国を意味していた。それ故に幕府に反対する立場は、外見上鎖国という形をとって現れなければならなかったのである」といわれる。[10]

鹿野氏にあっては安政五年の時点における高杉と文久二年における高杉とが、同一線上に捉えられているようである。が安政五年には条件付開国、幕府の下での開国に反対していた高杉が、文久二年では幕府の下での開国＝交易振興を唱えるに至るということに注意しなければならない。つまり文久二年春の高杉の交易振興の主張は安政五年の段階とは質的な変化があると思うのである。この質的変化は文久二年の春に長崎に滞留することによって開国の必然性を認識し、国際的な状況の認識の結果として開国の主張が出てきたのではないかと考えられる。

そして開国策を唱える高杉が攘夷ということを言うとき、それは攘夷そのものが目的ではなく反幕のための一つの意思表示としての性格をもってくるのであり、攘夷を反幕のための「手段＝口実へと転化」させたといわれる所以である。(11)

二 「割拠論」

文久二年七月に上海から帰ってきた高杉晋作は閏八月に入って学習院用掛を命じられるが、同月二十七日に「割拠論」を唱えて江戸藩邸を脱走するにいたる。ところで高杉は上海で何を見てきたのであろうか。その前に高杉の上海渡航の経緯について述べておこう。幕府の上海への使節派遣に際し、幕府の勘定役根立助次郎の従者として杉徳助とともに、「外国之事情形勢尚制度器械等迄可成丈ケ及見分」ぶようにとの藩命によったものである。(12)

この高杉・杉の上海派遣の真意がどこにあったのかといえば、海外事情の探索とともに長州藩の上海貿易計画実施のための予備見分という面があったのではないかと思われる。さらにまた高杉のみに関していえば、「航海遠略策」にもとづく公武合体を強力に推し進めていた藩政府にとって、その強行なる反対者であった高杉の存在はその妨げであったことが推察され、高杉を一時国内から離れさせておこうとしたものとも考えられる。

さて文久二年には清国では太平天国の乱が起こっていたが、この当時の状態を、「支那人尽為外国人之便《(使か)》役英法之人歩行街市、清人皆避傍譲道、実上海之地雖属支那、謂英仏属地又可也」といって、[13]上海の植民地的状態を指摘し、この中国の植民地化を中国の問題としてではなく、日本の問題として捉えている。西欧列強による日本の植民地化への危機というものを直接に感じたのであろう。[14]そして清国が西欧列強に圧迫されている原因は何かというとそれは、「外夷を海外に防く之道を知さるに出し事に」あったし、「軍艦大砲制造《ママ》し、敵を敵地に防くの大策無き故、如此衰微に至」ったのであるという。[15]

このように考えて高杉は上海からの帰りに長崎で藩の許可も得ず、独断でオランダから蒸気船の買入をするのである。上海渡航での高杉の得たものは海外貿易の必要の確認と、[16]植民地化への危機をはらむ日本の対外的、国内的情勢の認識であった。そしてこの日本の植民地化への危機に対する処置は、長州藩における富国強兵とともに、「割拠論」にもとづいた倒幕路線の形成となるのである。

高杉が上海から帰った頃、日本国内では和宮の降嫁、島津久光の率兵上京等によって、公武合体が着々と進みつつあり、対外的には兵庫開港問題が起こっていた。かかる情勢の中で高杉は、「早々御周旋御手切被遊、御両殿様共に御帰国被遊、御国中一致富強之御政事有之度」と、[17]破約攘夷による「御両殿様」の公武周旋を中止し長州藩の「富強之御政事」、つまり「割拠論」を主張し始める。この「割拠論」の背景には、従来の幕府の無力な状態では外圧に対抗する事はできないから、幕府にかわる新しい権力体系を打ち立て、これによって日本の植民地化への危機を乗り切ろうとする意図があったと思われる。「割拠論」に対しては、従来元治元年十二月の馬関挙兵後の討幕派の成立という面から論究されているようであるが、本論においては文久二年という時点でもつ「割拠論」の性格について検討してみたい。

高杉が長州藩の富国強兵化という面から長州藩藩主・世子の公武間の周旋に反対して割拠を唱えたことは、さきにみた文久二年春の、上海渡航以前の重商主義的貿易策である「長崎互市之策」の延長上にあることが理解できよう。が一方破約攘夷による公武周旋の中止をいうとき、それは朝廷の命に背くことであり、朝廷の命令を絶対的なものとみない態度である。つまり吉田松陰のいった「義」の精神——朝廷の絶対的存在——から朝廷の相対的存在へと転回していることを示しているのであり、反幕的行動をとっていた尊攘運動のための拠りどころであった朝廷の束縛を断ち切ろうとしていることが窺える。この尊攘運動の大義名分として君臨していた朝廷の相対化こそ、尊攘派と高杉を区別するものであり、倒幕派として成長しつつあることを物語っていると思われる。

要するに高杉の「割拠論」はもっとも盛んであった文久期における尊攘運動を背景とする、長州藩の公武周旋への反対として出てきたものであるが、その裏付けとなっている富国強兵策と朝廷の相対化とによって規定され、倒幕派から討幕派への転換を示しているといえよう。そして日本の置かれた国際的環境の認識から討幕派へと脱皮した高杉にとって、朝廷の存在そのものが倒幕のための手段となるのである。[18]

「上海行以来攘夷の到底実行すべからざるを悟」っていた高杉が、[19]破約攘夷をスローガンとして長州藩の割拠をいい、「今日より二国を勤王の為抛つ」というとき、[20]そこには討幕派として新しい権力体系の樹立をもくろむ高杉の姿をみることができよう。そしてもはや高杉においては「勤王＝破約攘夷」ではないのであり、「勤王」＝割拠＝倒幕なのである。倒幕のための割拠、そして割拠のための破約攘夷を主張するとき、破約攘夷、すなわち朝廷の意志そのものが倒幕のための手段となっていることは明らかであろう。「勤王の為抛つ」のは破約攘夷に対してではなく、倒幕に対してなのであった。

以上のような高杉の態度から当然の論理として出てくるのは、朝廷を中心とする尊攘運動に対する批判である。当時の尊攘運動は松下村塾グループを中心とする長州藩尊攘派が主導権を握っており、中でも松陰の弟子として高杉と並び称せられている久坂玄瑞がその指導的役割を果たしていた。次の引用は高杉の尊攘運動に対する批判である。

……多き中には、自分の名を他国人なとに知れ度き為め、言わひ而も能き事を馳廻り、虚言を吐き散らし、勤王の志有るを知られ度きか為、往かい而も能き公卿へ、陪臣の身分を忘れ罷出、議論なと申上候事、実に可悪事に御座候、右故風俗相移り、少年白面の書生に至る迄、虚言を吐く事而已を習ひ、実行実心と云ふ者は払《ママ》他候事、目も当而られぬ次第に御座候、……

この引用史料からわかるように、いわゆる尊攘志士に対する批判は痛烈であり、「虚言を吐く事而已を習」っている尊攘志士たちの言動により、公家を仲介として朝議が決定されているという事からくる、朝廷に対する不信感をもあらわしているといえよう。そして「弟（高杉晋作）事も其白面書生の人数に入りしかと思へば、愧敷事に御座候」との自己批判を行い、長州藩の破約攘夷による公武周旋そのものを、「功名勤王」であって「真勤王」とはいえないという。(21)

安政五年に吉田松陰が自分自身を「真勤王」と規定し、松陰に反対する高杉・久坂らの弟子を「功業勤王」を唱える者としているが、(22)ここでいう高杉の「真勤王」とは松陰のいう「真勤王」とは全然性格を異にするものであり、松陰が「功業勤王」として非難したそのものを高杉は乗り越えてさらに次の段階へ進み、「功業勤王」を否定して割拠こそが「真勤王」であるという。朝廷の意志を尊重して攘夷運動を展開することではなく、討幕という大前提のもとに、長州藩の富国強兵のための割拠こそ「真勤王」だというのである。

文久二年秋の段階で高杉はすでに尊攘派とは袂を分かっているのであり、高杉の尊攘派としての時期は文久元年で終わっているといえる。(23)そしてまた高杉が割拠を唱えるようになるその根底には、倒幕のための軍事力としての長州藩が考えられているのであり、軍事力を藩に依拠することによって倒幕への道を進むという方向が考えられていたといえよう。倒幕の力を朝廷の主体的な存在に求めるのではなく、幕藩体制下の藩そのものに求めたのである。ここに高杉の「割拠論」の出てくる根拠がある。西欧列強の圧力に対抗する必要から、幕府制を否定して新しい権力体系の樹立のために、その具体的な力を長州藩に求めたのである。元治元年に入って「拙者は御割拠も真之御割拠か得意也、進発も真之進発か得意也、ウハの割拠不得意也」との言葉に[24]、高杉の割拠に対する覚悟を窺うことができよう。

以上、高杉晋作の「割拠論」について述べてみたが、桂小五郎にあっても文久二年の段階において、「御国も今日より割拠の覚悟をきめ、防長を一天地と相心得候て、速に用意不仕ては、真に他日勤王の決戦も六ケ敷」くといっており[25]、高杉と同様「割拠論」を抱いていたのである。

三　藩士意識

本章第一節で高杉晋作の富国強兵策を検討して長井雅楽との「航海遠略策」との類似を指摘し、本章第二節において文久二年に主張された「割拠論」のもつ意義について述べてきたが、次に高杉の藩士意識を取り上げ、長州藩討幕派の成立においてどのようにこの意識が位置づけられるかについて、若干の考察を試みたい。

高杉の藩士意識[26]を考えるに当たってまず問題にしてみたいのは攘夷運動との関連である。高杉の攘夷運動の例として挙げられるのは、文久二年末の横浜の外人暗殺計画と御殿山のイギリス公使館の焼き討ちである。この事件を思い立った高杉の動機をみてみると、高杉が同年閏八月に脱藩した後も長州藩の藩主・世子が藩地へ帰ることをせず、ますます公武間の周旋を盛んに行っていたが、この長州藩の行動に「天下の人も悪口致候様相成」っており、この悪口に対して、「成否は兎も角も長州人一人位は夷人なりと斬り其恥辱を雪ねは不相成」と考えた上での行動であった[27]。つまり藩のためという藩士意識に裏付けられたものだったのである。

薩摩藩はすでに生麦事件を起こして攘夷を決行しているということに対して、長州藩士としての焦りがあったのであろう。(28)いみじくも「成否は兎も角も」といっているごとく、攘夷そのものは必ずしも問題とはなっていないのである。藩のために攘夷を行うとした点に、本章第二節で指摘したような攘夷の手段化――この場合は藩主への忠誠が目的であるが――をみることができよう。この藩士意識は文久三年五月十日に行われた長州藩の攘夷決行後の高杉の行動に際しても表われており、攘夷決行には「大不同意」であり「弟（高杉のこと）の常の論とは違」っていたけれども、「君命にて一身戦死候而も可ならん」とのもとに、馬関へ出かけて奇兵隊を組織するのである。(29)

この奇兵隊創設と高杉晋作の藩士意識との関係をみると、長州藩の攘夷決行後の六月一日にアメリカ軍艦の砲撃により大きな打撃を受けた藩政府は、萩の松本に謹慎中であった高杉を起用することにし、六日に馬関へ向かわせた。高杉はそこで奇兵隊を結成するが、「八組之士畏縮、此躰なれば一両月中之中、又々夷鑑襲来すれば防長は塵となると相考」(30)、「敗軍不堪愧恥候、何卒雪恥可仕と思慮仕」(31)るとあるように、攘夷決行による長州藩軍の敗北がその設立の動機となっており、「是も好而異外に出候訳には無御座候、不得已之窮策」であった。(32)つまり攘夷決行によって、長州藩の一部が外国軍隊によって占領されたという未曾有の藩体制の危機的状況から、防禦手段の強化を講じようとして正規軍ではない奇兵隊はつくられているのである。

この意味では奇兵隊の結成は藩体制の維持を目指した藩士意識の発露として考えることができよう。しかしただ単にそれだけとして捉えると、高杉における政治思想の特質は見落とされてしまうのではあるまいか。重要なことは、奇兵隊について「陪臣雑卒藩士を不撰、同様に相交」、「賞罰之御沙汰、陪臣軽卒藩士に拘らす、速に相行れ候様」というように、(33)藩体制の危機への対処という藩士意識に支えられておりながらも、そこには幕藩的身分秩序の否定さえも志向していることを示している。

こうした一見矛盾する行動を高杉がとることができたのは「割拠論」がその背景にあったからだと思われる。先述のように「割拠論」は倒幕のための長州藩の強兵化を目指したものであり、長州藩の藩体制の危機は「割拠論」＝倒幕路線の危機である、というところに高杉の行動を規定するものがあったのではあるまいか。このような高杉の考え方は慶応元年正月の馬関挙兵においてどのようにあらわれるのであろうか。

元治元年の禁門の変、四国連合艦隊の下関砲撃等の長州藩尊攘派の敗北から、長州藩内においては『防長回天史』のいういわゆる「俗論派」が勢力を伸ばすに至り、第一次長州征討が起こるに及んで藩政府の実権は尊攘派から離れ、俗論派の掌握するところとなった。そして俗論派政府は幕府への「恭順」を決定し、尊攘派の弾圧に乗り出し、幕府との一戦をもっとも強硬に主張していた井上聞多は俗論派の刺客に襲われた。高杉晋作も京都への進発には反対し尊攘派とは異質な存在であったが、常に尊攘派として行動していたこれまでの立場から、また俗論派が藩権力を掌握する以前の尊攘派政府において政務座用談役として要職にあったことから、俗論派政府によって追われる身となった。

俗論派政府の追捕の手を逃れて筑前に潜伏した高杉は、「筑前の中村円太、及里見次郎等と相謀り、先つ肥筑（肥前藩と筑前藩のこと）合従策を講し、此力に藉り、傍近諸藩を糾合し、以て長藩の内擾を解き、又幕威を殺くの手段に出」ようとしたという[34]。しかしこの「肥筑合従策」は失敗し高杉は身を野村望東尼の下に隠すことになった[35]。そして京都への進発を行った益田右衛門助・福原越後・国司信濃らの処刑を聞いた高杉は、平尾山荘を出て馬関へ向かい元治元年末に、奇兵隊ののちに結成されていた諸隊のうち、遊撃隊を率いて兵を挙げた。「肥筑合従策」による長州藩での勢力回復に失敗し、長州藩内で俗論派政府による尊攘派の弾圧が進む中で、高杉が拠るべきものは藩権力とは対立の立場にある諸隊しかなかったのである。

この時の「討奸檄」をみると「御両殿様……、御正義御遵守被遊候之処、奸吏とも御趣意に相背き、名は御恭順に托し、……、敵兵を御城下に誘引し、恐多くも陰に種々の御難題を申立、御両殿様之御身上に相迫り候次第、御国家の御耻辱は申に及ばず、……、御両殿様の御正義を天下万世に輝し奉り、御国民を安堵せしむる者也」とあるように、(36)「御両殿様」の意志が「奸吏とも」によって妨げられているから、「御両殿様の御正義を天下万世に輝」かすために挙兵したという。つまり馬関挙兵は「御両殿様の御正義」によって正当化されている。したがって高杉においては藩主への忠誠という藩士意識はこの馬関挙兵時においても存在していたことがわかる。

また馬関挙兵の前に諸隊総督へ決起を促した時に、「赤根武人なる者は大島郡の土百姓ではないか、これに反し此晋作は毛利家譜第恩顧の士である、武人如き匹夫と同一視される男児ではないぞ」(37)と、奇兵隊総督の赤根武人を罵ったこと自体にも、高杉の藩士意識の強さを指摘することができよう。が藩士意識を指摘するだけでは高杉の馬関挙兵の歴史的意味を見失うことになるであろう。

馬関挙兵の持つ意義は、倒幕派たるいわゆる「正義派」の危機に際し、藩権力を握っていた俗論派政府に対して藩主への忠誠を唱えることによって蜂起し、武力によって藩の意志を変更させようとしたところにある。藩政府と藩権力の象徴である藩主とが分離されて考えられており、藩政府への反逆ではあっても藩主への反逆ではなかったのである。(38)この背景にあったのは、「朝議」である破約攘夷をもって公武間の周旋を行っていた「御両殿様」は、佐幕論ではなく倒幕論であるととらえ、倒幕という点では高杉と「御両殿様」は同じ立場であるとの意識であろう。したがって俗論派政府の出現によって「純一恭順」が藩論となって、長州藩における倒幕派、つまり正義派が弾圧されその存続が危機に瀕したとき、藩主への忠誠を唱えて藩主の本来の意志である倒幕論を回復するために、俗論派政府に対して反乱を起こすことになったのである。長州藩自身が倒幕論を変えることは、高杉のいう討幕路線としての「割拠論」を根底から崩すものであった。

高杉晋作にとって、藩士意識にもとづいて藩主への忠誠を実行するために武力蜂起したことは、長州藩の藩体制に反するものではなかったかもしれない。しかし客観的にみた場合、高杉の時の藩政府への武力反乱は、明らかに幕藩的秩序を逸脱した行動であることはいうまでもない。この矛盾する行動に高杉自身が気づいてはいなかったと思われるが、こうした行動を可能にしたのは、文久二年以来高杉が唱えてきた討幕路線としての「割拠論」にあったのではないかと思われる。

おわりに

高杉晋作を指導者とする諸隊の反乱は俗論派政府軍との戦いに勝利を得、慶応元年二月に藩政府はいわゆる正義派によって固められ、来るべき第二次長州征討へ備えることになり、高杉の主張してきた長州藩の割拠が現実に実践されていった。ここに長州藩尊攘派はその姿を消し、代わって長州藩は倒幕的傾向を強めて、薩長同盟へと主導していく討幕派が成立したのである。

長州藩討幕派の成立に重要な役割を果たした高杉は、遅くとも文久二年の初めの段階において尊攘運動から離れて行きつつあったことは本章第二節で検討したとおりである。当時の日本のおかれた国際的環境を無視し攘夷という幻を追っていた尊攘激派に対し、上海渡航を契機として日本の国際的環境を理解し攘夷の実現不可能を悟っていた高杉は、重商主義的な富国策を主張するに至る。

このことから、高杉は文久に入って尊攘運動に従事しているが、文久二年以後は長州藩尊攘派とは異質な存在であり、尊攘運動における内部批判派というよりも、尊攘運動とは対立しながらさらに一歩進んだ段階に到達していたと言えるのではあるまいか。つまり馬関挙兵後に長州藩において成立した討幕派の先駆をなすものとして把握できるのではないかと思われる。

また長州藩尊攘派が、積極的な開国策である「航海遠略策」にもとづく公武合体論をもって、公武間の周旋を行っていた長井雅楽を退け、藩是を破約攘夷に変更して朝廷の命を受けて公武間の周旋に奔走している時、これに反対して「割拠論」を唱えて藩主・世子の帰藩をいう時、高杉を尊攘派として捉えることができないのは明瞭であろう。文久期の尊攘運動の中心であった長州藩尊攘派が、四国連合艦隊の下関砲撃を契機として討幕派へと自己脱皮していったとする通説的理解には、高杉は当てはまらないのである。

このように尊攘派とは別の性格をもつ高杉の攘夷の決行と評価される行動が、高杉の本質を示しているのではなく、最終目標とする討幕という意思表示のための、一つの手段であったことはいうまでもなかろう。そして高杉の師である吉田松陰の処刑という屈辱から得た反幕の強烈な意識を中核とし、これに幕末における開明的武士——たとえば佐久間象山・勝海舟ら——の影響や(39)、上海渡航による日本の置かれた国際的環境の認識が加わって、「割拠論」という重商主義的富国策にもとづく討幕思想が形成されたと思われる。

また民衆との結合ということを考える場合に、本章第三節でみたように高杉の藩士意識というものは無視できない重要性をもっている。つまり民衆との間には明確なる一線が引かれており、あくまでも武士的な指導が終始貫徹しているのであり、したがって民衆との同盟とはいってもそれは長州藩の未曾有の藩体制の危機を乗り切るために、民衆のエネルギーを利用し、領主制の存続を狙った窮余の一策であったのである。

かかる高杉の領主制を前提とする藩士意識からは、個別領有制の否定を目指す方向は出てこないのではなかろうか。「割拠論」が個別領有権の容認を前提とする藩体制への依拠であったことからもこのことは頷けよう。そしてこの段階で高杉の考える来るべき「新しい権力体制」は、天皇を中心とする雄藩連合的色彩の強い政権ではなかったかと思われる。慶応二年以後の政治情勢の進展によってその政治思想を大きく転換させていく可能性をもっていたと考えるが、高杉晋作は慶応二年の秋口より病を得、同三年四月にその生涯を閉じた。

(1)「明治維新史研究の一視点」(『歴史学研究』二七四号、一九六三年)。
(2)「薩摩藩公武合体運動の一考察」(『歴史と現代』創刊号〈九州近代史研究会〉、一九六三年)。
(3)高杉晋作に関する研究としては鹿野政直「倒幕思想の転回」(『日本近代思想の形成』。新評論社、一九五六年)がある。
(4)「日記及手録」一一九〜一二一ページ(『東行先生遺文』。民有社、一九一六年)。この「長崎互市之策」は文久二年春の、上海渡航のための長崎滞在中に書かれたものである。
(5)「航海遠略策」(『防長回天史・第三編上』四五ページ。末松春彦、一九二一年)。「航海遠略策」については、文久元年三月二十八日の藩議としてのそれと、藩議の素材となった長井雅楽の建議書のそれとがあり、両者の違いについてはすでに三坂圭治氏によって指摘されている(「長井雅楽小伝」〈『長井雅楽』。長井雅楽顕彰会、一九六二年〉)。
(6)「航海遠略策」(右同、四一ページ)。
(7)「書翰」一七ページ(前出『東行先生遺文』)。
(8)右同、一九ページ。
(9)「周布政之助宛書簡」(『木戸孝允文書・一』。東京大学出版会、一九七一年)。また長井の公武周旋に反対していた久坂玄瑞も、「成程航海策一寸承候得は愉快之様なれども、……、篤と名教の廃して居事考見候得は、是等の事より大急務も可有之、……、何分水薩に大義を奪われぬ様御心配可被下」しと述べている(「中村道太郎宛書簡」〈『松下村塾之偉人久坂玄瑞』。誠文堂、一九三四年〉)。
(10)鹿野政直前掲論文「倒幕思想の転回」。
(11)右同。
(12)前出『防長回天史・第三編上』七二・七三ページ。
(13)前出「日記及手録」七九ページ。
(14)本章第一節の本文で引用した「惟容易開けるを恐るゝ而已」との安政五年における高杉の意識は、幕藩体制に対する危機意識なのか、それとも西欧列強による日本の植民地化の危機意識なのか断定を下すことはできない。しかし中国における阿片戦争のことは十分に知っていたと思われ、植民地化への危機は感じていたのではないかと考えられる。そして上海での見聞によってこの文久二年六月という時点で、日本の植民地化への危機が明確に意識されるに至ったといえるのではあるまいか。

(15) 前出「日記及手録」八五ページ。

(16) 前出「日記及手録」に「予（高杉のこと）与中牟田（佐賀藩士中牟田倉之助のこと）在館、共論航海有益之事」とあり（七七ページ）、またアメリカの商人チャルスなる人物と中牟田とともに会談し、「聞奇問、得益不少」といっており（七九ページ）、アメリカの商人を通じて外国の事情とともに、積極的な海外貿易の必要なことを感じたであろう。

(17) 前出「書翰」一五六ページ。

(18) この点についてはすでに鹿野政直氏によって指摘されている。

(19) 前出『防長回天史・第三編下』六二ページ。

(20) 前出「書翰」八八ページ。

(21) 以上、右同。

(22) 鹿野政直「尊王攘夷思想の性格」参照（前掲『日本近代思想の形成』所収）。付言しておけば鹿野氏においては富国強兵策と「割拠論」とが同じ内容のものとして把握されているようであるが、上海から帰国した高杉が富国強兵を唱えるだけなら脱藩する必要はなかったのであり、高杉のいわんとするところが藩是に反していたがために、脱藩せざるを得なかったのである。そして公武間の周旋の停止をとなえる「割拠論」こそが、倒幕の具体的方針として考えられたものに他ならなかった。本文において指摘しておいたが、破約攘夷のために割拠が主張されたということは、攘夷論は倒幕のための手段化にあったのであり、目的はあくまでも倒幕にあったのである。

(23) 「割拠論」を唱えて江戸藩邸を亡命した高杉は横浜の外人暗殺を計画し、さらに御殿山のイギリス公使館を襲って焼き払ったことは、一見攘夷論にもとづく行動のように見える（このことは次の第三節で述べる）。また文久三年三月に姉小路公知の攘夷に関する諮問に答えているが、これらのことは鹿野氏が指摘されているように（注22論文）、「幕府に対する示威的な意味しかもたない行動であった」のである。高杉の「割拠論」が実践に入る以前の段階においては、倒幕という意思表示をするためには攘夷という表現に拠らざるを得なかったのである。
(24) 前出「書翰」一三五ページ。
(25) 前出『防長回天史・第三編上』三七八ページ。
(26) この点についてはすでに鹿野政直氏によって前掲論文「倒幕思想の展開」で指摘されている。
(27) 前出「書翰」一五六・一五七ページ。
(28) 「略伝」(一二二ページ〈前出『東行先生遺文』〉)に、「薩摩では既に生麦に於て攘夷の実を挙げているのに、長州人はまだ裃を着て御周旋々々と言ふて愚図々々して居るから」との高杉の談話を載せている。
(29) 前出「書翰」一五七ページ。
(30) 右同、一五七・一五八ページ。
(31) 右同、一〇七ページ。
(32) 右同。
(33) 右同、一〇五ページ。奇兵隊の分析を行った研究としては梅渓昇「明治維新史における奇兵隊の問題」(『明治前期政治史の研究』。未来社、一九六三年)があり、「奇兵隊日記」の分析を通しての隊員構成、隊のイデオロギー、隊員の服装統制等から奇兵隊が農兵隊でないことが実証されている。但し農兵隊との違いについては既に関順也『藩政改革と明治維新』(一二八〜一三二ページ。有斐閣、一九五六年)によって指摘されている。
(34) 「平田大江事蹟」(村田峯次郎『高杉晋作』。民友社、一九一四年)。なお中嶋利一郎氏の「高杉晋作と筑前」(「筑紫史談」第九号、一九一六年)によると、「中村は長藩の主戦派を援け、其藩論の帰正を図るには、九州諸藩の連合を促し、其声援をまつ他はないと考えた。これは誘説には長藩よりも一両名九州に渡海するの必要を主張し」た結果、高杉が筑前へ逃れてきたという。
(35) 前掲中嶋利一郎氏の「高杉晋作と筑前」に引用されている今中佐兵衛の月形洗蔵(筑前藩士)宛の書翰に、「平田大夫佐賀行之儀は、此節長追討は、皇国争乱之基に付、閑叟公鎮撫有之、歎願次第に御座候」とあり、当時尊攘派志士たちが「閑叟公」、つまり前佐賀藩主鍋島閑叟に長州藩の危機回避への行動を期待していたのがわかる。

(36) 前出『防長回天史・第五編上』一六ページ。
(37) 前出「略伝」八一ページ。
(38) しかし藩政府に対する反逆は藩そのものへの反逆であるのは間違いなく、この点から高杉にあってはこの馬関挙兵の時に、長州藩そのものが倒幕路線の貫徹のための手段＝道具として考えられたとの指摘がある（芝原拓自「反幕諸勢力の性格」〈『岩波講座日本歴史・近代I』。岩波書店、一九六二年〉）。
(39) 山口宗之「幕末征韓論の背景」（『日本歴史』第一五五号、一九六一年）。

あとがき

今から一〇年程前に、それまでの佐賀藩の幕末の藩政史に関する論文をまとめて、『幕末期佐賀藩の藩政史研究』（九州大学出版会、一九九七年）として公刊した。天保から慶応期の佐賀藩政の推移について明らかにすることが目的であった。しかし藩政の分析自体にも検討すべき課題を多く残し、とくに幕末期の諸藩の藩政との比較検討が不十分で、幕末藩政史上の佐賀藩の位置づけが明確にされたとはいえず、また明治維新と幕末藩政改革との関係にも論究することができていない拙い内容であったが、多くの方々からご批評、ご意見をいただき大変有り難く、お礼を申し上げる次第である。

前掲拙著を公刊する以前の一九八七年に、「明治初年における佐賀藩政改革に関する研究」で科学研究費補助金の交付を受けて、一九九一年から一九九四年にかけてその研究成果として、明治初年の藩政改革の経過、地方知行制の廃止、藩財政の実態、物産統制の内容等に関する論文を発表していた。前著公刊後にこれらの成果を中心にして、幕末期の藩政史との関連、維新政府における佐賀藩の役割などを踏まえ、前著の続編として明治初年の佐賀藩の政治史に関するものをまとめてみたいと考えていた。

しかし二〇〇三年三月に長年勤務した香川大学を定年退職し、その後徳島文理大学文学部に勤めることになり、また香川県内の町史編纂に関係していたことなどもあって、時間的余裕がなく旧稿を整理し直すことができないでいた。漸くここに科学研究費補助金による研究成果を中心にして、幕末・維新の佐賀藩の政治的動き、最上級家臣の私領主多久家の動きを加えて、維新期の佐賀藩の政治的な動向を一冊にまとめることができ、幕末維新期の佐賀藩の研究に従事してきたものとして、責任を果たせたことに安堵しているところである。

もちろん本書は維新期の佐賀藩の政治的動きの一端を明らかにしたに過ぎないことはいうまでもなく、また旧稿を見直す中で検討の不十分な点が多々あることに気がついたが、今後の研究の進展に委ねることにしたい。本書が今後の維新史上における佐賀藩の研究に、少しでも役に立つことができるよう願っている。

本書の構成の元になった論文の表題、掲載誌等や発表年月は次のとおりである。

序　維新期佐賀藩研究の課題（新稿）

第一章　幕末期の政治動向（一・二は「文久二、三年における鍋島閑叟と佐賀藩士に関する覚書」『九州史学』第二一号、一九六三年二月。三・四は「幕末・維新における西南雄藩の動向―佐賀藩の場合（上）―」同、第二七号、一九六四年八月）

第二章　維新政府と佐賀藩（「幕末・維新における西南雄藩の動向―佐賀藩の場合（下）―」『九州史学』第二九号、一九六五年八月。四は新稿）

第三章　行政機構の改編（一・二は「佐賀藩における明治二年の藩政改革」『香川大学教育学部研究報告』第Ⅰ部第八一号、一九九一年正月。三・四は「佐賀藩における地方知行廃止と『藩治職制』」藤野保先生還暦記念会編『近世日本の政治と外交』所収、雄山閣出版、一九九三年十月）

第四章　家臣団体制の解体（一は前掲「佐賀藩における明治二年の藩政改革」、二・三は前掲「佐賀藩における地方知行廃止と『藩治職制』」）

第五章　財政構造の変質（「明治初年における佐賀藩の財政構造」『香川大学教育学部研究報告』第Ⅰ部第八七号、一九九九

三年正月）

第六章　「物産仕組」の展開（「明治初年における佐賀藩の『物産仕組』の展開」『香川大学教育学部研究報告』第Ⅰ部第九〇号、一九九四年正月）

第七章　維新期の多久私領（「明治初年における佐賀藩多久領について」『西南地域史研究』第一三輯、二〇〇一年二月）

結びにかえて（新稿）

附論　高杉晋作に関する一考察（「長州藩倒幕派の一考察―高杉晋作の場合―」『歴史と現代』第二号〈九州近代史研究会〉、一九六三年九月）

第一章と第二章の元になった論文については、大学院生の頃のものであるので未熟な点もあり、文章の加除修正をしている。また本書の構成上、その他の章で原論文の内容や史料の引用および表などを省略しているところが多くあるので、詳細な点については原論文を参考にしていただきたい。

附論は佐賀藩の研究を始めた時期に、高杉晋作について関心をもちまとめてみたものである。これも大学院生の頃のものであり、手を加えた箇所はあるが、旧稿の趣旨は残している。検討不十分な点が多くあることは承知の上で、当時の研究状況を理解していただくのに少しでも役に立つことができればと考えて、本書に収めることにした。ご了解いただければ幸いである。

科学研究費補助金の交付を受けて、佐賀県内各地の資料館等の調査を行い多くの方々に大変お世話になったが、そのうちとくに鍋島文庫は佐賀県立図書館郷土資料室、多久家文書は多久市立郷土資料館、武雄鍋島家文書は武雄市教育委員会（現在は武雄市立図書館・資料館蔵）に閲覧の際いろいろとご配慮をいただいたことにお礼を申し上げたい。

最近、藩政史の研究が少なくなっているように感じるが、残念なことである。藩は近世における一つの行政単位であり、ある程度の独自性をもってその地域の政治が運営されていたことを考えると、その地域固有の歴史、文化を明らかにしていくうえで、藩政のあり方は重要な研究課題であると思う。藩政史研究が今後少しでも盛んになっていくことを期待している。

本書の出版に当たっては、厳しい出版事情の中、九州大学出版会の編集部長永山俊二氏に大変お世話になった。また奥野有希氏には校正等でご苦労をおかけしたことに、お詫びかたがた感謝したい。

最後に、私事にわたり恐縮であるが、一時体調を崩したことがあったけれども、現在は妻美津子と、娘弘美、息子隆幸ともども元気に生活できていることを幸せに思っている。

二〇〇九年二月

高松にて

木原溥幸

索　引

あ行

か行

さ行

た行

な行

は行

ま行

や行

ら・わ行

〈著者紹介〉

木原　溥幸（きはら・ひろゆき）

1939 年　福岡県に生まれる
1967 年　九州大学大学院文学研究科博士課程中退
同　年　九州大学助手（文学部）
1968 年　香川大学助手（教育学部）
1980 年　香川大学教授（教育学部）
2003 年　香川大学（教育学部）定年退職
同　年　徳島文理大学教授（文学部・香川校），現在に至る

主要著書
『幕末期佐賀藩の藩政史研究』（九州大学出版会，1997 年）
『香川県の歴史』（共著）（山川出版社，1997 年）
『讃岐と金毘羅道』（編著）（吉川弘文館，2001 年）
『地域にみる讃岐の近世』（美巧社，2003 年）
『藩政にみる讃岐の近世』（美巧社，2007 年）

現住所　〒 761-8082　高松市鹿角町 27 番地 15-608

佐賀藩《さがはん》と明治維新《めいじいしん》

2009 年 4 月 5 日　初版発行

著　者　木　原　溥　幸

発行者　五十川　直　行

発行所　(財)九州大学出版会
〒812-0053 福岡市東区箱崎 7-1-146
九州大学構内
電話　092-641-0515(直通)
振替　01710-6-3677

印刷／大同印刷㈱　製本／日宝綜合製本㈱

ISBN978-4-87378-991-0

木原溥幸

幕末期佐賀藩の藩政史研究

Ａ5判　五一〇頁　九五〇〇円

明治維新に名を残した西南雄藩佐賀藩の天保から慶応にかけての藩政の動きを、農村支配、長崎警備、藩財政構造、国産奨励、藩軍事力、長崎貿易などの点から克明に論究することによって、藩体制の再編、強化を通して富国強兵を成し遂げ強大な軍事力をもつに至った過程を総合的に分析する。

檜垣元吉

近世北部九州諸藩史の研究

Ａ5判　四三八頁　八〇〇〇円

第Ⅰ部は、著者みずから発掘した地方関係新史料によって、一般史学論文の形体にとらわれない独特のユニークな手法による、藩政改革、農村構造、身分制、石炭史、思想史など広汎な実証的研究。第Ⅱ部史料篇。

長野　暹

明治国家初期財政政策と地域社会

Ａ5判　四一八頁　六五〇〇円

本書は石高制に基づく幕藩制国家の財政構造が、地租を基軸とする明治国家初期の財政構造に転換してゆく様相を、政治過程の変化と関連させながら分析し、維新変革の意義を財政構造の面から検討したものである。

松下志朗

石高制と九州の藩財政

Ａ5判　五八〇頁　一〇〇〇〇円

兵農分離、鎖国制と並んで日本近世社会を特徴づける石高制を検地、藩財政、年貢徴収の具体相とかかわらせた実証研究により、石高制の通説的理解に厳しく再考を迫り、研究に新たな地平をひらく。

長野　暹　編

西南諸藩と廃藩置県

Ａ5判　五〇〇頁　九〇〇〇円

西南諸藩について、幕藩制解体期から明治初年にかけての変化を統一的に分析し、廃藩置県が遂行できた客観的基盤を解明して、明治維新史研究の新たな展開を目指す論集。

（表示価格は本体価格）